浙江艺术职业学院科研与创作成果丛书　　丛书主编：朱海闵
　　　　　　　　　　　　　　　　　　　　　　　　林国荣

栏 杆 拍 遍

——浙江艺术职业学院教师剧作选

主编　吕灵芝

WUHAN UNIVERSITY PRESS
武汉大学出版社

图书在版编目(CIP)数据

栏杆拍遍:浙江艺术职业学院教师剧作选/朱海闵,林国
荣主编.—武汉:武汉大学出版社,2015.10
浙江艺术职业学院科研与创作成果丛书
ISBN 978-7-307-17064-3

Ⅰ.栏… Ⅱ.①朱… ②林… Ⅲ.剧本—作品综合
集—中国—当代 Ⅳ.I230

中国版本图书馆 CIP 数据核字(2015)第 252121 号

责任编辑:李嘉琪 郭 芳 责任校对:邓 瑶 装帧设计:吴 极

出版发行:**武汉大学出版社** (430072 武昌 珞珈山)
    (电子邮件:whu_publish@163.com 网址:www.stmpress.cn)
印刷:武汉科源印刷设计有限公司
开本:635×965 1/16 印张:20.25 字数:297 千字
版次:2015 年 10 月第 1 版 2015 年 10 月第 1 次印刷
ISBN 978-7-307-17064-3 定价:268.00 元(全套六册)

前　言

用"缀玉联珠六十年"来形容浙江艺术职业学院走过的六十年历程,十分恰当。回顾浙江艺术职业学院经历的六十年岁月,正是这些在艰辛与理想共行、坎坷与希望并进的道路上行进的师生们用汗水和心血绘就了一幅连珠合璧的图卷。

从浙江艺术学校、浙江省电影学校到现在的浙江艺术职业学院,浙江艺术职业学院用整整六十年的坚持和守望不断孕育着新的艺术生命。六十年的执着前行,浙江艺术职业学院用艺术教育演绎"求真尚美、精艺修为"的校训精神,坚持"教学与实践相融合,教学与创研相融合,教学与艺术职业素养相融合"的办学特色,形成"综合实践打造优势,三个融合丰富内涵,为文化大省建设催生高素质高技能艺术人才"的人才培养特色,用累累硕果描绘着艺术教育的继往开来。

六十年来,尤其是高职办学以来,浙江艺术职业学院在科研和创作方面已经取得了长足进步。在科研方面,各级科研课题越来越多,课题的学术含量也越来越厚重,有些课题在国内外产生了很大影响;教师们发表的学术论文也屡屡见诸国内各重要学术期刊。这些学术成果主要集中在以下几个方面:舞台表演艺术研究,艺术教育研究,非物质文化遗产研究,党建和思想政治研究等。另外,浙江艺术职业学院参与主办的"浙江潮"文化论坛,在国内外享有很高的学术声誉,论坛的主讲专家都是在各自领域具有较高声望的国内外学者、专家和文学家,他们的演讲稿经过整理后有不少已在《浙江艺术职业学院学报》上作为专栏文章刊载。在创作方面,浙江艺术职业学院教师创作的艺术作品越来越多地受到关注,并得以在舞台、银幕和荧屏上展现,在国内外各项大赛中屡获佳绩。这些剧本既有话剧剧本和戏曲剧本,又有电影剧本和电视剧本,还有戏剧、音乐、舞蹈、小品等剧本,都具有较高的文学价值,且能较好地与舞台、银幕、荧屏相结合。

为了展现浙江艺术职业学院在科研和创作方面六十年来所取得的成绩,这次我们组织出版《浙江艺术职业学院科研与创作成果丛书》。该丛书从党建与思想政治研究、舞台艺术研究、教育与文化研究、非物质文化遗产研究、剧本创作和"浙江潮"文化论坛六个方面进行组稿编纂,结集成《润物无声——浙江艺术职业学院党建与思政工作研究论文集》《舞台传声——浙江艺术职业学院教师论文选萃》《谈文论教——浙江艺术职业学院教师论文选萃》《风起民间——非物质文化遗产研究论文选集》《栏杆拍遍——浙江艺术职业学院教师剧作选》《钱塘有约——"浙江潮"文化论坛讲座汇编》六个分册。这六个分册里所选的内容基本体现了浙江艺术职业学院六十年来在以上诸方面所取得的成就。

当然,我们在科研和创作方面还有很大的提升空间,今后的路还很长,我们将继续坚持我们的办学方针,在特色科研、团队科研及艺术创作上力争取得更大的成绩。"学大艺焉,履大节焉",我们将在继承六十年光荣传统的基础上,以科研和创作为两翼,培养更多德艺双馨的人才。

《浙江艺术职业学院科研与创作成果丛书》编委会

2015 年 9 月

目　录

1

小品

话剧剧本

茶人杭天醉①

莫江陵

人物：

杭天醉——茶人

沈绿爱——杭天醉的妻子

赵寄客——杭天醉的金兰兄弟

林藕初——杭天醉的母亲

吴茶清——杭家总管

小茶——杭天醉的妾，艺名红衫儿

吴升——杭家的伙计

撮着——杭天醉的仆人

杭嘉和——杭天醉的长子

杭嘉平——杭天醉的次子

婉罗——沈绿爱的陪嫁丫头

沈绿村——沈绿爱的胞兄

羽田——日本茶人

云中雕——地痞

船娘、纤夫、下人、叫花子、送亲的人、敢死队员、工匠、日本人、新娘子等

---

① 本话剧根据王旭烽的长篇小说《南方有嘉木》改编。

［1901年。浙江杭州。忘忧楼府。

［一群船娘摇橹而来,一群纤夫背纤而上,他们跳着极有吴越风情的舞蹈。

众　人:(唱)小麻雀,尾巴翘,

　　　　　哥哥讨嫂嫂。

　　　　　姆妈姆妈我也要!

　　　　　团团年纪小,来年再好讨。

［船娘们、纤夫们隐去。歌声余音绕梁。

［四方天井里,洒下一抹曙光。一株酷似人形的白茶树,在云里雾间飘游。

［杭天醉梦游似地走上。

杭天醉:茶树,你是来嘲笑我的吗? 都要娶媳妇了,还不明白自己究竟是该姓吴还是姓杭,也不明白中国究竟是姓汉还是姓满。我只知道,别人脉管里流的是血,我的脉管里流的是茶……是龙井茶……

［撮着与下人们上,给杭天醉套上新郎的吉服。杭天醉形同木偶。

［灯光升起,显出张灯结彩的忘忧楼府。

撮　着:少爷,恭喜了,今天是你的好日子。

［酷似人形的白茶树消失了。

杭天醉:是呀,寄客兄还在等我一起去东洋……船票都买好了……

撮　着:少爷今天当新郎官,小登科。

杭天醉:我忧天道,家人忧人道……

［林藕初、吴茶清、吴升上。

林藕初:撮着,快帮少爷把衣冠整好,新人就要进门了。

吴茶清:吴升,快去准备鞭炮,点那——

吴　升:十万响的。对不对,吴总管?

吴茶清:小小年纪,门槛倒是蛮精的。

［吴升下。

［鞭炮声、鼓乐声大作。

3

[四方天井里,洋洋洒洒飘起了花雨。

[一群叫花子上。

叫花子们:(念)杭家大少人品高——

林藕初:赏!

　　　　[沈绿爱坐花轿上。婉罗提个红漆马桶跟上。

　　　　[送亲的人抬着各色嫁妆过场。沈绿村的手臂上挂着文明棍上。

沈绿村:亲家母大人,恭喜,恭喜!

林藕初:沈家大舅,同喜同喜! 天醉,快给大舅行礼。

杭天醉:绿村仁兄,别来无恙乎?

沈绿村:天醉贤弟,久违,久违。

撮　　着:新娘落——轿!

杭天醉:(喃喃自语)新郎出洋……

叫花子们:(念)新人金莲三寸小——

吴茶清:赏——

　　　　[沈绿爱下轿,伸出一双大脚。众人哗然。

婉　　罗:小姐,老夫人在家怎么教的? 得走碎步,碎步……

叫花子们:(念)芝兰同结百年好——

撮　　着:参拜茶神——

　　　　[灯光下现出一尊茶神。

沈绿村:亲家母,怎么不拜天地拜茶神?

林藕初:大舅,我杭家茶业得以中兴,全靠他茶清伯带来的这尊茶神。拜了茶神,再拜天地。

杭天醉:(喃喃自语)昨天我去西湖告别过了,今夜就要离开杭州,明天我就在东洋了。

撮　　着:新人筛茶——

杭天醉:她会筛茶?

　　　　(念儿歌)摇橹,架橹,

　　　　　　　　撑船去接丈母。

　　　　　　　　丈母不在家,

　　　　　　　　小小媳妇会筛茶……

　　　　[沈绿爱操起筛子,茶叶在筛中翻滚。

撮　　着:长的留下了,短的落下了。粗的留下了,细的落下了。
　　　　本身茶、下身茶、头子茶,各自归位——

　　　　[众人鼓掌。

林藕初:这只是提醒新人,杭家是吃茶叶饭的。不当之处,还请
　　　　大舅担待一二。

沈绿村:家妹可能与我这做哥哥的不亲,但不会与茶叶不亲。

林藕初:这我就放心了。

叫花子们:(念)七子八婿乐逍遥——

林藕初:哈哈……赏!

杭天醉:寄客兄,你可不能误了时辰呀……

　　　　[众人簇拥着杭天醉、沈绿爱下。舞台上只剩下林藕初、吴
　　　　茶清。

吴茶清:难为你了,想出个拜茶神的主意。

林藕初:在杭州,他只能是杭天醉。委屈你了,茶清。

吴茶清:不,这是我心甘情愿的。夫人,我得去忘忧茶庄。

林藕初:别……天醉今晚成亲……

吴茶清:我总不能去闹他的洞房。

林藕初:喝杯茶总可以吧……

吴茶清:拜了茶神,就如同拜了我,何必再去寻找不快。

林藕初:天醉儿今天神情恍惚,我担心夜里会出什么事。你得帮
　　　　我呀,茶清……

吴茶清:行。

　　　　[灯暗。林藕初、吴茶清隐去。灯光下现出偷听的吴升。

吴　　升:夫人与总管——有一腿……

　　　　[灯暗。吴升隐去。

　　　　[灯光现出披着红盖头的沈绿爱。换了行装、手提皮箱的
　　　　杭天醉上。

杭天醉:再见了,忘忧楼府! 杭天醉要去革命——新娘子长得怎
　　　　么样?看看新娘子长得如何与革命不革命没什么关系
　　　　吧?盖头揭不得,万一她长得很可人……红袖添香夜读

　　　　　　　　　　　　　　　　　　　　　　　　　　　　5

书……革命的底气不是一下子就没了……

沈绿爱：(突然扯下红盖头)热！热煞人了……

杭天醉：啊……

(吟)……娇鬟，宜美盼。

双擎翠袖，稳步红莲。

坐中客翻愁，酒醒歌阑。

点上纱笼画烛，

花骢弄，月影当轩。

频相顾，余欢未尽，

欲去且流连。

沈绿爱：(抓住杭天醉)有茶水吗？我渴得要命。

杭天醉：有、有、有……(端来一壶茶)

　　　〔沈绿爱对着壶嘴就喝茶。

杭天醉：你怎么这么渴啊……

沈绿爱：你眼睛里都喷火了，我怎么不渴。

杭天醉：……你饿了吧？

沈绿爱：饿！

杭天醉：吃颗枣。(喂沈绿爱)

沈绿爱：甜！你吃个莲子。(喂杭天醉)

杭天醉：苦……

沈绿爱：莲子嘛，有心儿才苦。

杭天醉：有心儿……才苦……

沈绿爱：在家里就听说了，你是杭州城里有名的才子……

杭天醉：我……没想到你长得……如此美貌。

　　　〔赵寄客提着牛皮箱上。

赵寄客：哈……杭天醉呀杭天醉！这才子配佳人，就把革命抛到
　　　九霄云外去了。

杭天醉：革命……我……

沈绿爱：哪里来的浑小子，谁说我们天醉不革命了？

赵寄客：这不是整天在茶山上疯跑的野丫头吗……怎么成了我
　　　的弟妹了？

杭天醉：你们认识？

赵寄客：岂止认识，还在茶山上吵过架呢！

杭天醉：他叫赵寄客，是我的金兰兄弟。

沈绿爱：我叫沈绿爱，我哥哥沈绿村也是革命党，明天就去法国。天醉，你跟他去吧，我等你！

赵寄客：革命是要掉脑袋的。

沈绿爱：你不怕，我们天醉也不怕。

赵寄客：好！兄弟，走哇！

杭天醉：绿爱，给我好好照看忘忧茶庄……回来，我可是……还要吃茶的……

〔林藕初、吴茶清上。

林藕初：你生来就是吃茶的。赵四公子生来是要干一番大事业的。成龙归大海，你去我发财。你请吧——

吴茶清：赵四公子，吴茶清要是年轻二十岁，也敢跟你去东洋闯荡闯荡。可我们家少爷不行，身子骨太单薄了，受不起折腾。这有两百块大洋，权当为赵四公子壮壮行色。（呈上大洋）

杭天醉：我不是吃茶叶饭的……身子骨也不单薄……是你们非要我做这个茶商不可……我要是败了家，可怨不得我……

赵寄客：伯母，茶清伯，这二百块大洋我收下了。天醉，我就知道你走不掉，（从包里拿出一把壶）我把这曼生壶送给你。

杭天醉：曼生壶！陈曼生，钱塘人士，金石大家。在溧阳知县任上，结识了制壶高手杨彭年兄妹，造型有十八种，撰以题名，世称"曼生十八式"。这把方壶的题名应该是"内清明，外直方，吾与尔偕藏"。

沈绿爱：（读名）不错，正是"内清明，外直方，吾与尔偕——藏"！

赵寄客：不就一把壶嘛，只有你才把它看得重如泰山。天醉兄弟，来日方长，后会有期。（下）

杭天醉：（虚张声势，但也矛盾）寄客，你又扔下我不管了……

林藕初：天醉，你得照顾好新娘子。今晚上，前后门都落了锁，钥匙都在娘身上。（与吴茶清下）

沈绿爱：脚长在你腿上，你怎么就不走呢？

杭天醉：我……墙太高，太高……

沈绿爱：你是舍不得我吗？

杭天醉：是……你很美，真的很美……

沈绿爱：也不知我前辈子敲破了多少木鱼儿，摊上你这么一个好
　　　　男儿……

杭天醉：革命令人心潮澎湃，美人儿令人夺魄销魂……革命也不
　　　　在一时半刻……

沈绿爱：（突然抱住杭天醉）我祖上是江贼……我是个
　　　　野丫头……

杭天醉：我祖上是情种……我也算是个花痴……

沈绿爱：我这朵花可是带刺的……

杭天醉：这是什么香？兰花香？豆花香？怎么还有一股子乳香？
　　　　香啊，真香！就像狮峰山的"软新"，极品中的极品……

沈绿爱：我成了你的茶叶了……

杭天醉：说是茶叶吧，太轻；说是茶罐吧，又太沉——最好是二者
　　　　兼有。品茶者，品水也，器也，境也，心也。宋人说"五不
　　　　点茶"，水不清，不点；器不精，不点……

沈绿爱：现在可以点了吧……夫人早就叫婉罗送来一方白绫，她
　　　　可是着急着要见鸿喜的……

杭天醉：不忙，不忙，我得再品一品。好东西不先品味再三就用，
　　　　岂不是蠢物。

杭天醉：你有史湘云的玉面，薛宝钗的酥胸，林黛玉的柔腰，王熙
　　　　凤的俏眼，晴雯的葱指，袭人的粉颈，鸳鸯的芳唇……
　　　　（突然摸着了沈绿爱的大脚）这是什么？

沈绿爱：脚呀……

杭天醉：这脚是谁的？

沈绿爱：我的呀。早就对你们家说明白了，我有一双大脚……

杭天醉：不，我不知道！这脚是谁的？谁有这么一双大脚呀？莫
　　　　不是贾府总管赖大家的那双脚吗？（连滚带爬地逃了出
　　　　去）茶、茶、茶……

〔婉罗上。

婉　罗：姑爷，你要吃什么茶？

杭天醉：还魂茶、还魂茶……

婉　罗：姑爷被什么东西吓成这样儿？

杭天醉：脚，大脚，大脚……

婉　罗：大脚有什么可怕的？

杭天醉：就像那说书人说的——竹帘哗哗响，夫人到前堂。三寸金莲小——横量！她的脚，横量都有三寸哪……

沈绿爱：连大脚都怕，你也配参加革命党？

杭天醉：革命党的章程我都赞成，就是不赞成女子放脚。没有了兰花指那叫花旦？没有莲花步那叫女人吗？没有了小脚，男人在床上把玩什么？

婉　罗：小姐，夫人不是给了你一方白绫吗？你怎么不用它把脚裹起来？不过，也晚了！

沈绿爱：蠢丫头，你当这白绫是用来裹脚的？

婉　罗：那是做什么用的？

沈绿爱：是用来测试我是不是女儿身。

婉　罗：小姐当然是女儿身了。

沈绿爱：跟你说不清。

婉　罗：小姐今晚应该破身，总对了吧。

杭天醉：寄客兄，你得救我于水深火热之中呀……

沈绿爱：可是他——不行！

〔灯暗。众人隐去。

〔四方天井里，哗啦啦地下起雨来。

〔船娘们摇橹而来。

船娘们：（唱）一呀么一更里，

　　　　　　　响呀么响叮当。

　　　　　　　小奴家，叹声气，

　　　　　　　大丈夫，尿了床。（隐去）

　　〔距前场数日后。

　　〔四方天井里,阴晴不定。

　　〔灯光现出林藕初、沈绿爱。

林藕初:绿爱,我叫婉罗送给你的白绫子……鸿喜了吗?

沈绿爱:婆婆,你怎么问我? 该问他呀!

林藕初:我儿子,可是没有做过男人的。头回做,你要顺着他一
　　　　点儿……

沈绿爱:我也是头回做女人的。

林藕初:杭家几代单传,绿爱,我是只有指望你了。

沈绿爱:地是润的,可天——干了。

　　　　〔杭天醉、吴茶清上。

吴茶清:少东家,这几年市面萧条,茶叶销路不好。今年其他茶
　　　　庄纷纷杀价,外国商人坐收渔利。我们怎么办?

杭天醉:(惊讶)茶清伯,你怎么问起我来了?

吴茶清:你是少东家,大主意得自己拿。

杭天醉:那就不杀价。

吴茶清:不杀价,新茶就要变旧茶了。

杭天醉:变旧茶就变旧茶。

吴茶清:这也不是个办法。

杭天醉:办法……我们可以邮寄呀。

吴茶清:邮寄?

杭天醉:邮寄到国外的茶行去。

林藕初:这能行吗?

沈绿爱:行,肯定行。

　　　　〔杭天醉从沈绿爱身边离开,尽量不看沈绿爱,尤其是那
　　　　双令他毛骨悚然的大脚。

　　　　〔沈绿爱走上前。

杭天醉:(退后)我也是突发奇想,行与不行,难说。

沈绿爱:怎么不行? 外国人离得了中国的茶叶吗? 少了别人贩
　　　　运这道环节,我们获利更多……哎,你又去哪儿?

10

杭天醉:(边说边走)去虎跑泉取水。撮着,走哇!(急忙下)

沈绿爱:我又不是老虎。就是个老虎,也是纸扎的。(下)

林藕初:杭家要绝后了……

吴茶清:我不会让杭家绝后。

林藕初:请大夫看看……

吴茶清:不,这不关大夫的事。天醉的情况我清楚,得移花接木,李代桃僵。

〔灯暗。吴茶清、林藕初隐去。

〔升光。茶庄。茶客们在喝茶,吴升在续水,吴茶清在算账。小茶拨弄琵琶,唱着小曲儿。

小　　茶:(唱)清明无客不思家,

　　　　　　湖南湖北开野花。

　　　　　　乞得东邻桑柘火,

　　　　　　待郎来泼雨前茶。

〔茶客们喝彩。

云中雕:太素了!给大爷来段荤的。

小　　茶:什么荤不荤素不素的,只怪云大爷少读了书,不知道品味。

吴　　升:红衫儿,云大爷可不好惹,去奉承奉承他。

小　　茶:吴升哥,你要我给他唱那些下流的曲儿?

吴　　升:管他呢!有钱挣,又没当真。

小　　茶:我不唱,要唱你去唱。

云中雕:小姨子,你别不识抬举!

〔杭天醉上。小茶眼睛一亮,目不转睛地盯住杭天醉。

杭天醉:可别砸了我的紫砂壶——

云中雕:这破壶——

杭天醉:忘忧茶庄的壶都是有来历的,你那把是宜兴邵大亨的鱼化龙。

茶客们:不错,是鱼化龙,价值不菲……

云中雕：就算这壶还值几个破钱，可这水不行——

杭天醉：泡茶的水，山水为上，江水为中，井水为下。我这水，是专门从虎跑泉取来的泉水，它和济南趵突泉、无锡惠山泉排列三甲。

茶客们：不错，这是地道的虎跑泉水。

云中雕：就算这是虎跑泉水，可你这茶叶不好。

杭天醉：这茶是西湖龙井茶：淡而远，香而清，色绿，香郁，味醇，形美。西湖龙井有四个品类：狮峰、龙井、云栖、虎跑，其中以狮峰龙井为最。其色绿中显黄，呈糙米色，形似碗钉，清香持久。此茶似乎无味，实则至味。你用的就是这狮峰龙井茶。

茶客们：不错，是地道的狮峰龙井。

云中雕：就算这茶叶不错，你这个人不好。

杭天醉：我知书达理，与世无争。有何不好？

云中雕：你挡了我的道儿，就不好——（揪住杭天醉）

杭天醉：君子动口不动手——

云中雕：大爷我揍的就是君子——（动手）

杭天醉：茶清伯——

吴茶清：这种人，就会欺负君子。（一把抓住云中雕，一脚踢了出去）

云中雕：老小子，等着瞧。（爬起）

杭天醉：我要是好好练功，也会这一招……

　　　　〔云中雕下。

吴茶清：诸位请慢慢用茶，难得这好天气。

茶客们：嘿！这真是真人不露相，忘忧茶庄还藏了一个老英雄……

吴茶清：不足挂齿，不足挂齿。

　　　　〔羽田从角落里走了出来。

羽　田：杭公子……

杭天醉：不敢，你就叫我杭天醉吧。

羽　田：忘忧茶庄的水好,茶好,器具也好。可我这里有一件东西,杭公子能说得出它的来历吗?

杭天醉：天醉才疏学浅,乞求一观。

　　　　〔羽田将包裹里的茶盏露出一角。

杭天醉：(大惊)请先生到雅室一叙。

　　　　〔杭天醉、羽田走进雅室。羽田将一个黑乎乎的茶盏搁在桌上。

杭天醉：茶色白,宜黑盏。建安所造者绀黑,纹如黑毫,其坯微厚……这是宋代官窑的兔毫盏,宋徽宗斗茶用的,盏底还该有"供御"二字。

羽　田：杭公子真茶人也!

杭天醉：匹夫无罪,怀璧其罪。先生如何抱了个价值连城的宝贝四处招摇?

羽　田：惭愧。我姓羽田,是日本茶道千利休的后代传人。

杭天醉：失敬,失敬。千利休是丰臣秀吉大将军家的茶道大师,于茶道中悟出了很高的境界。可惜,被野心勃勃的丰臣秀吉给杀害了。羽田先生今天是……

羽　田：日本茶道中落。敝人也耐不住寂寞,跑到贵国来做生意,血本无归,连回日本的盘缠也没有。杭公子是个博学多才的茶人,我想把这兔毫盏抵押在贵府上,借二百银洋……

杭天醉：杭州城里,当铺林立。羽田先生为何偏找我杭天醉?

羽　田：别说当铺,就是我日本国的商人,我也不敢抵押。万一失去了这传家之宝,我就只有切腹自杀。兔毫盏抵押在杭公子府上,我比较放心。

杭天醉：羽田先生,兔毫盏你还是带在身上。君子不夺人所爱,钱财乃身外之物。吴升,拿二百块大洋来!

吴　升：是,少爷。

羽　田：杭公子,最多两年,连本带利,我如数奉还。

杭天醉：还是不谈钱为好。两年之后,天醉候羽田先生品茶——君有兔毫盏,家有曼生壶。

13

　　　　[吴升把钱褡子交给羽田。

羽　田:后会有期。

杭天醉:恕不远送。

　　　　[羽田下。小茶轻轻地拨弄琵琶。

杭天醉:吴升,茶庄今天怎么来了个唱小曲儿的?

吴　升:少爷,是总管安排的。这人嘛,是我叫来的。

杭天醉:把她请到这雅室来。

吴　升:是。红衫儿,少爷请你去——(低声)可要当心,别让他得太多的便宜。

小　茶:我是去还是不去?吴升哥你先说清楚。

吴　升:去呀——

小　茶:他一个少爷,要占我小便宜,也是没法子的事。对不对?

吴　升:这话我怎么听了不对头?你好像是生怕他不占你的便宜。

小　茶:谁让我命苦,生来就是让男人占便宜的。(走进雅室)少爷是想听曲子吗?请点。

杭天醉:我点什么,你就唱什么?

小　茶:好的,我愿意为少爷唱。

杭天醉:《唐伯虎点秋香》,你会唱不会唱?

小　茶:我会唱全本的《唐伯虎点秋香》。

杭天醉:坐到我身边来,容我想想唱哪一段好呢——吴升,照看生意去。

吴　升:吴升候少爷喝茶。

杭天醉:去吧,这里有她就行了。

吴　升:是。少爷,你可别吃着碗里,馋着锅里呀。

吴茶清:吴升,给客人续水。

吴　升:(无奈,走出雅室)来了……大鱼大肉都吃去了,也该给别人留口汤……

杭天醉:你叫什么名字?

小　茶:红衫儿。

杭天醉:红衫儿……这名字不好。

小　茶：少爷给我取个好的。

杭天醉：诗经曰："有女如荼"……荼者,古茶字。你就叫小茶吧。

小　茶：多谢少爷,我就叫小茶。

杭天醉：小茶,看看那盏茶烫不烫。

小　茶：少爷,这怎么看得出来……

杭天醉：你尝尝不就知道吗?

小　茶：小茶尝过了,少爷不嫌脏……

杭天醉：(吟)流莺新脆低低道,

　　　　　卯酒可醒还起?

　　　　　双鬟小婢,

　　　　　越显得那人清丽。

　　　　　临饮时须索先尝,

　　　　　添取樱桃味……

小　茶：(强按住欣喜)少爷,小茶不懂。

杭天醉：只有小茶尝过了,这茶才香。

小　茶：(尝了一口)少爷,这茶刚好是满口茶。

杭天醉：喝一口含在口中,喂我……

小　茶：(娇声)这是什么喝法……

杭天醉：这叫小交杯……

杭天醉：这是千真万确的满口茶。谁说茶不醉人……

小　茶：(软在杭天醉怀里)少爷,小茶没力气站起来了……

　　　　〔那株酷似人形的白茶树,在云里雾间飘游。

杭天醉：这才是女人,小手小脚小蛮腰,小鼻小嘴小肩膀。无处
　　　　不小,无处不弱,显得是那样的无助,需要的是太多的呵
　　　　护。再柔弱的男人也会感到自己无处不大,无处
　　　　不强……谁说我不行? 谁说——我——不——行?

　　　　〔雅室灯暗。小茶紧紧地搂住杭天醉,搂住她的希望。杭
　　　　天醉与小茶隐去。

　　　　〔吴升站在雅室门口发愣。

吴　升：谁说——我——不——行！

吴茶清：没人说你不行。去叫撮着来，送少爷他们去吴山脚下的
　　　　小圆门，我给他们租了一个院子。

　　　　〔灯暗。众人隐去。

　　　　〔纤夫们上。

纤夫们：（唱）二呀么二更里，

　　　　　　　响呀么响叮当。

　　　　　　　青纱帐子癫，

　　　　　　　白铜钩子狂。（隐去）

　　　　〔四方天井里，凋零着一些花瓣。

　　　　〔灯光现出一排古色古香的茶盏。沈绿爱在提壶泡茶，观
　　　　茶。吴升站立一旁观看——与其说观茶，还不如说是
　　　　看人。

沈绿爱：哪一杯水的颜色要好一些？

吴　升：这杯。

沈绿爱：算你聪明。这是沸水稍凉片刻再泡的。

吴　升：是。

沈绿爱：是什么？你说出个道理来。

吴　升：水太烫了，泡不出好茶。

沈绿爱：讲对了。做人也一样的，懂吗……你怎么还不走？

吴　升：小茶……她的肚子大了……

沈绿爱：小茶是谁？

吴　升：少爷的二房……

沈绿爱：你说什么？

吴　升：就少奶奶不晓得，人人都晓得了……

沈绿爱：你还晓得什么？

吴　升：夫人与总管……好像有……名堂……

沈绿爱：说这些你不怕吗？

吴　升：不怕，大脚女人我也不怕……

沈绿爱：那你的胆子真不算小了。

吴　升：少奶奶，喝口茶压压火……

沈绿爱:住手！那曼生壶也是你能捧的吗？收起你的狗爪子，与我滚！

吴　升:是。少奶奶，你可千万别上火。只是小茶的肚子大了，少奶奶却还没开怀呢。急难处传我一声，我随叫随到——

沈绿爱:滚！

　　　　〔吴升下。

　　　　〔沈绿爱捧着曼生壶猛喝一气。她搁下壶，挂上白绫。婉罗上，见状大惊。

婉　罗:夫人哪！不好了，小姐要上吊啦！

　　　　〔林藕初上，示意婉罗下去。婉罗下。

林藕初:你，真的不想活了？

沈绿爱:你——不是在等我死吗？

林藕初:你懂茶，我不会让你死。

沈绿爱:我死了，你就把小茶接进来给你生孙子。

林藕初:你也能给我生孙子。

沈绿爱:这你得问天醉去——

林藕初:我问过了。你一个女人，气太盛了。

沈绿爱:我再气盛，也气盛不过你呀，你气盛得丈夫都死在你前头了——

林藕初:大户人家的女儿，有几个像你那样，胸脯挺得贼高，喉咙嘣响，恨不得一口把男人给吞了——但又不晓得好好藏起这双大脚，逼得男人见你就怕，然后又来寻死觅活。这都不是真本事。

沈绿爱:真本事是什么？去找一个不怕女人脚大的男人？刚才吴升就说了，他不怕女人脚大，随叫随到。

林藕初:吴升算个什么东西！真本事，你给天醉当一回女人，给世代单传的杭家生一个大胖儿子，叫我这做婆婆的也佩服一回。

沈绿爱:杭家！你们杭家没一个好人！

林藕初:过去你我的想法差不多，如今我想明白了，也希望你想明白。婆婆叫杭林氏，你叫杭沈氏，这是铁板上钉钉子的事实。你咒杭家，就是咒你自己。我进杭家十年没开怀，你才抬进来几天，跳给哪个看哦。（下）

　　〔沈绿爱坐了下来，一口一口地喝茶。

　　〔撮着上，取下白绫。

沈绿爱：撮着，你怎么叫撮着？

撮　着：我娘在屋里头生我，爹在屋外头撮草灰，我在里头哭了。爹问，男的还是女的。娘说，生了个"茶壶"。爹就高兴了，"茶壶"是……是……带把儿的。爹说，托草灰的福，我撮着了一个儿子，就叫"撮着"吧。

沈绿爱：（突然哈哈大笑）婉罗，赏撮着一个金戒指。

撮　着：少奶奶，我可不敢要……

　　〔婉罗上，递给撮着一个金戒指。

沈绿爱：拿着吧。我得谢谢你，我也会从天醉那儿"撮"一个儿子出来。

　　〔灯暗。众人隐去。

　　〔灯光现出吴茶清、吴升。

吴茶清：这是二十块大洋。走吧，回老家讨个老婆过日子。

吴　升：（跪下）茶清伯，实在是少奶奶逼得我没办法。她统统晓得了，只叫我点个头，我哪里知道会弄出人命来……

吴茶清：不要讲了。你肚里有几条虫，我有数。

　　〔杭天醉上。

吴　升：少爷呀！你救救我，茶清伯要赶我走呢……我愿为你做牛做马呀……

杭天醉：茶清伯，看在我的面子上，留下他吧，你的身边也得有个跑腿的。

吴　升：谢少爷，谢少爷……

杭天醉：茶清伯，你消消气。吴升，先随我看把壶去。（下）

　　〔吴升随下。

　　〔林藕初上。

吴茶清：你都看见了，这叫我说什么好……

林藕初:将来坏事就坏在这种人身上。

吴茶清:有我在,他还翻不过我的手掌心。

林藕初:要是你我都不在了呢?

吴茶清:看看天醉那副睡不醒的模样,也该有个人给他提个醒儿。

林藕初:天醉是他的对手吗?

吴茶清:天醉多少像我一点儿,小小的吴升根本就不在话下——可他太像杭家人了。

林藕初:你想让他姓吴吗?

吴茶清:做梦都想——可他得姓杭。

林藕初:茶清,当年杭九斋留下话来,你百年之后,要从忘忧楼府的正门抬出去,埋在杭家的祖坟里……

吴茶清:我不就为了这话,给天醉挣下了这份家业。

林藕初:苦了你呀,茶清……

吴茶清:天凉了,回屋去吧,别冻着。

〔灯暗。吴茶清、林藕初隐去。

〔灯光现出焚香抚琴的沈绿爱和无意间听着了琴声的杭天醉。

沈绿爱:(唱)坐韵冷冷水,

　　　　看煎瑟瑟情。

　　　　无由持一碗,

　　　　寄与爱茶人……

杭天醉:(走近沈绿爱,闻着她身上的幽香,和着她的琴声而歌)

　　　　盛来有佳色,

　　　　咽罢余芳气。

　　　　不是杨慕巢,

　　　　谁人知其味……

〔沈绿爱将杭天醉引到床前,吹灭了红烛。

杭天醉:从前,我怎么不认识你呢……

沈绿爱:喝口热茶吧……

19

杭天醉:我不怕大脚……我只看头面不看脚……大脚有什么可
　　　怕的,又不是螃蟹脚……

　　　[那株酷似人形的白茶树,在云里雾间飘游。

　　　[天井里突然电闪雷鸣,狂风暴雨。

杭天醉:她的渴望,她的呻吟,与小茶没什么两样。她的丰满,她
　　　的结实,也没什么可畏惧的。她不同样也是女人吗? 男
　　　人遇到任何女人都还是男人! 你还能说我不行吗?

沈绿爱:你行……你行……你真的行……

　　　[灯暗。杭天醉、沈绿爱隐去。

　　　[船娘们、纤夫们上。

船娘们、纤夫们:(唱)三呀么三更里,

　　　　　　　　　　响呀么响叮当。

　　　　　　　　　　男想女,隔堵墙,

　　　　　　　　　　女想男,只隔纸一张。(隐去)

　　　[婴儿的哭声。灯光现出怀抱婴儿的婉罗。

婉　罗:小姐终于有了自己的儿子了。

　　　(念)搭搭头,犟如牛;

　　　　　搭搭背,呒有晦;

　　　　　搭搭心,勿出惊;

　　　　　搭搭屁股,犟如龙虎。

　　　[吴升怀抱孩子上。撮着随上,盯住吴升。

吴　升:少奶奶,我把小茶的儿子给你抱来了。少奶奶,明年,他
　　　就会给你叫娘了……

　　　[沈绿爱上。

沈绿爱:撮着,快接过孩子。

　　　[撮着抱过孩子。

婉　罗:吴升,你快去吧,小姐不高兴见你。

吴　升:嘿嘿! 总有一天,我会让她高兴见我的。(下)

沈绿爱:撮着,把孩子给我。

　　　[撮着把孩子送过去。

婉　罗:老夫人为什么要把两个孩子都让小姐带?

沈绿爱：听说那个女人在外头抽大烟。

　　　　〔杭天醉上。

杭天醉：撮着，跟我去虎跑泉取水……

沈绿爱：该给儿子们取名了。

杭天醉：诗经曰："既和且平"。大的叫嘉和，小的叫嘉平。

沈绿爱：嘉和，嘉平……

杭天醉：这名字取得可好？（欲亲近沈绿爱）

沈绿爱：别碰我！（躲开）

杭天醉：怎么啦？

沈绿爱：我嫌脏。

杭天醉：没儿子的时候，怎么不嫌我脏？

沈绿爱：不错，有了儿子你就脏了！

杭天醉：你就那么算计我？你就那么恨我？

沈绿爱：我倒是算计过，可我不恨你。你这个男人，我是看透
　　　　了——你只是个可怜人罢了，不值得我恨的。

杭天醉：你这话说得好，说得好……把我给说透了！（一把撕开
　　　　沈绿爱的衣襟）

婉　罗：姑爷，你要干什么？羞死人了！

撮　着：少爷，别急……

婉　罗：赶紧回屋里去，这里人多眼杂……

沈绿爱：他能干什么！

杭天醉：我什么不能干？只是不想干。你让我恶心、恶心、恶心！

　　　　〔沈绿爱虽满脸嘲笑，却泪如雨下。

杭天醉：寄客老兄，我真后悔。当年就因为好奇看了这女人一
　　　　眼，没跟你去日本，没跟你去革命。过去我可不是这样
　　　　的人哪！说起革命，我也是满腔热血呀……如今我杭天
　　　　醉成了什么人了？我难道真的就成了捞不起的面条，扶
　　　　不起的——天醉？（大哭）

　　　　〔暗转。

　　　　〔四方天井里，飘着雪花。

　　　　〔灯光现出林藕初。

林藕初:嘉和、嘉平都十岁了,天醉与绿爱还在暗地较劲儿,谁也
　　　不服谁。小茶成了鸦片鬼,杭九斋就是抽大烟死在烟花
　　　巷的。我不许小茶进门,也不许天醉去看她。要不然,
　　　我哪里何止两个孙子?眼下,皇上和太后驾崩,三个月
　　　不准剃头,一百天不准唱戏,一百天不准夫妻同房。他
　　　们哪……唉……

　　[灯暗。林藕初隐去。

　　[升光。杭嘉和与沈绿爱在忙茶事。杭嘉平挥着木刀砍
　　砍杀杀。

　　[杭天醉穿着青衣戏装在唱昆曲《游园惊梦》——

杭天醉:(唱)原来姹紫嫣红开遍,

　　　　　似这般都付与断井颓垣。

　　　　　良辰美景奈何天,

　　　　　赏心乐事谁家院!

沈绿爱:别唱了,不怕官府来拿你?

杭天醉:(唱)他们想拿也不能拿,

　　　　　这个杜丽娘胡须一大把。

沈绿爱:你有本事去西湖边唱。

杭天醉:(唱)你让我去我偏不去,

　　　　　我掉脑袋你看戏。

沈绿爱:女人当真命苦,在家里活活憋死。

杭天醉:(唱)则为你如花美眷,似水流年……

沈绿爱:我要是能像秋瑾那样,这辈子也值了。

　　　[赵寄客上。

赵寄客:好!巾帼不让须眉!

杭天醉:寄客兄……快叫赵伯伯!

杭嘉和、杭嘉平:赵伯伯!

杭天醉:你还记得回杭州?还记得你这兄弟呀?你……

沈绿爱:把你这身行头卸了吧。

杭天醉:寄客,还记得我们在三生石上求梦的事吗——

赵寄客:轻点儿,我现在是朝廷捉到要杀头挖心的人……

杭天醉：你们是和秋瑾、徐锡麟一起举事的？

　　　　〔赵寄客点头不语。

沈绿爱：你认识我兄长沈绿村吗？

赵寄客：老相识了。

杭天醉：这下你们革命党可以攀亲戚了。

沈绿爱：（递上曼生壶）赵大哥，请吃茶。

赵寄客：（对壶嘴一阵猛灌）天醉，这几年没有把它给砸了？

杭天醉：有时候真想砸了——它成了别人的专用品了。

赵寄客：成了谁的专用品？

沈绿爱：我的。我总是对着壶嘴喝。他一气，就不用这壶了。

杭天醉：所以这壶我就只有欣赏的份儿了。哈哈……

　　　　〔杭嘉平、杭嘉和摆弄着赵寄客的大辫子。

杭嘉平：赵伯伯，你这个大辫子是真的还是假的？

杭嘉和：旧年大舅来，他可是戴着假辫子的。

赵寄客：我这条辫子嘛，倒是真的。不过，该剪的日子也快到了。

杭天醉：该剪的日子快到了？

赵寄客：我与令兄沈绿村这次一起见了中山先生。中山先生说，
　　　　世界潮流浩浩荡荡，顺之者昌，逆之者亡！

杭天醉：寄客兄，我要加入你们的同盟会。我入盟，把这茶庄也
　　　　一并入盟。革命成功，天下大同，平均地权，均匀贫富，
　　　　还要茶庄做什么？

沈绿爱：我也入盟！

赵寄客：弟妹……

沈绿爱：我叫沈绿爱。

杭嘉和、杭嘉平：我们也要入盟。

杭天醉：别胡闹了，快把鼻涕擦擦。你们去年还是穿的开裆裤
　　　　呢！哈哈……

　　　　〔切光。众人隐去。

　　　　〔枪声、炮声。四方天井里，压下了硝烟与火光。

　　　　〔灯光现出林藕初、吴茶清。吴茶清在舞剑。

林藕初：茶清，练完八卦掌，还要练剑？

吴茶清:练！没听见枪炮在响吗？

林藕初:得看住我们的天醉儿。赵家老四回来了,天醉跟着他就
　　　　会闯祸。

吴茶清:这回连我的手都痒了。

　　　　〔灯暗。林藕初、吴茶清隐去。

　　　　〔升光。沈绿爱与婉罗撕白帛,给沈绿村等敢死队队员们
　　　　分白带子。

沈绿爱:(对赵寄客)你是敢死队队长……(对沈绿村)哥哥你呢?

沈绿村:我? 后勤总管。

沈绿爱:天醉呢?

赵寄客:他也是我们同盟会的,让他耍笔杆子。

沈绿村:对。还让他做个革命基金会的副会长,出钱的主儿。

赵寄客:给天醉留一条白带子,他在乎这个。绿爱弟妹,来,替我
　　　　把辫子割了。

沈绿爱:多大的辫子啊……

赵寄客:割!

　　　　〔沈绿爱挥刀割去赵寄客的辫子。婉罗给其他的敢死队
　　　　队员们割辫子。

沈绿村:寄客兄真像一头怒吼的醒狮。妹妹,你怎么不替我割?

沈绿爱:你的还用割吗? 你从来都是假的。

赵寄客:时辰到了……

沈绿爱:你……你会死吗?

赵寄客:我……

沈绿村:女人,就会说丧气话。

赵寄客:我不会死的! 有你们在保佑我。(率敢死队队员下)

沈绿村:妹妹……

沈绿爱:我不会问你会不会死,你是一定不会死的。

沈绿村:我是说,天醉知道你喜欢赵寄客吗?

沈绿爱:他对什么都不在乎,在乎的只有茶。

　　　　〔沈绿村下。杭天醉上,手里提着一把茶壶。

杭天醉：(念叨着)革命了，革命了，快来喝茶呀！革命的茶，有革命的味道哩……寄客呢？

沈绿爱：带领敢死队冲上去了。

杭天醉：怎么不带上我呀？

沈绿爱：他给你留下了这个。(把白带子给杭天醉戴上)先剪了这猪尾巴再说吧。(剪下杭天醉的辫子)

杭天醉：(手里拿着被剪下的辫子)大清朝这么一剪就完了……(又摸着臂膀上的白带子)嘿嘿，黑的换成了白的……

　　〔撮着、吴升捂着脑袋上。

撮　着：没了辫子，天哪，还怎么活呀？

吴　升：谁胜谁负还不清楚，这也剪得太早了吧……

　　〔赵寄客、沈绿村上。

赵寄客：将军署还没攻下来！干脆，我带炮队上城隍山，对准将军署灭了它。

杭天醉：不可，革命不能滥杀无辜。最好是不战而屈人之兵，我先写封劝降书。

沈绿村：好主意！天醉，马上动笔。

杭天醉：茶来！

　　〔沈绿爱递来一盏茶。

杭天醉：(一试即吐掉)这不是龙井，太杀口啦！

沈绿爱：这是平水珠茶，现在人人都靠珠茶吊着精神呢！

杭天醉：杀口，杀口！墨太浓了，兑点儿茶叶水。

赵寄客：不，得掺点儿血！

杭天醉：来不得，我见血就晕。(写劝降书)

　　〔赵寄客、沈绿村急下。吴茶清、林藕初上。

杭天醉：劝降书写好了，我去去就回。(欲走)

林藕初：天醉，这可不是闹着玩儿的……(拦住)

吴茶清：还是我去吧。

林藕初：你……

杭天醉：那怎么行？他们都冲锋陷阵、出生入死了，我还在这儿观潮，岂不就成了一个多余的人了。

吴茶清：少东家要是把八卦掌练好了，去去也无妨。可惜……非老夫出马不可了。（剪下辫子递给林藕初）

林藕初：他茶清伯——

吴茶清：夫人处置了吧。（拿过劝降书）

林藕初：茶……清……伯……

吴茶清：万一……随便在哪蓬茶树下，埋了算啦。

杭天醉：茶清伯，我同你一道去。

吴茶清：夫人还在世上，少东家任何时候都不能以身犯险。

吴　升：我光棍一条，反正也没女人喜欢我！

吴茶清：吴升，你年纪还轻啊。

吴　升：横竖——活过了。

吴茶清：到底，还是我们吴家门里的人。（与吴升急下）

林藕初：他……茶清伯！当心啊……子弹不长眼睛……

杭天醉：茶清伯要是为下书有个闪失，我就罪孽深重了……

　　　　〔枪炮声大作。

　　　　〔暗转。

　　　　〔吴升背吴茶清上。

林藕初：他茶清伯呀！

杭嘉和：茶清爷爷！

吴茶清：信……送到了……将军署……挂了……白旗……没想到……你比当年……忠王府的……刀笔师爷……还强……（昏迷）

吴　升：他送了信，刚从旗营出来，背后就开了冷枪！干爹……爹呀……

林藕初：茶清！

吴茶清：（指吴升）他管……茶庄……他……救了我……

　　　　〔吴升连忙跪地磕头。

吴茶清：（掏出一个腰包，环视众人）嘉……和……你藏好……别打开看……将来……有用……（死去）

杭嘉和：茶清——爷爷——

吴　升：爹呀，我的亲爹呀……

[那株酷似人形的白茶树在云里雾间飘游,树身流着鲜红
　的血。

杭天醉:茶清伯死了。我这亲生儿子都不能叫他一声爹……好
　　　在吴升替我叫了……白茶树呀,茶清伯的灵魂会不会附
　　　在你的身上? 你究竟是为谁度身定量的? 你流的那些
　　　血呀,是茶清伯的血,还是我杭天醉的血? 你说呀……

林藕初:(握着吴茶清剪下来的辫子)老爷生前交代过的,茶清伯
　　　要葬在杭家的祖坟里……要从正门抬出去,要从正门抬
　　　出去! 要从正门抬出去……

吴　升:(哭诉着)爹呀! 在路上你还说,我的就是你的,你的就
　　　是我的——

沈绿爱:吴升,你把谎都撒到忘忧茶庄来了,是不是也太狂了
　　　一些?

吴　升:狂什么? 忘忧茶庄莫非就没有一点儿见不得人的地方?

林藕初:你,你,你说什么?

吴　升:干爹,我的亲爹呀! 在路上你一再嘱咐我保住杭家这点
　　　秘密,人家还以为是我在撒谎哪! 干爹在忘忧茶庄的股
　　　份谁敢不给我,我就跟谁翻脸哪……(哭得更响了)

沈绿爱:你听见没有? 全归他了……

杭天醉:无所谓,无所谓……

林藕初:醉儿啊……晓得吗? 你……姓……吴啊!

杭天醉:我早就晓得了,姓吴……

林藕初:你早就晓得了……不、不、不! 不姓吴,姓杭,姓杭!

杭天醉:我也早就晓得了,我姓杭,姓杭,姓杭!

林藕初:晓得就好,晓得就好。记住,要从正门抬出去,要从正门
　　　抬出去,要从正门抬出去……(跪在吴茶清身边,低声念
　　　佛,死去)

杭嘉和:奶奶! 奶——奶!

沈绿爱:婆婆,你哪一处都比我强啊……

杭天醉:茶清伯死了,娘就活不下去了……不求同年同月同日
　　　生,但求同年同月同日死,这都是茶清伯与娘前世修来

的……可我怎么办？把你们合葬在一起，我和孩子就得从后门进出了……

吴　升：看见没有，不信我说的，家里就要犯重丧呀！

杭天醉：撮着，支起大锅，灌满虎跑泉水，倒进狮峰龙井，煮茶……

　　　〔天井里飘落下无数的茶叶……

杭天醉：为老人沐浴洗身……

（内喊）"钉子孙钉了！"

　　　〔工匠们上。

工匠们：（念）新钉敲在左脚边，

　　　　　　亲男亲女发千年。

　　　　　　做做吃吃用不完，

　　　　　　日脚越活越是甜。（隐去）

　　　〔暗转。

　　　〔杭天醉身着重孝，跪在灵位前。

　　　〔马蹄声由远而近，赵寄客戎装上。

赵寄客：我来晚了，来晚了！天醉，我刚请出新总督，接着就是抢官分赃，什么财政部长、外交部长、交通部长……

杭天醉：我的那位大舅呢？

赵寄客：沈绿村给袁世凯当官去了。

杭天醉：你赵某人还是独行侠一个，一无所有？

赵寄客：求之不得。从前在中山先生面前发过誓的，功成身退，只是现在功还未成罢了。

杭天醉：你还要走？

赵寄客：跟浙军去攻打南京。

杭天醉：不与绿爱道个别？

赵寄客：走就走啦，还道什么别……生又何欢？死又何惧？

杭天醉：生怎能不令人惜？死又如何不令人怕？是呀，茶清伯为了革命死了，革命党就没一个人来送葬，都忙着去抢官分赃。这就是曾经让我向往不已的革命？革命就可以不顾别人的生死？还是龙井茶实在，就连那杀口的平水

珠茶也比这革命清爽。你,你走吧,快去南京建功立业
去吧……(站起身来抱住赵寄客)你,你可不能死啊!
(哭)纵然是革命要你死,我也要你生。你要是死了,我
就没有了我,寄客兄!

〔赵寄客也一把抱住杭天醉……

〔暗转。

〔四方天井里,洒下一片凄迷的月光。

〔灯光现出撮着、吴升。

吴　升:撮着,少奶奶好像披了个斗篷出门了。

撮　着:你呀,眼珠子就爱盯住那些不该你看的。

吴　升:撮着,你得对我客气点儿。我现在是忘忧茶庄的股东,
　　　　你还是个车夫。

撮　着:我这车夫是凭力气做的,长久。你那股东是怎么来的?
　　　　你自己心里清楚,我就怕不长久哦。

吴　升:得了红眼病了不是? 撮着,我请你到河坊街王饭儿酒楼
　　　　喝老酒去。

撮　着:不去!

吴　升:你听听,我给你点的是——皮儿荤素、春笋步鱼、生爆鳝
　　　　片、清炒虾仁、虾蟹、狮子头、乳汁鲫鱼汤、红焖甲鱼、蜜
　　　　汁火方,还有一大盆木郎(鱼头)砂锅豆腐。

撮　着:你真是手穿袜子——像只角(脚)。这菜单你记得我也
　　　　记得,这是少爷上回请客时圈点的。你我都一样,拇指
　　　　大的菩萨,受得住碗大的香吗? 何苦呢!

〔杭天醉上。

杭天醉:你们说些什么,也让我听听。

吴　升:少东家,我特地请你出门散散心。

杭天醉:好哇。撮着,我们一块儿去。

撮　着:少爷,等等,我去拉车。

杭天醉:不用啦,走走吧。吴升,去哪儿?

吴　升:少东家精神不爽,我准备了一些上等的……(耳语)云土。

杭天醉：当年我们的茶叶进入欧洲市场，让大英帝国失去了美洲。后来他在印度种植鸦片，在中国倾销，又让我们失去了香港。那东西不好，不好……

吴　升：那东西不好就不用。我还给少东家准备了上等的碧螺春。

杭天醉：好，碧螺春好……

　　　　（吟）从来隽物有嘉名，

　　　　　　　物以名传愈见珍。

　　　　　　　梅盛每称香雪海，

　　　　　　　茶尖争说碧螺春……

　　　　〔灯光现出赵寄客和沈绿爱。

杭天醉：你们——回去……

吴　升：少东家，看看他们要干什么——

撮　着：听见没有？回去！（一把捞起吴升，将其夹下）

赵寄客：回去吧，回去吧……这是办不到的……除非……

沈绿爱：除非什么……

赵寄客：除非你是——秋瑾。

沈绿爱：我怎么就不可能是秋瑾？跟你去了南京，我不就成了秋瑾啦。

杭天醉：他们俩早就认识……还在山上吵过架……

赵寄客：忘忧茶庄全靠你啦，你想当秋瑾也当不成。

沈绿爱：你看我是天醉的女人，就当不成秋瑾？我，我是他的什么……女人……

杭天醉：是你自己不愿做我的女人。十年了，你就没安心做过我的女人。

赵寄客：别哭了……明天一大早，我就要出发去南京。

沈绿爱：我只求你带上我。以后的事，不要你管。

杭天醉：这年代，私奔时髦得很哪……

赵寄客：我在日本有过一个女人，还有一个儿子。我回杭州的时候，她也哭哭啼啼地要跟我来，被我给挡了，何况你……朋友妻……

杭天醉:寄客兄,你还是我的金兰兄弟……

沈绿爱:朋友妻,怎么的?

赵寄客:不可戏呀。

沈绿爱:你是在戏吗? 朋友妻,不可——欺! (打了赵寄客一个嘴巴)

杭天醉:这是打我杭天醉的脸……做天醉的女人,就这么渴望被人欺、被人戏吗?

沈绿爱:嘉和是小茶生的,性格像杭天醉。嘉平是我生的,你看他性格像谁?

赵寄客:不像天醉,像你……

沈绿爱:不! 像你赵寄客! 我怀嘉平的时候,就想着你,没日没夜地想着你,嘉平举手投足都像你……

　　[赵寄客突然抱住了沈绿爱。

　　[一盏油灯,突然烧红了半边天。

杭天醉:他们是干柴烈火,我是什么? 难道就是一堆腐肉朽木吗? 我不渴望革命吗? 不,我渴望。可革命给我带来了什么? 我不需要女人吗? 不,我需要。可女人给我带来了什么? 这革命不是我所希望的革命,这女人也不是我所希望的女人……(慢慢倒下,隐去)

赵寄客:(突然推开怀里的沈绿爱)不! 我们不能这样……

沈绿爱:这都什么年代了! 你连性命都不顾,我还在乎那些虚名?

赵寄客:天醉在乎。

沈绿爱:眼下他只在乎究竟是该姓吴还是该姓杭!

赵寄客:如果眼下我们行了苟且之事,有了一男半女,将来他们也会像天醉今天这样!

沈绿爱:革命成功了,谁还会这么想?

赵寄客:革命成功就可以男盗女娼了吗?

沈绿爱:你……

赵寄客:回去吧！将来我们只会感到庆幸,那晚什么也没发生。

　　〔赵寄客、沈绿爱隐去。

　　〔撮着上,扶起地上的杭天醉。

撮　着:少爷,我送你回家……

杭天醉:不,吃茶去……

撮　着:夜深了,茶楼都关门了……

杭天醉:赵州和尚问一个新来的和尚,从前到过赵州吗?那和尚说到过,赵州和尚说吃茶去。又问另一个和尚到过赵州吗,这和尚说没到过。赵州和尚还是说,吃茶去。后来有人问,到过赵州的与没到过赵州的,你都叫他们喝茶去,为什么?赵州和尚仍然说,吃茶去。

撮　着:少爷是不是被气糊涂了……

杭天醉:这故事,世界上没几个人能想得明白。跟他说,更是对牛弹琴……

　　〔吴升上。

吴　升:少东家,过去说,排忧解愁,就靠老酒。现如今哪,排忧解愁,来点儿云土。

杭天醉:说得好,来点儿云土。

撮　着:少爷,那东西沾不得,会倾家荡产的!

杭天醉:丢了香港,中国都不心疼,这点儿家业,算得什么!吴升,去哪里?

吴　升:到吴山脚下小茶那儿去。

杭天醉:小茶?

吴　升:红衫儿——

杭天醉:她不叫红衫儿,她叫小茶,我早就给她改名了。她还活着?

吴　升:活得好好的。

杭天醉:那走啊……

撮　着:少爷,你千万不能去呀……小茶是个鸦片鬼,老夫人生前不许她进家门的。不是茶清伯给她贴钱,她早死了……那里去不得呀!

杭天醉：撮着，你不能告诉任何人！

吴　升：少东家，吴升背你！

　　　　〔灯暗。众人隐去。

　　　　〔一盏烟灯亮了。小茶扶杭天醉躺下。吴升候在一旁。

杭天醉：烟里春秋，灯下乾坤。妙哉！

吴　升：少东家，回家吧，明日还得做生意。

杭天醉：你看着办就是了。

吴　升：是。

杭天醉：曹操曰，何以解忧，惟有杜康。茶人曰，何以解忧，惟有
　　　　茶汤。杭天醉曰，何以解忧，惟有烟枪。

吴　升：少东家，那些往来账目……

杭天醉：不必问我，你全权办理。

吴　升：好。

小　茶：只要你长年在这儿——我每日每夜都会给你唱小
　　　　曲儿……

杭天醉：好哇——吴升，你怎么还没走？

　　　　〔暗转。

　　　　〔船娘们上。

船娘们：（唱）四呀么四更里，

　　　　　　　响呀么响叮当。

　　　　　　　小奴家与冤家，

　　　　　　　忙着磨豆浆。（隐去）

　　　　〔天井里，屋檐水一滴一滴地滴着。

　　　　〔灯光现出长大成人的杭嘉和、杭嘉平。

杭嘉和：嘉平！

杭嘉平：嘉和——老兄！几年不见，险些认不出来了。爹呢？

杭嘉和：坐禅。

杭嘉平：还抽大烟吗？

杭嘉和：坐完禅就抽大烟。

杭嘉平：你也不管管。

杭嘉和：他是爹。

杭嘉平：你呀！娘呢？

杭嘉和：抚琴。

杭嘉平：还筛茶叶吗？

杭嘉和：筛茶叶。

杭嘉平：她和爹怎么样？

杭嘉和：基本上不说话。

杭嘉平：你也不——对了，她是娘。哪有儿子管爹娘的，对不对？

杭嘉和：对。

杭嘉平：你呢？

杭嘉和：经商。

杭嘉平：为什么不去做你的律师？

杭嘉和：我与茶有缘。

杭嘉平：你看看，这都什么年代了！你们还在做春秋大梦呢！

杭嘉和：什么年代人都得喝茶。

杭嘉平：错！革命的年代只喝酒，不喝茶。

　　　　〔沈绿爱上。

沈绿爱：嘉平，这些年没你大哥在家里挺着，你在外头读书的花
　　　　销从哪里来？回到家就只顾着信口开河。

杭嘉平：娘！

沈绿爱：吃饭了吗？

杭嘉平：吃吃吃！杭州人就知道吃，把杭州吃成个亡国之都！

　　　　〔灯光现出坐禅的杭天醉。他身着宋朝服饰，长发飘飘。

杭天醉：（吟）吾生眠食耳，

　　　　　　　一饱万想灭。

　　　　　　　颇笑玉川子，

　　　　　　　饥弄三百月。

杭嘉和：爹在说你呢，不吃饭是不行的。

杭嘉平：爹同志，娘同志，二位老同志——

沈绿爱：混账，我看你连自己姓什么都忘了。

杭嘉平：忘不了。我姓"无"。

杭嘉和：姓吴……

沈绿爱：谁告诉你姓吴的？

杭天醉：你姓的是"无政府主义"的"无"吧。

杭嘉平：爹同志，你的觉悟不低呀。大哥，你信奉什么主义？

杭嘉和：我信奉陶渊明的桃花源生活——就算是陶渊明主义吧。

杭嘉平：陶渊明主义就是无政府主义。

　　　　〔婉罗端茶给杭嘉平。

婉　罗：平少爷，请吃茶。

杭嘉平：你是——婉罗同志。

　　　　〔撮着挑水上。

杭嘉平：还有你撮着同志，你们要做天下的主人，叫爹同志挑水，
　　　　让娘同志浇花。你们打扮打扮，逛西湖去。

撮　着：我挑惯了水。

婉　罗：我浇惯了花。

杭嘉平：我早就料到了。

　　　　〔一群叫花子上。

沈绿爱：这群叫花子来干什么？

杭嘉平：为了加速你们的思想改造，我要在家里办一个孤儿院，
　　　　你们每天和他们一起生活、学习。

沈绿爱：胡闹！

叫花子们：我们要吃东坡肉！……我们要吃鲍头鱼！……我们
　　　　要睡雕花床！……我们要盖鸳鸯被！（大闹忘忧楼
　　　　府，有人抓鱼，有人抢碗，有人抬雕花床，有人顶鸳
　　　　鸯被……）

　　　　〔撮着、婉罗追着叫花子们转圈跑。杭嘉和不忍扫杭嘉平
　　　　的兴，沈绿爱焦急万分，杭天醉浑然不觉。

沈绿爱：天醉，你倒是说句话呀！

杭天醉：(吟)老妻稚子不知爱，
　　　　　　一半已入姜盐煎。
　　　　　　人生所遇无不可，
　　　　　　南北嗜好知谁贤……

　　　　〔一个小乞丐抄起曼生壶。

35

沈绿爱:放下!

小乞丐:偏不。

沈绿爱:(操起菜刀)放下!

小乞丐:不放!你敢砍我,我就摔碎了它。

沈绿爱:你敢摔,我叫你碎尸万段!

小乞丐:我先叫它碎尸万段!

沈绿爱:你敢摔!我,我、我就把自己砍了!

杭嘉平:放下!怎么闹成这样子……

杭嘉和:警察来了。

　　　　〔叫花子们逃下。杭嘉和随下。厅内遍地狼藉。

杭嘉平:无政府主义看来只能在街上搞。(下)

　　　　〔沈绿爱将曼生壶紧紧地抱在怀里。

　　　　〔赵寄客上,他就剩下一条手臂。

赵寄客:家里出了什么事儿?

沈绿爱:寄客——你的手臂……

赵寄客:留在南京了。

杭天醉:(吟)敲火发山泉,

　　　　　　烹茶避林越。

　　　　　　明窗倾紫盏,

　　　　　　色味两奇绝。

赵寄客:天醉兄弟别来无恙乎?

杭天醉:老兄是不是也来大闹忘忧楼府的?

赵寄客:我来办汽车公司,实业救国!

杭天醉:寄客,你断了一臂,还这么海阔天空!

赵寄客:你这身打扮……

杭天醉:与当今格格不入。我乃南宋人也。

赵寄客:做什么朝代的人不好,为什么偏偏要做南宋人?

杭天醉:今日革命,明日革命,后日革命,没完没了地革命,怎比
　　　　得南宋人安于天命。(打哈欠,欲下)

赵寄客:哪里去?

杭天醉:吃茶去。

赵寄客:我刚进门——

杭天醉:吃茶去。

沈绿爱:是不是我碍着你们了……

杭天醉:吃茶去。(念叨)这革命之后的茶,味道都不纯了……

　　　　(下)

赵寄客:天醉心事重重。

沈绿爱:你不也是重重心事。

赵寄客:他是吃茶去吗?

沈绿爱:他和小茶,两个烟鬼,一杆烟枪。家里的古董字画,都卖得差不多了,就剩下一点儿茶具了。

赵寄客:何至于如此?

沈绿爱:他不肯告诉我。

赵寄客:这样不行,找嘉和、嘉平来——

沈绿爱:今非昔比,你还害怕什么?

赵寄客:眼下当务之急是——还我天醉!

　　　　〔灯暗。赵寄客、沈绿爱隐去。

　　　　〔四方天井里,洒下了幽幽的月光。

　　　　〔灯光现出杭天醉,他打着哈欠。

杭天醉:沈绿爱把曼生壶盯得好紧呀,今晚我终于把它偷出来了,我要把它卖给一个不认识的人。我得彻底忘掉这曼生壶,忘掉三生石上的梦,忘掉我过去的一切一切……

　　　　〔赵寄客上。

赵寄客:天醉兄弟,你要振作起来。

杭天醉:(用长袍裹住曼生壶)从长计议吧……

赵寄客:中国的事情,坏就坏在这从长计议上,这一"长"就长了五千年。

杭天醉:眼下这翻天覆地的日子与那五千年又有什么区别?袁世凯都要登基做皇帝了……明天再谈罢。

赵寄客:先把袁大头丢在一边,今晚你得从自己做起。

　　　　〔赵寄客、沈绿爱、杭嘉和、杭嘉平上,团团围住杭天醉。

杭天醉:你们要干什么?

赵寄客:要你把大烟戒了。

杭天醉:晚了。沈绿爱,你给我让开……相看两不厌,惟有鸦
片烟……

沈绿爱:你有什么话,你就说……

杭天醉:我不会求你的,这一辈子都不会求你的……我已经有两
个儿子了……

沈绿爱:我知道你心里没有我,等你戒了烟,你就休了我。

杭天醉:我为什么要休你? 赵寄客,你让开……你何苦跟我过
不去……

赵寄客:要是实在受不了,就砸东西……

杭天醉:(掏出曼生壶)我首先砸的就是这曼生壶!

沈绿爱:天醉! 什么都能砸,可就别砸曼生壶呀……

杭天醉:为什么不能砸曼生壶? 别,你千万别解释……我只想这
是暴殄天物,罪莫大焉……嘉和,你让开……

杭嘉和:爹,你忍一忍,忍过这一关就好了。我们全家都在救你
呀,爹……

杭天醉:这世界无药可救,你爹也无药可救。嘉平,你让开,爹这
也是无政府主义呀……

杭嘉平:爹,无政府主义我洗手不干了。你想想我娘,把烟戒
了吧!

杭天醉:爹正是为你娘才抽大烟的! 嘉平、嘉和,你们都给我走
开,走开! 远远地走开! 你们走不走? 再不走,爹就给
你们磕头了……

杭嘉和:爹呀,你千万别……我们走,我们走……(拉着杭嘉
平下)

沈绿爱:杭天醉! 你看着我! 我沈绿爱给你下跪了……我嫁你
二十几年,今天第一次给你下跪了……只要你把大烟戒
了,今后你想干什么就干什么。你为什么不看着我? 你
就那么恨我?

杭天醉:(慢声慢气)还记得你从前对我说的吗? 我现在原封不
动地奉还给你:你不值得我恨的,你只是个可怜人

　　　　罢了……寻寻觅觅,冷冷清清,凄凄惨惨戚戚……

沈绿爱:你这话说得好,说得好,真把我给说透了……我把你放
　　　了,马上就离开这个家……

赵寄客:不行! 天醉兄弟——

杭天醉:赵寄客,谁是你的兄弟? 你看中她的时候当我是兄弟
　　　吗? 你们在暗中陶醉的时候当我是兄弟吗? 别人戳着
　　　我的脊梁骨骂我是乌龟王八蛋的时候你当我是兄弟吗?
　　　这些屈辱是用茶解得了的吗? 我不抽大烟你要我去干
　　　什么? 去找你这个为革命抛头颅洒热血的人拼命
　　　吗? ……我不跟你拼命,我有鸦片烟……

赵寄客:(打了杭天醉一耳光)你就是找我拼命,也不该抽大烟!

杭天醉:打得好……你赵寄客革命不成功,只有本事回来打我!
　　　你有本事……谁让我心甘情愿当王八呢……

沈绿爱:(哭了起来)你这是打我沈绿爱的脸! 做沈绿爱的丈夫,
　　　就该被人打吗?

杭天醉:你哭什么? 你口口声声要我休了你,你当我不愿休了
　　　你? 只是不敢……人要脸,树要皮。革命的人,就可以
　　　不要廉耻了吗? 我一个鸦片鬼,出门顶着绿帽也算不得
　　　什么。再说,我只要休了你,所有的流言蜚语都成了铁
　　　的事实。你这个一辈子自以为是且又莫名其妙的女人,
　　　你想得明白这一点吗? ……其实,你要是想明白了,也
　　　会抽大烟的……

赵寄客:天醉! 不管怎么说,今天这烟你是戒定了!

杭天醉:让我走! ……要不,今天你就把她带走……

赵寄客:你站住! (一把抱住杭天醉)

杭天醉:我要咬你了! ……王八的牙口……紧得很咧……

赵寄客:你咬吧。

杭天醉:(在赵寄客肩上咬了一口)血……我杀了人了……
　　　(晕倒)

赵寄客:根本就没出血,他是虚脱了。曼生壶还好好的,杭天醉
　　　还有救。

沈绿爱：我们还有救吗？……

赵寄客：天醉有救，我们就有救！

沈绿爱：他宁可毁掉自己，也要顾全别人……天醉，我怎么从前不认识你呢……天醉……

杭天醉：（睁开眼）茶……

　　　〔沈绿爱端起曼生壶喂杭天醉，杭天醉摇了摇头。

沈绿爱：我明白了。天醉，我这就给你沏茶去。

　　　〔灯暗。众人隐去。

　　　〔灯光现出小茶与吴升。

吴　升：瞧！云土。你闻闻——想抽，没那么容易！你就剩下这幢房子了，能抽几天？你还有什么东西可给我的？

小　茶：我有……我呀，吴升哥……

吴　升：你还有你吗？皮包骨，骨透皮。我想的是从前的红衫儿，细皮嫩肉掐得出水的红衫儿。那会儿你怎么不说我有——我呀？傍着杭家大少爷连颜色也不多给我一分。杭家啊！我不叫你们鸡飞狗跳、家破人亡，吴升誓不为人！你这个杭家的臭婊子！

　　　〔杭嘉和上。

杭嘉和：你是……姨娘……

小　茶：你是……

杭嘉和：我是嘉和……

小　茶：嘉和！我的儿子……吴升哥，你看看，我还有个门高树大的儿子。我把他卖给你。你快给我云土、云土……

吴　升：嘉和，你娘要把你卖给我换烟土。你愿意吗？

杭嘉和：吴升，你不知道贩卖烟土是犯法的？再不走，我们公堂上见。

吴　升：红衫儿，你的命我救不了啦，找你儿子吧。（下）

小　茶：吴升哥！回来！我给你……

杭嘉和：姨娘，娘叫我来看你。爹把烟戒了，只要你戒了烟，娘亲自接你回家去。

小　茶：家？哪里是我的家？你叫我什么？姨娘？我不是你的

娘？那,我是谁？都无所谓——你有钱吗？快把钱拿出来,你就当我是叫花婆。要不,你就当我是窑姐儿……

〔杭嘉和无奈地把钱拿出递给小茶。

小　茶:谢谢老爷少爷赏脸!红衫儿志志诚诚给你侍候一段小曲儿。

（唱)酒儿吃得情相投,

奴解罗裙郎牵手。

郎十九,奴十九,

正好狮子滚绣球。

杭嘉和:娘——我的亲娘呀!（跪下,痛哭失声)

〔灯暗。杭嘉和、小茶隐去。

〔四方天井里,飘落下几片枫叶。

〔杭天醉、沈绿爱在吃蟹赏菊。

杭天醉:（吟)我生百事常随缘,

四方水陆无不便。

扁舟渡江适吴越,

三年饮食穷芳鲜……

沈绿爱:天醉,再来一杯花雕……

〔撮着上。

撮　着:吴升来了……

沈绿爱:他干什么来了?

撮　着:说是……算账来了。

杭天醉:还没到秋后,吴升这人也太性急了。

〔吴升、云中雕上。

吴　升:老板、老板娘都在,吴升给二位请安啦。今天昌升茶庄开张,吴升恭候你们全家赏光,吃杯开张酒。

杭天醉:昌升茶庄开在什么地方?

吴　升:就是原来的忘忧茶庄。熟门熟路的,就只换了块匾。

沈绿爱:你敢撤下忘忧茶庄的牌匾?

吴　升:（掏账本)这是老板的账单,这是姨太太小茶的开销单。天醉,你的股份全清了。

沈绿爱：全清了？忘忧茶庄没杭家的股份了？

吴　升：一个子儿也没了，还欠我三千块大洋呢。

杭天醉：吴升，你看这只大闸蟹是死的还是活的？

吴　升：死的——活的会动呀。

杭天醉：它没动，只是不想动而已。

吴　升：不说这些个闲话了。忘忧茶庄的股份、房产、地产，都是干爹给我的。你看，什么时候把忘忧楼府过契呀？这房子也太老了，封火墙早该修一修啦！云中雕，明天给我找两个工匠来！

云中雕：算我的。

沈绿爱：你这条忘恩负义的狗！

吴　升：我说过，我不怕大脚女人——今天还不怕爱骂人的女人。要是你能像待赵寄客那样陪我一宵，我可以宽限你们到月底。不然的话，你们今天拿不出三千大洋，就马上给我走人！

云中雕：不走人，我就要你好看！

杭天醉：我现在才明白当年茶清伯用心良苦。撮着，叫嘉和把茶清伯留下的腰包拿出来。

　　　　〔撮着下。

吴　升：那腰包里能有什么？

杭天醉：有答案。

　　　　〔杭嘉和捧着吴茶清的腰包上。

杭天醉：吴升，你要杭家的房产、地产吗？

吴　升：要啊……

杭天醉：你有房契、地契吗？

吴　升：谁说我没有……

杭天醉：你没有。我敢说，杭家的房契、地契都在这个腰包里。

　　　　〔杭嘉和打开腰包。房契、地契，还有一张吴茶清的遗嘱，都在里面。

杭嘉和：（看完遗嘱，泣不成声）茶清……爷爷。

吴　升：（读遗嘱）"忘忧茶庄、忘忧楼府的房产、地产，我在忘忧

茶庄的股份,一概属杭天醉所有,吴升不得染指。吴
茶清。"

沈绿爱:茶清伯,你早料到了今天……

吴　升:干爹,这是怎么回事呀,你怎么向着杭家外姓人了?

杭天醉:你应该早就明白。

吴　升:对! 我只是他的干儿子,你才是他的亲儿子,是吴茶清
　　　　与林藕初乱搞搞出来的假杭家人……

杭天醉:过去我不敢面对这些现实,让你钻了不少空子。现在我
　　　　想明白了,像你吴升这样的人,哪个女人会与你偷情生
　　　　私生子? 只有像茶清伯和我娘那样的人,才能把偷情做
　　　　得美轮美奂。称我杭天醉如何? 叫我吴天醉又如何?
　　　　我照样吃我的茶,吟我的诗。吴升,账还没算完,接着
　　　　算呀!

吴　升:东家! 少东家,老东家,我立刻就去把匾换了,换上忘忧
　　　　茶庄的老金字招牌。

杭天醉:行啊。可是嘉和,你得与他好好算算占用我忘忧茶庄的
　　　　租金。

吴　升:东家,你不是在逼我破产吗?

杭天醉:吴升,你去摸摸这只大闸蟹。它要是死的,这租金就
　　　　免了。

吴　升:好! 我就去摸——(用手去摸大闸蟹)

　　　　[大闸蟹突然钳住了吴升的手指。吴升疼得大叫。

杭天醉:可怜哪,到今天为止还没吃过大闸蟹,不知生死。这只
　　　　大闸蟹就送给你了,这是我准备放生用的。你回去吧,
　　　　好好重读"人之初"。

　　　　[吴升逃下,手指上还吊着大闸蟹。

云中雕:光棍打九九,不打加一。哼!

杭天醉:云中雕,老胳膊老腿的,做流氓是不是也忒老了一点儿?

云中雕:(一抬手,闪了腰)是……是太老了。(下)

　　　　[撮着突然大笑。

杭天醉:撮着你笑什么?

撮　着：我笑吴升辛辛苦苦几十年，一退退到光绪前。

　　　　〔婉罗上。

婉　罗：小姐要我去接小茶，她、她上吊了！

杭嘉和：娘……

杭天醉：(一踉跄)也好……省得受罪……把她葬在杭家的祖坟
　　　　里……栽上茶树——嘉和，该给你娶亲了。

杭嘉和：爹，娘刚死呀……

杭天醉：婚事丧事一块儿办，让你娘合眼。

杭嘉和：爹……

杭天醉：埋在窖里的那坛状元红有二十几年了，要趁爹还喝
　　　　得动……

沈绿爱：天醉……你手指冰凉……

杭天醉：杀敌一万，自损三千。这与天斗、与地斗、与人斗的事
　　　　儿，最好还是离它远点儿……

　　　　〔灯暗。众人隐去。

　　　　〔四方天井里，投下一抹曙光。

　　　　〔灯光现出赵寄客、沈绿爱。

赵寄客：日本政府派了个茶道大师，号称打遍中国无敌手，今天
　　　　要与天醉兄弟一比高低。

沈绿爱：小茶刚死，天醉又病得很重，斗茶的日期能不能往后挪
　　　　一挪？

赵寄客：那个日本茶道大师已候在门口了。茶道与剑道是日本
　　　　国的文武之道，很难说他们不是在投石问路。

　　　　〔灯光现出花木深房里的杭天醉。他头上系着当年敢死
　　　　队的白带子。

杭天醉：请他进来。

　　　　〔羽田上。

羽　田：杭先生，久违了。

杭天醉：久违了，羽田先生。

羽　田：事关日本茶道的声誉，我只有前来斗茶。

杭天醉：彼此彼此。羽田先生，请到花木深房来。

　　[羽田进入花木深房。二人坐下。

羽　田:(取出茶盏)我把兔毫盏带来了。杭先生,能不能让我见识见识你的曼生壶?

　　[灯光现出一排茶壶。

杭天醉:请看——方壶、斗笠壶、百纳壶、传炉壶、乳鼎壶、半瓦壶、却月壶、飞鸿延年壶。曼生壶世称十八式,抱歉,我仅收藏了这八式。

羽　田:件件都是巧夺天工的珍品。杭先生,我从日本带来一套煎茶的器具,能在这里展示展示吗?

杭天醉:请。

　　[两个日本人小心翼翼搬来林林总总的茶具。

羽　田:杭先生请看——风炉、筥、炭挝、火夹、鍑、交床、纸囊、碾、罗合、则、水方、漉水囊、瓢、竹夹、熟盂、畚、扎、涤方、巾。

杭天醉:不错。当年茶神陆羽所创的茶器也只有二十八件,羽田先生带来的茶器就有十九件之多。不过,有装洗涤水的涤方而无装茶滓的滓方,终是一件不圆满的事。羽田先生,不介意我送你一件滓方吧?

赵寄客:好,将了日本人一军。

沈绿爱:这也是将自己的军。

羽　田:杭先生好眼力。滓方原是有的,搬运时不小心给砸了。杭先生能送我一件,羽田自然是感激不尽。不过,我还是想见识见识府上烹茶用的茶器。

　　[灯光现出形形色色的茶器。

杭天醉:内生火用具有——风炉、灰承、筥、炭挝、火夹五种,煮茶用具有——鍑、交床两种,制茶用具有——夹、纸囊、碾、拂末、罗合、则六种,水具有——水方、漉水囊、瓢、竹夹、熟盂五种,盐具有——鹾簋、揭两种,饮茶用具有——碗、札两种,清洁用具有——涤方、滓方、巾三种,藏陈用具有——畚、具列、都篮三种。

羽　田:茶神有的你都有了……

杭天醉：只是承袭罢了，我没能再创造一件。再者，茶神考虑得
　　　　够周全了，多一件，也是多余。

赵寄客：他什么时候藏了这么多宝贝，我竟不知道。

沈绿爱：我对他也是知之甚少。

羽　田：所以至今，中国有茶事而无茶道。

杭天醉：中国的茶道，在宋明时期登峰造极。就茶叶而言，贡茶
　　　　一寸见方的"龙团胜雪"，每片计工值四万。就水而言，
　　　　将天下名泉分为一十九级，第二十级才是雪水。就汤而
　　　　言，有三大辨，十五小辨。一说形辨，二说声辨，三说气
　　　　辨。形为内辨，声为外辨，气为捷辨。就吃茶而言，茶宜
　　　　有十三条，禁忌有七条。而后之所以扬弃不用，是为了
　　　　更加接近吃茶的本意。吃茶就是吃茶，不需要给吃茶添
　　　　上任何色彩，任何负担。怎见得中国的茶事不含有更大
　　　　的茶道在其内呢？不能平民化的茶道，终究不能成大
　　　　道。羽田先生的祖师爷千利休为什么会逼得切腹自杀？
　　　　就因为他的茶事不用名贵的天目瓷碗，而用的是高丽的
　　　　粗陶瓷。

赵寄客：这都是学问哪！

沈绿爱：这场茶道，快点结束吧……

羽　田：多谢杭先生给千利休的美誉。我煎了一壶日本的清茶，
　　　　杭先生，请用茶。

杭天醉：这茶看上去不错，但今天不能喝。

羽　田：杭先生认输了——

杭天醉：羽田先生的祖师爷千利休说，茶是清净无垢的精神内外
　　　　世界。他的茶道精神可概括为和、敬、清、寂。当今日本
　　　　茶道的权威人士也把茶的精神归纳为寂寥、幽邃、苍古、
　　　　平淡、孤高。羽田先生是负有特殊使命而来，我喝了这
　　　　茶，岂不是对日本茶道的亵渎。

赵寄客：以子之矛，攻子之盾。妙呀！

沈绿爱：该结束了……

羽　田：杭先生，我输了，输得口服心服。这兔毫盏是我诚心诚
　　　　意赠送给杭先生的，请笑纳。

杭天醉:这兔毫盏原本是我华夏民族的,我收回了也不过分。只是你们日本国实在少了点儿稀罕物,连官窑的碎瓷片都奉为珍品。拿回去吧,做个纪念。

羽　田:告辞了。

杭天醉:(吟)不羡黄金垒,

　　　　不羡白玉杯。

　　　　不羡朝人省,

　　　　不羡暮入台。

　　　　千羡万羡西江水,

　　　　奔流到海不复回!

羽　田:走吧……

日本人:羽田大师竟被这几句陈词滥调给吓走了?

羽　田:请记住,日本不能征服中国的——就是这些"陈词滥调"。不过,当他们的后人把这些"陈词滥调"都典当尽了的时候,日本人还是有机会的。那时候的中国人,就像一群乱哄哄的苍蝇,我们只要带上苍蝇拍就行了,根本就不需要什么飞机大炮。(下)

　　　〔两个日本人随下。

赵寄客:天醉兄弟,你真了不起!

杭天醉:寄客兄……(一头栽在赵寄客的怀里)

赵寄客:快拿茶来!

　　　〔沈绿爱急忙递过曼生壶。

杭天醉:(推开曼生壶)茶不是这样喝的,拿个杯子来。

沈绿爱:天醉,你何苦这样硬撑……

杭天醉:事关大义……寄客,这把壶,是你送给我的,现在我要将它完璧归赵。……绿爱,你打过寄客一个耳光,他又打了我一个耳光,你还欠我一个耳光……

沈绿爱:你打吧……

赵寄客:不,天醉兄弟,你打我吧!你打她的脸比打我的脸还让人难受……

沈绿爱:不能,这原本是我欠他的……

杭天醉:不错,只有打你才算公平。(手高高扬起,却只用手指尖

轻轻地从沈绿爱的下巴滑过）

沈绿爱：天醉！……你还要我欠你到哪年哪月……

杭天醉：好了，都过去了。寄客，这忘忧茶庄送给你了。你拿去教育救国也成，实业救国也成，你们好好过日子吧……我可不敢像杭家的一位老祖宗，被乾隆皇帝问起，你怎么还没死呀？杭天醉，该死啦……再不死，杭天醉就要成为你们……革命的对象了……（倒下）

沈绿爱、赵寄客：天醉……

〔灯暗。

〔酷似人形的白茶树向杭天醉飘来。

杭天醉：你来了……你是来迎接我的……帮帮我……帮帮我的灵魂……从这躯壳中……解脱出去……我是有点儿……大少爷的作派……被人伺候惯了的……帮帮我……就像扯里衣的袖子……把我的灵魂……扯走吧……让它飘游在龙井的上空……

〔酷似人形的白茶树拉出了杭天醉的"灵魂"。杭天醉附在白茶树的躯干上，与白茶树浑然一体。杭天醉的"灵魂"冉冉升空，发出了朗朗的笑声："哈哈哈……这原是给我度身制作的，哈哈哈……"

〔身穿吉服的杭嘉和用红绸牵着他的新娘子走来。身穿北伐军服的杭嘉平走来。

〔船娘们、纤夫们上。

船娘们、纤夫们：（唱）五呀么五更里，

　　　　　　　　　天呀么天边亮。

　　　　　　　　　生活也要谋呀，

　　　　　　　　　歌儿也要唱。

〔杭天醉的"灵魂"眉开眼笑："人没醉，天——醉——了——哈哈哈！"

〔空中，回荡着杭天醉的声音："天——醉——了——天——醉——了——天——醉——了——"

〔众人追寻着天上的回声。

〔四方天井里，阳光灿烂。

电影文学剧本

十里红妆

章 轲

1. 野外乡道　日

在响亮的喜庆乐曲声中,行进着不见首尾的红妆队伍,极富气势地布满九曲乡路。

红妆在青山绿水间格外好看,显出别样的精致、和谐。

带有浓浓浙东乡音的童谣渐起:

咚咚咚,锵锵锵,

马来哉,轿来哉,

童家嫂嫂抬来哉,

一杠金,一杠银,

橱柜箱笼锃刮亮,

千工床,万工轿,

一路红嫁妆……

〔出片名、字幕。

2. 童宅门前　日

鞭炮声响得孩子们捂紧耳朵。

门前的空地里挤满了等待红妆队伍的人,喜庆而热闹。

黄花咏也带着几个黄家小妹在人群中穿梭嬉戏。

小妹踮着脚,兴奋而着急:新娘子来啦? 我看不见啊!

童家的七姑八姨揶揄:哟,是黄家的九妹还是十妹? 生不出一个带把的,你们家什么时候才娶媳妇?

花咏不服气地哼了一声。

童家姨太:是花咏吧? 回去跟你家老爷说说,心里痒痒的,好嫁你出去了……

女人们暧昧地笑起来。

花咏正要与她争执,有人喊:到了,到村口了!

鞭炮声又响,人潮涌动着,把小妹挤得东倒西歪。

3. 村中石板道　日

马唐云骑着木制自行车,驮着傻徒弟赶去喝喜酒。

傻徒弟咂着嘴巴:鸡翅膀香啊,哎,马唐云,不晓得今天轮不轮得到我们啊?

马唐云:就你嘴馋,没大没小的,喊我什么了?

傻徒弟憨厚地:呵呵,又忘喊你师兄。

马唐:阿福,你这名字取得真好,傻人有傻福,师傅哪一次去喝喜酒落下过你?

傻徒弟呵呵笑:是师傅的红妆做得好……哎,师兄,你今天有桃花运噢。

马唐云:桃花运? 又说傻话了不是?

马唐云拿眼瞟向路边,镜头里掠过路旁姑娘们的笑脸。他明白过来是这辆车招来人们羡慕的目光,一分神,自行车差点晃倒。

傻徒弟跳下车喊:留点神哇!

马唐云:你太沉了! 前面就到,自己走一段吧!

说着,他潇洒地骑着车走了,似在表演车技,还故意将车把弄得东摇西晃。

傻徒弟在后面追着。

车子越来越快,马唐云得意地吹起了口哨。

4. 童宅院内、新房　日

红妆队伍正在源源不断进入童宅，院子里热闹非凡，正按民间婚俗进行着迎亲仪式。

人们观赏着停放在院内的花轿，精美、华丽的花轿犹如一座黄金造就的佛龛。

一老者指指点点：这是"八仙过海"，那是"麒麟送子"，这个呢，就是"和合二仙"！

花咏等黄家女人亦夹杂在欢快的人群中围观。乡邻迎亲，对那时候的村民来说是难得的娱乐。

新房里面挤满了人，小妹等人也在往里边挤。人们的目光聚焦到一只血红的马桶上。

有人揭开桶盖，里面放着两只红鸡蛋。

一小孩：马桶里怎么放鸡蛋啊？

他家大人：这叫子孙桶……鸡蛋就是鸡子，早生贵子！

黄家小妹拉拉花咏衣摆，轻轻嘟囔：姐，我要吃红蛋！

花咏拍了一下她的手。

司仪唱歌一般：一对新人甜甜蜜蜜，白头偕老，子孙满堂，多子多福喽……

有人喊：金童在哪儿？

童家小姨娘抱了个小男孩挤过来，一边大喊着：让一让！来了来了！

看热闹的人太多，小姨娘见大姨娘在里边挥舞着一双手，只好将孩子抱过头顶，一个接一个托着递过去。

那个男孩总算被大姨娘接着了，男孩许是憋坏了，也被这样的场面吓坏了，涨红了脸快哭出声。

大姨娘哄着孩子，边解裤带边埋怨：也不早点解开？乖，拉了这泡尿就有红蛋蛋吃了……

大姨娘抱住孩子双腿"嘘嘘"着。黄家小妹伸手穿过前排人群的腿缝，趁人不备，童心无忌地拨拉了一下男孩的小鸡鸡，男孩"哇"地哭了起来。小妹吓一跳，将一只红蛋抓了过去。伴随着孩子的哭声，尿以抛物线形状落入马桶中。

人群漾起一片笑声。

大姨娘突然发现少了个红蛋,叫起来:呀,谁拿了红鸡蛋?

小姨娘忽见黄家小妹从人群中钻出来,正往嘴里送着鸡蛋,一把拉住她:这子孙桶里的鸡蛋是你吃的吗?

花咏护着小妹:男孩吃得,女孩就吃不得?

童家的七姑八姨围上来:哟,你们姓黄的怎么回事? 大喜的日子,要跟我们童家过不去啊? 家里没男孩,也别到这里来捣乱……

花咏:男孩怎么了? 没女人,男人生得出孩子来?

小姨娘语出讥讽:连怎么生孩子都知道了? 压箱底的东西看多了吧?

花咏脸一红,狠狠地拉了小妹一把,转身逃出了新房。

5. 童宅门前　日

笑逐颜开的严师傅被人围着,听着众人的夸奖:

这嫁妆,做得真漂亮!

我家闺女明年要出嫁,说好了,严师傅一定帮个忙!

严师傅乐呵呵地应答着,忽见马唐云在一边耍杂技般耍着自行车,喊道:阿福呢?

马唐云:丢不了,三里开外,他就闻到酒席的香气啦!

这时,花咏带着几个黄家小妹出来,一个小小妹不肯走,花咏有点生气,似乎训了她几句,小小妹哭鼻子。

娘家人站在台阶上,大声地:各位乡亲,大家接好,分红鸡蛋了!

人们喜气洋洋哄抢着飞来的红鸡蛋。

小妹眼一亮:红蛋,那么多啊?

一个个红鸡蛋在空中飞着。

花咏和几个小妹也去抢,可就是抢不到。这时,马唐云生龙活虎骑着车闯进人群,东串西闪,一手抓车把,一手接红蛋,把接到的红鸡蛋抛给花咏。

红鸡蛋在花咏身边落下,她一愣,随即明白过来,开心地接球般接着抛来的又一个红鸡蛋。

马唐云挥舞着腰带,更是一接一个准,惹得众人一阵惊呼。

花咏和他接力似地接着红鸡蛋,几个小妹在一旁拍手称快。

马唐云骑车到了花咏面前,指指胸前,还有好多个红鸡蛋用衣服
兜住:拿去吧,都给你。

那边红鸡蛋发光了。一群孩子发现花咏这儿有那么多红鸡蛋,
远远地追过来。

马唐云一笑:来吧,快上马,我送你回家。

花咏:上马?

马唐云:说的是上车,嘿嘿,不过,我还真姓马。

花咏:耍嘴皮。

孩子们追近了,马唐云激将她:追兵就到,上不上啊?

花咏手忙脚乱地爬上车子,模样有些滑稽。

马唐云得意地:抓住了,起驾!

6. 黄宅门口　　日

车刚停稳,花咏捧着一堆红鸡蛋急匆匆下车:谢谢啦。

马唐云:干吗那么急? 是不是怕回去晚了挨夫人骂?

花咏:对。

马唐云:死丫头。

花咏回头一笑:哼,谁是死丫头?

马唐云微笑地着看花咏往门口跑,发现她匆忙间掉落了香袋,想
喊却又止住,上前捡起,嗅了嗅,藏进自己的口袋。

傻徒弟气喘吁吁地追上来,看见了痴痴望着花咏背影的马唐云。

傻徒弟:没……没错吧? 桃……桃花运……

马唐云:胡扯。

傻徒弟:还瞒我? 都给你定情礼物了!

马唐云:想得美,人家哪看得上我这个小木匠?

傻徒弟:她不也就是个大户人家的丫鬟?

马唐云:你怎么知道?

傻徒弟笑起来:看那双脚,都那么大……

马唐云摸摸傻徒弟的脑袋:原来你不傻啊。

这时,几个黄家小妹也跑进了大宅门。

西洋音乐起,盖过了隐隐传来的鞭炮声。

马唐云又看了一眼黄家大门,推起自行车:走吧,我记住这户人家了!

7. 黄宅某房　日

西洋歌剧的声音在继续。

〔镜头从千工床床雕板特写开始,慢慢移动着向床内推进。

那张千工床,气势恢宏,一进又一进,似一间有着一道又一道厅堂的房间。

〔镜头移到床上躺着的黄老爷身上,黄老爷正微闭着双眼,似乎在回味着什么。

〔随着镜头的移动,我们看到了正在转动的留声机。

千工床让人感到一种震撼力。

黄老爷就躺在这张千工床的最深处。

8. 太太裴氏房　日

丫鬟小青正擦着房里那套气派的红妆。

太太裴氏坐在圈椅上:小青,擦得干净点,这里望过去,好像还有灰尘呢。

小青:回太太,都擦过两遍,没有灰尘了。

太太有点不悦:多嘴,叫你擦你就擦。

小青说声"是",不声不响地细细擦起来。

太太:是谁家的鞭炮放个不停啊?

小青:听人说,是西头童家娶媳妇呐。

太太露出一丝微笑:女人啊,一辈子也就是这时候最风光。

小青察言观色地:太太来黄家时,一定更热闹吧?

太太似乎回忆起昔日嫁到黄家时的辉煌:坐花轿,拜天地,进婚房,满眼看去,都是娘家做的亮堂堂的红妆……

小青:太太您看,多亮堂啊,跟新的一模一样。您不在房里的时候,那些姨太路过,多瞧一眼也好。

太太不屑地:她们呀,一个个都是从边门进来的,就是老爷再宠她们,也不敢碰这儿的一根针头线脑。

门外传来花咏的声音:娘,我回来了!

花咏蹦跳着进屋:娘,真好玩! 我抢到好多好多红鸡蛋!

太太的脸沉下来:这么大的闺女了,一点不懂事,还跑出去野! 都是你爹把你给惯坏了! 再野下去,谁敢娶你进门哪!

花咏撒娇:我不嫁人,一辈子陪娘嘛。

太太站起来:不像话! 这就跟你爹说去!

9. 走廊　日

太太气愤地快步走着。

黄家的确是一个女人的世界。两个小妹在走廊里争夺喜蛋、喜糖。途中掠过一些姨太们神情各异的身影。

太太碰到了管家,把他叫住:陈叔,老爷在哪个房间?

管家:好像在明代那张千工床上吧。

太太边走边嘟囔:又和不知哪朝哪代的女人一起梦游……

10. 某房内　日

黄老爷微闭着眼睛,半躺在床上欣赏歌剧。

留声机戛然而止。

黄老爷倏然睁开了眼睛,见裴氏关掉留声机,站在自己面前。

太太:花咏这么大了,老爷你到底管不管?

黄老爷一副好脾气:管啊,是我的女儿,怎么不管了?

太太却对他不依不饶,在千工床上敲敲拍拍:可老爷你管什么啦? 一天到晚,只晓得听这种哭丧腔,收藏这些破烂!

黄老爷心疼得像在敲打自己:别敲,要散架的。

太太:满屋子阴气! 这院里,就只剩下活的女人和死的女人了!

黄老爷嬉皮笑脸:我喜欢,女人嘛,也是一种收藏……

太太:一个个姨太娶进来,你说什么来着? 黄家不能断了香火! 一大群女人干了什么? 又生了一大群女孩! 噢,原来是你这老不要脸的拿生男孩当挡箭牌!

黄老爷急了,从千工床上跳下来:别胡说!有本事你再给我生一个,我保证从此不动娶小的念头……

太太:还娶啊?六个也不够?

黄老爷:不敢不敢。

太太:唉,也只有指望四姨太了,她的肚子越来越大,一天到晚想吃酸的……阿弥陀佛!老爷,跟你说正事吧,赶紧把花咏找个好人家嫁出去……

这时,两个姨太没完没了的争吵声传来,越来越近。

黄老爷皱起眉头:女人多了,还真有点烦。

两个小妹的哭声也很尖利。

太太:这群女人要翻天了!

黄老爷突然恼火地吼:鸡毛蒜皮的事情,吵什么吵?把家里的女人都给我叫出来!

11. 天井　　日

一群姨太,再加上十来个她们生的女孩,站成了两排。那模样,既壮观又好玩。

女人们窃窃私语。

小女孩们则不管大人的训斥,还在蹦来跳去打打闹闹。

黄老爷端着架子走出来,本想训话的,一见女人们却又有点怜香惜玉。

他走到四姨太面前,抚一把她的大肚子:想吃酸的?让刘妈给你去买,想吃什么买什么……

黄老爷到了三姨太身边,轻声地:几个破红蛋,抢它干吗?过两天,我给你用金子打一个。

转到五姨太边上,黄老爷则把嘴凑到她耳畔:别哭嘛,眼肿了,可不好看。晚上,我过来……

经他这一番悄声耳语,几个姨太都开心起来。她们神秘而得意地看看旁边的女人,似乎要保住自己的秘密。

太太摇摇头,有点恨铁不成钢。

六姨太怡梦最年轻漂亮：哟，老爷把悄悄话都说完了？也不过来瞧瞧，我给你备了什么来着？

黄老爷感兴趣地踱过去：什么好东西？

怡梦把手背在后面不给老爷看：不先说句好听的？

黄老爷故作严肃，在她耳边一字一顿地：你是我的最爱。

怡梦扑哧笑出声来：男人的话，就这句最不值钱。喏，拿去吧！

黄老爷眼睛一亮：床雕板？从哪儿收来的？

二姨太撇撇嘴：哼，就她晓得讨好！

黄老爷接过床雕板细细端详：好东西啊！做得多精致，多细密……丹桂宫中来玉女，桃源洞里会仙郎，浪漫，浪漫！

怡梦：老爷，今天，你把我们这些姐妹都叫到这儿，不会是让我们来练体操的吧？

一阵哄笑。

黄老爷咳嗽一声：当然不是，今天，我……我有要紧的事要当众宣布。村西童家结婚的炮仗，让我突然想起，大女儿花咏真该出嫁了！

花咏叫起来：爹，我还没玩够呢，凭什么嫁我？

这句话逗得大家笑成了一团。

黄老爷：男大当婚，女大当嫁，会给你找个称心如意、门当户对的男子。童家那土财主算得了什么，我要花大价钱为花咏打一套你们从来没有见过的红妆，到时候，抬红妆的队伍真的会有十里之长……

女人们惊讶而羡慕。

黄老爷更得意了：大家都听着，只要你们好好地在这儿过日子，你们的女儿一个个都会嫁作正房，都有一套像样的红妆！

姨太们开心起来，似乎在女儿们身上看到了自己的希望。

花咏却气呼呼地跑开了。

太太悄声告诉老爷：好好管着这丫头，从明天开始，让她在小姐楼里静修妇德。

黄老爷点点头。

12. 一组镜头

一棵棵大树被伐倒。

一个个媒婆进出黄家。

黄老爷看着管家打开账本拨动算盘。

花咏的命运,和红妆的打造联系在一起了。

花咏的表情既有憧憬,也不无惶惑……

13. 花咏闺房　日

这是一个典型的小姐闺房,那些闺中特有的摆设,似乎透出小姐的神秘清香。

花咏依然以那种复杂的表情面对着怡梦。

两个人似乎已说了好多话,又好像久久无话。

花咏终于开口了:六姨,你说……爹这回真下决心要嫁我了?

怡梦看着她,一笑:女人迟早要走这条路的。

花咏盯着窗格子在地上的投影:可我都不知道,我要嫁的男人会是谁。

怡梦:你该知道,会有一套体面的红妆,会是未来的正房娘娘,跟你母亲一样。

花咏满不在乎,踩着窗格子投影一蹦一跳:正房……姨太……这个很要紧吗? 对了,六姨,有句话我一直想问你,按说你娘家也是个有头有脸的大户人家,为什么不去做正房,偏来做我爹的姨太啊?

怡梦:大户人家,有些是铜铸的,有些是纸糊的。一下雨,纸糊的就破了,再刮来一阵风,就到你们黄家了。

花咏:你说,世上真有好男人吗?

怡梦想了想,有点感慨地:有的。不过好男人经常在梦里才会出现,女人不能无梦,也不能一辈子做梦。

花咏蹦跳到怡梦身后,箍住她的肩:六姨,你的梦呢?

怡梦浅浅一笑,笑得有点神秘:我叫怡梦,自己就是一个梦。

14. 中堂　日

一只贴盒放在桌上。贴盒上面彩绘着和合二仙,还雕刻着福、禄、寿、喜等吉祥图纹。

黄老爷和裴氏坐在上首。媒婆站在一边,脸上堆笑望着老爷,神情忐忑。

黄老爷拿手在贴盒上摩挲,似乎还举棋不定。

一时间有点沉寂。

太太:媒娘,请喝茶。

媒婆摇摇头,笑吟吟地:不行啊,俗话说,媒不饮茶,只怕喝了茶要冲淡婚事。

黄老爷:不碍事的,这是西洋参茶,不单补身子,还能补姻缘。

媒婆掀开碗盖:是吗,那我可得尝一口。生辰八字,我也都替您排过了,生肖也无相克,不是鸡犬不和、龙虎相斗、羊落虎口、蛇吞老鼠……

黄老爷:你刚才说,赵家公子留过洋?是欧洲还是日本?

媒婆:不是那个本,是那个什么西……

黄老爷:法兰西?

媒婆:对对对,就是这个西!

黄老爷与太太对视一眼,会心一笑。

太太:和老爷去的是同一个地方。

媒婆:好哇,这就更有缘了!

看得出,黄老爷开心起来,把贴子放入贴盒,用手一按。

黄老爷:就这么定了吧。

媒婆笑容一展,花咏的命运就这样被父母选定。

太太高兴地站起来:刘妈,快去准备谢媒酒……

15. 黄宅大院　晨

太阳升起。

黄宅大院沐浴在晨曦之中。

16. 海边　　晨

严师傅带着一帮徒弟走在海边,马唐云骑着慢车。

严师傅招呼着大家:还有七八里地,就到了,大家紧着赶……到黄老爷家,记住了,谁都不能说阿福傻。

马唐云:阿福最聪明了,刚才没吃完的烧饼,只怕别人抢了去,在鞋底下藏着呐。

傻徒弟一听急了,忙脱下一只鞋子,拿到一个个师兄眼皮底下:你看看,有吗,有吗?

众人笑着挥手捂鼻子。

严师傅:都别闹啦! 这回黄家选中咱们严家班,大家要用心了!

17. 黄宅门外　　日

严师傅带着徒弟一行来到黄宅门前。

马唐云一愣,随即想起了那天的事,兴高采烈地:真的是这户人家? 哈,真的是这户人家!

他停下自行车,竟然就地翻了个筋斗。

大家不解地望着他。

一徒弟:有什么可乐的?

傻徒弟悄声告诉他:你别跟严师傅说啊,他呀,看上了这里的一个丫鬟。

18. 院内　　日

院内堆了许多风干了的木头。黄家小妹跳栏般跳过一根根木头奔走相告:木匠来了,木匠来了……

严家班的师徒跨进台门来到院子里,队伍浩浩荡荡。

从二楼各个窗户里纷纷探出女人们的头来,打量着这班师徒。

马唐云的眼睛四处飘移,在找那个"丫鬟",但没有发现她。

无论是这么多男人看到这么多女人,还是这么多女人看到这么多男人,目光中都充满了好奇和惊喜。

19. 后花园　日

黄老爷正在悠闲地打着太极拳。

管家来报:老爷,严家班到了。

黄老爷打完一个程式:好,先带他们去看几样东西。

20. 某房　日

打开锁。推开门。有点神秘感。

严师傅和一群徒弟跟在黄老爷后面。

一屋子黄老爷收藏的各式红妆。

也许是屋里散发出一股霉味,几个徒弟咳嗽起来。

严师傅有点意外:老爷喜欢收藏这个?

黄老爷点点头:多年了。严师傅见多识广,帮我鉴别一下这几样宝贝。

说着,他搬出一件台架,小心放到严师傅面前。

严师傅眼睛一亮,赞叹不已:真是好东西!这是明代的吧?造型端庄古朴,朱色深沉老到,通体用牡丹和凤凰雕饰,凤凰是百鸟之王,牡丹是百花之王,寓意女子大富大贵……

黄老爷:往下看看。

严师傅一笑:是这壶门吧?哟,石榴果?两腿之间,石榴成熟,果子繁盛啊!

黄老爷哈哈大笑起来:不愧是方圆百里无人不晓的严师傅!我考得倒你吗?来来来,接着看……这只鹅桶,鹅头作提手,鹅翅作桶盖,奇特!……这只木刻针盒呢,精雕细刻成一只绣花小鞋,把玩在手,十分可爱!

大家都点头称是。

黄老爷:各位师傅,我黄家想打一套什么样的红妆,看过这些想必都明白了。不过,丑话说在前头,模仿之作,一件都不要!我要的是,空前绝后。

严师傅面露难色:这个……

黄老爷:不要紧,工钱双倍付。

严师傅：我们尽力而为吧。

黄老爷：好，接着看，接着看……

他往窗外不经意一瞥，看见马唐云在院子里骑着自行车，"咦"了一声，皱起眉头：他是谁？

严师傅：噢，是我的一个大徒弟。

黄老爷有点不悦：他怎么不进来？

严师傅连忙道歉：教不严，师之惰，还请黄老爷多多原谅。不过，他有一手好功夫。

黄老爷：这辆车是他自己做的？

傻徒弟抢着回答：对呀对呀，他还驶过……

一徒弟见状不妙，忙捂住他的嘴拖他到一边。

黄老爷却未觉察，盯着那辆自行车，点点头。

21. 中堂 日

红妆动工，举办仪式。

老爷拿着香，恭恭敬敬地拜了三拜。

接着，严师傅带领徒弟们虔诚燃香举拜。

22. 后院 日

黄家摆起拜师酒。

师徒们热闹地举杯互祝。

傻徒弟吃得正欢，推推旁边的马唐云：吃啊，你怎么不吃？

马唐云似有满腹心事。

23. 院内 夜

的笃班在表演。

黄老爷带着妻妾观赏。

严家班，仆人们，还有黄家的三亲四戚，济济一堂。

马唐云也在人群里，他四处寻找花咏，却不见她的踪影，有点失落。

24. 花咏闺房　夜

花咏被关在小姐楼里干着急,小青陪着她。

花咏踮着脚朝院子里眺望,又朝小青发火:戏都开演了,出不去,真是急死人了!

小青:有什么办法啊,我还想看呐。

花咏:真是根木头! 娘偏要派你来陪我!

小青怯怯地:太太说了,在这样的日子里,小姐串进串出毕竟不是一回事。

花咏发起小姐脾气来了:太太,太太,现在你是谁的丫鬟? 到这里,你就要听我的!

25. 三姨太房　夜

三姨太也不去看戏,决意给闯祸的小妹缠脚。

一卷黑黑的缠脚布。

一台貌似绚丽实则残酷的缠脚架。

小妹的一双小脚恐惧得微微颤抖。

三姨太的手,轻轻抚摸着女儿雪白鲜嫩的小脚。

小妹无助地哀求:娘,我再也不敢闯祸了……红鸡蛋,我只吃了半……半个……

三姨太眼里噙着泪水:娘不是惩罚你,是为你好,为你长大了有红妆。

小妹不解地:花咏姐就要有红妆了,为什么没像娘这样缠小脚呢?

三姨太:她是大太太的女儿,不一样。

小妹又天真地:娘是小脚,为什么就成不了大太太,也没有红妆?

三姨太说不清楚,狠狠心将黑布往女儿脚上缠:不行,你要听话!没听人讲,三寸金莲,四寸银莲,五寸六寸不要脸吗?

女儿喊痛。

三姨太看着女儿上绞刑架般痛苦,抹一把眼泪,像是说给女儿听,更像说给自己听:小脚一双,眼泪一缸,你才掉了多少泪? 多痛也给我忍着……

她咬咬牙拧紧了裹脚布。

小妹惨烈的哭声在院子里回荡。

26.院内　夜

表演耍牙了,吐出了魔鬼般的长牙……

27.小姐楼下、花咏闺房　夜

马唐云在转悠。

听到楼上隐约传来的声音,他向上望去,看见了正在向院内张望的花咏。

马唐云惊喜地:你怎么在这儿?

花咏看不清:谁啊?

马唐云:你把我忘了啊? 你坐过我的车的! 那天你掉了香袋,我还一直带在身边呢!

说着,他拿出那只香袋,嗅了嗅,又朝着花咏晃了晃。

花咏开心了:是你? 严家班的? 来得正好,快,快把我弄下去!

马唐云:嗨,你又怎么啦?

花咏"嘘"了一声,又灵机一动:别大声嚷嚷,太太让我陪着小姐,门也上了锁,我急都急死了!

马唐云:想看戏是吧?

花咏:是啊,是啊。

马唐云:我去找把梯子来,从梯子上下来怕不怕啊?

花咏:不怕不怕,你快去找吧!

马唐云:你这丫头还真胆大! 换成小姐,一双小脚,怎么下得来?

花咏看戏心切:快去啊! 别让人看见!

马唐云急急地找梯子去了。

小青:这人像是很无礼,怎么说你是个丫头? 脸上坏坏的,眼睛里也带着刺……

花咏顽皮地:好了小姐! 从现在开始,你是小姐,我是丫鬟!

28.院内　夜

黑暗中,花咏拖着马唐云拼命往角落里躲,眼睛却紧紧盯着院子里临时搭起的戏台。

马唐云:偷偷跑出来,又怕挨夫人骂了吧?

花咏胡乱应付:是的是的。

马唐云:我一进这个院子,就到处找你……我还只怕你不在黄家干活了哩……这下好了,我心里踏实了……

听他有一搭没一搭地说,花咏只是嗯啊着,专注于戏台上的表演,听到后来一句话,警觉地看了一眼身边的马唐云。

花咏:踏实什么? 嗳,你怎么不看戏老看我?

马唐云脸上挂着一丝怪怪的笑。

花咏:难怪小……小姐说你脸上坏坏的,眼睛带刺……

马唐云:你那小姐也在偷偷看我啊? 小姐的眼力不行,我这人,其实一点也不坏,记住一个人,心里就会老想着……

在"将军令"的曲牌声中,戏台上的独眼龙又开始耍牙了,嘴里吐出好多颗令人恐怖的獠牙。

花咏下意识地往马唐云身边靠了靠。马唐云要去抓她的手:别怕,演戏呐。

花咏一下子躲开了:还说自己不坏?

马唐云急于表白:我怕你吓着不是? 我这人挺认真的,看到这只香袋,就像看到你……

他又拿出香袋来,却被花咏一把夺了过去:你怎么乱拿女孩子的东西?

马唐云:我捡的啊,不不,替你保管的啊……

花咏故意气他:捡别人的去!

马唐云可怜巴巴地:还给我好吗,不把它放在枕头底下,晚上我睡不着的。

花咏把玩着香袋,突然侧脸问:你那辆自行车,骑来了吗?

马唐云赶紧点头。

花咏一笑:你答应教我骑车,我就把它送给你。

马唐云求之不得,一叠声答应:行,行!

29. 怡梦房　夜

怡梦点起了一盏油灯。

今晚黄老爷宿在这里了。

黄老爷打了个哈欠:真累,又摆酒又唱戏的。

在油灯光影下的怡梦别有风情:我看这红妆,有一半,是为你自己做。

黄老爷:到底是怡梦懂得我哪,如今只有两件事还能让我动心,红妆和女人。

怡梦给老爷捶着背,莞尔一笑:所以,老爷看到好红妆就想到好女人,看到好女人就像发现了好红妆,急着要把她搬到家里来。

黄老爷起身搂住六姨太:特别是像你这样的极品。

怡梦又把他按回床上:红妆有十里长,姨太也想娶到十房?

黄老爷乐了:你酿的醋,都和别的姨太不一样。有件正事,忘了告诉你。

怡梦:什么事?

黄老爷:花咏的婚事,我给定了。

怡梦:这么快?

黄老爷:说起来,还是你的同村老乡。

怡梦有点意外,捶背的手也停下了:是吗? 谁?

黄老爷:姓赵,他父亲在府上做官的,是航帮后人。

怡梦一惊,追问:也留过洋?

黄老爷:对啊,刚从法国回来。

怡梦脱口而出:是属龙的吧?

黄老爷觉到她有些异常:怎么? 你认识他?

怡梦掩饰地:没……没见过,只是听母亲说起过他。

黄老爷:噢,你的脸色不太好看。

怡梦:肚子突然有点痛。

黄老爷怜香惜玉地:那就早点睡吧,来,我给你揉揉……

说着,他吹熄了油灯。

30. 工棚　夜

一弯月亮挂在窗外。

马唐云翻来覆去睡不着,把旁边的傻徒弟吵醒了。

傻徒弟探过头来:师兄,怎么啦?

马唐云:有蚊子。

"啪"一声下去,傻徒弟嚷起来:哎哟,都打我身上了!

31. 怡梦房　夜

半夜,怡梦见老爷睡熟,悄身起床。

她蹑手蹑脚地走到一角,从箱底翻出一包东西来。

一层层打开,是一封信。

她用颤抖的手将信展开。

一个男人(画外音):怡梦,我就要漂洋过海了,你不能和我一起去,是我最大的遗憾……不管怎样,怡梦,你一定要等我回来,回来我就娶你,做我永远的新娘……

命运是如此阴错阳差,花咏要嫁的,正是她怡梦往日的情人!

怡梦讷讷地复述着信里的话:回来,回来……

黄老爷醒来:你在说什么梦话?

怡梦定定神:老爷,你答应我,我来帮花咏做女红。

黄老爷:这最合适不过了,不单是女红,做红妆的事,你也多费点神。

说着,他翻个身又睡了。

昏暗中,怡梦睁大眼睛,泪流满面。

32. 院内　日

阵势铺开,蔚为壮观。大院里因这群年轻木匠的到来显出了生气。

孩子们将卷起的刨花当成眼镜,戴在脸上欢快地奔来跑去。

一群姨太和丫鬟则围着干活的小木匠们叽叽喳喳:

小师傅啊,有空的时候给我做只打水的小木桶好不好?

给我也打条小板凳啦……

小木匠:行啊！大嫂。

五姨太故意撇撇嘴:大嫂？我有那么老吗？

小木匠忙改口:那我喊你大姐啦。

五姨太蹭一下他那健美的肌肉,夸张地:这还差不多!

女人们与年轻木匠插科打诨,眼睛却不时瞄着他们壮实的身躯。

小木匠们也乐意与她们搭讪:

我说怎么街上没漂亮姑娘呐,原来都到这儿来了?

你们家老爷有福分啊,真的叫金屋藏娇……

傻徒弟没人理睬,拿着手中的刨刀发愣着,直勾勾瞧着一个弯腰捡刨花的丫鬟。

丫鬟抬头吓一跳:你看哪儿呢?

她红着脸跑开了。

傻徒弟嘟囔:我怎么就没师兄那个福?

33. 木工房　　日

马唐云等徒弟围着严师傅。

严师傅正在训话:这红妆也像人一样,活起来才成……做一个好木匠,凭一双手够吗? 眼睛白长了? 脑子生在肚肠里啦? 想到好点子,先在脑子里雕上一百遍!

一徒弟开玩笑:那我们的脑袋,不雕成树疙瘩了?

严师傅接腔:对,就你,这树疙瘩还是榆木的。

大家都会意地笑起来,看得出,师傅对弟子们既威严又亲切。

严师傅挥挥手:来,看看这个……

他摊开一张张图纸。那上面,画着他设计的一批逼真如原物的红妆效果图。

34. 一组镜头

一张张红妆效果图摊开在桌上,琳琅满目。

叠印着木工房内热火朝天却井井有条的忙碌。

刨花飞舞。

管家指挥着人将更多的木头抬进黄家大院。

转动着的留声机。

严师傅指挥着、指点着徒弟们。

黄老爷看着图纸,满意地点头……

35. 走廊上　日

太太路过,冷眼看着院子里那一群女人和木匠们打情骂俏,皱起眉头。

36. 后花园　日

黄老爷又在不慌不忙地打着太极拳。

太太:你倒悠闲,这院子里乱得很了,也不防一防?

黄老爷依然打着太极拳,不置可否。

太太又补上一句:那些婆娘,看到男人眼都变绿了。

黄老爷一个"白鹤亮翅":跟着我有吃有穿的,还怕被小木匠拐走?刘妈,参汤呢?

太太冷笑:哼,作孽哪,娶那么多女人,凭你这身子,喝再多的参汤也没用。

37. 花咏闺房　日

花咏搂着小妹的头,两人咯咯笑成一团。

小妹:花咏姐,你这招真管用,我故意哭得很响,一点不痛的。

花咏:你妈就没看出我在缠脚架上做的手脚?

小妹摇摇头,眼神中充满天真:姐,我就想有一双像你一样的脚。

怡梦走进来:大小姐,你们在笑什么啊?

小妹朝花咏使个眼色:没事,六姨,我走了。

怡梦拿起桌上花咏绣的荷包:不错嘛,大有长进。

花咏:让六姨见笑了。关在这里,憋都憋死了,还要做女红,要不是你帮我,我可真要发疯。

怡梦把花咏做的女红一一看过去:女红可得好好做哟,小姐是不是聪明、灵巧、贤淑,别人就看她亲手做的女红。上等的女红,四村八乡都会传颂,娘家婆家脸上都有光。一针一线,织的是自己的未来……

花咏有点诧异:六姨,平时,你好像不这样说话的。

怡梦一笑:花咏,我是想让你更幸福。

花咏努努嘴:这单丝绣,还真不容易,比头发丝还细。

怡梦在绣花桌前坐下,用那块双狮压棚石把布棚拉紧:来,我教你。

看怡梦龙飞凤舞,花咏惊叹:看这手势,就晓得你是从大户人家出来的,让我来……

花咏也感兴趣地跟着练起来。

怡梦在一旁点头赞许。

花咏觉得好玩,绣得很专注:我想绣朵花,六姨,你看绣什么花好看呢?

怡梦愣了一下:荷花吧。

花咏听出她的声音有点颤,抬头:六姨,怎么啦,眼圈红红的?

怡梦忙掩饰地以手擦眼:进了一颗沙子……

花咏上前要掰她的眼皮:我给你吹出来。

怡梦:你别管,一会就好……我跟你爹去说,花咏在小姐楼里特别用心,每天该让你出去透透气。

花咏高兴得跳起来:我的好六姨!我听你的,就绣荷花!

38. 荷池边　　傍晚

荷花开得正盛。

怡梦盯着荷花,默默地出神。

赵公子的话响在耳边:我最喜欢荷花了,怡梦,你就像一朵荷花,鲜艳却又高洁……

触景生情,怡梦揉出眼泪来了。

39. 小姐楼下　　日

花咏像只鸟儿欢快地跑出来。

也许是怡梦的话起了作用,也许黄老爷看女儿被关在楼里与世隔绝到底不忍心。反正,在黄家大院里,花咏获得了短暂的自由。

花咏跑着,像是觉得这模样不符合小姐身份,突然停下来,摆出大家闺秀的姿势款款走了几步。但她很快又被自己这另一种模样逗笑了,放下架子又蹦蹦跳跳地跑了起来。

40.后院　日

花咏经过后院,发现那辆自行车停在那里。她上前好奇地玩弄,想推着走,不料把持不稳,有点尴尬。这时,一只手将车把扶住了,是马唐云。

花咏感到不好意思,转身要走,马唐云在背后喊:你不是想学骑车吗?我现在有空,这就教你!

花咏已走出了一段距离,听到喊声,停住了脚步。

41.树林旁平缓地带、树林里　日

这是黄家的私有林地,一边是树林,一边是空地。此处风景秀美,令人陶醉。

马唐云在教花咏学骑自行车。花咏晃晃悠悠地骑在车上,马唐云一手扶着车尾,一手若即若离地扶着她的腰身。

两人不免有肌肤相触,花咏似有感觉,脸孔有些微红。

马唐云:你跑来跑去的,难道不用侍候你家小姐?

花咏:我家小姐是个乖女孩,她怕我。

马唐云笑了:从来没听说小姐怕丫鬟的。

花咏也诡诡一笑:黄家就是跟别人家不一样。(化出)

(化入)花咏已经有点会骑,马唐云这会只需扶着车尾了。他紧紧地跟在后面,一路小跑着。

花咏:你千万不要放开手!我会怕的!

马唐云:放心吧,我不会!

说着,马唐云放开了手,让花咏独自朝前骑去。

花咏:你有没有扶着?

马唐云:扶着扶着!

花咏听出他的声音有点远,一下子害怕起来。

花咏:你没有!

说完转头往回看。这一看,花咏彻底慌乱,吓得车子乱晃,摔倒在地。

花咏:说话不算数!

马唐云赶紧跑到花咏身边,伸出手去要拉她起来。花咏看着他伸过来的手,不禁有些迟疑。

马唐云故意别转头去:没人学车不摔跤的,自己起来吧。

花咏却伸出了手:看我摔疼了也不管,还不快拉我一把?

马唐云这才把她拉了起来。肌肤的接触,使得两人内心一阵发慌,花咏的脸色略带羞红。

马唐云:总不能老是你啊我啊的,我该怎么喊你?

花咏脱口而出:花咏。

马唐云:花咏,这名字不错。

说着,他默默走向一边的树林。

花咏看着他的背影,有点不解:你去哪儿?

马唐云:我渴了,找水喝。

花咏呆呆地望了一会他的背影,然后蹲下身子,拨弄着倒在地上的自行车的轮子。

轮子缓缓转动,犹如她此刻的心情。

一会,花咏站起,走向马唐云去找水的树林。

马唐云刚刚在树上雕刻完一个女孩头像,回头见花咏站在身后:吓了我一跳……

花咏:做贼心虚啊。你刻的是谁?相好吧?

马唐云一副得意的样子。

花咏越看越像自己,疑惑地:你说,到底是谁啊?

马唐云:是你们黄家小姐。

花咏一惊,以为他知道了自己底细:我家小姐怎么可以乱刻?

马唐云:把她刻到树上,是想告诉别人,这是小姐做嫁妆用的树木,谁也不得乱砍。

花咏松了口气:做红妆要用掉那么多木头?

马唐云指了指前边不远处那一个个树桩:那么多? 这还只是一点点啊。你们家老爷给女儿打造的红妆,那场面一定会看傻很多人的,也会让很多女孩羡慕死……

花咏满足地一笑,可脸上随即又挂出迷惘的表情:可她也有烦恼的时候……

马唐云:越有钱,越烦恼,都是自找的。还是我们活得轻松,做木匠,当丫鬟,无忧无虑,蛮般配的。

花咏:瞎说。

马唐云:我倒要见识见识她,有你这样的丫鬟,你家小姐也肯定跟别的小姐不一样。

花咏一笑,跑开了。跑出不远,她又回头,扔过来一样东西:我说话算数。

是那只香袋。

花咏跑远了。

马唐云看着她那曲线优美的背影,拿着香袋嗅了一嗅,眉宇间挂起微笑。

42.木工房 傍晚

花咏的曲线幻为红妆的曲线。

马唐云投入地舞动着刨刀,他的身上充满活力和朝气。

旁边,几个徒弟边干活边议论:

嘿,这黄老爷还真有钱啊,摆那么大排场。

嫁出去的女儿,泼出去的水,再大的人家也一样,只有在嫁妆上显家威比族门喽!

也好,干我们这一行的,一直有饭吃!

几个徒弟们一乐,唱起来:再穷也要娶媳妇,娶了媳妇过日子,过日子……

歌声突然停止,徒弟们看见严师傅站在身后,瞪了他们一眼。

可马唐云只顾自忙着手上的活。

木屑飞溅如瀑。

马唐云脸上洋溢着惊喜。

严师傅拍拍他的肩膀。

马唐云回头:师傅……

严师傅赞许地点点头,露出难得的笑容。

43. 工棚 傍晚

木匠们收工了,在摆放自己的各式工具。

马唐云把刨刀擦拭干净,端端正正地放好。想了想,又掏出那只香袋,将它压在刨刀底下。

傻徒弟跑过来:什么东西啊?藏得那么好?

马唐云捂住不让他乱翻,正色地:规矩懂不懂?这把刨刀,现在它就是我的女人,你可不能碰!

傻徒弟呵呵直乐:师兄,你想女人,都想疯了吧?刨刀怎么成女人了?

一徒弟拍拍他的肩膀:阿福,小马说的没错,喜欢的女人叫什么,这刨刀也叫什么。小马心里有人了,嗳,怎么称呼她?

马唐云不说话。

傻徒弟插嘴:不就一丫……

马唐云赶紧扭住他:呀呀呀的,你才三岁啊?

刘妈带着几个丫鬟送饭来了。

刘妈:还打打闹闹的?快吃饭吧,晚上给师傅们特地做了年糕。

小木匠们围过去,眼睛却扫着那几个丫鬟,鼻子也快嗅到女人们身上去了:这么香?都流口水了!

傻徒弟也凑热闹:香,香……

刘妈笑着走了:慢慢吃,吃的时候仔细点。

马唐云轻声告诉傻徒弟:你晓得他们是说年糕香还是说女人香?

傻徒弟:都香,都香……咦,刘妈她怎么说仔细点?年糕里难道还能吃出钉子来?

马唐云:说不定,还能吃出个媳妇来。

傻徒弟:真的?

马唐云:你仔细翻翻,碗里有没有和别人不一样的东西,要是碗底有只荷包蛋什么的,很可能就有哪个姑娘悄悄看上了你。

傻徒弟认真地翻起来。

马唐云偷偷一乐,拿起筷子吃饭,下意识地搅了几下,表情一下子有点异样。

碗底藏着一块肉。

他赶紧把它盖好。

傻徒弟还在翻,口中念念有词:哪有啊? 上头菜叶多一点,下面菜梗多一点……

马唐云指指别的徒弟:翻翻他们的去。

傻徒弟按马唐云说的去做,免不了又是一阵推推搡搡。

趁傻徒弟不备,马唐云悄悄把那块肉夹到他的碗里。

傻徒弟翻一圈回来,端着碗吃起年糕:师兄又在骗我……

突然,他一下子"啊啊"地,想喊又喊不出来。众人都朝他看,傻徒弟的嘴里塞着一块肉。

小木匠们笑着围上来。

傻徒弟小心地把肉放在碗里:不能碰,谁都不能碰!

一木匠:不碰不碰,看看总可以吧?

傻徒弟较真地琢磨:一个胖的,一个瘦的,会是哪一个呢?

另一木匠:是块瘦肉嘛,当然是瘦的啦!

笑声荡漾开来。

44. 花咏闺房　夜

花咏正在红色的浴香桶里洗澡。

水雾中,花咏手握小拗斗往肩上淋水,这一幕美艳而动人。

45. 怡梦房　夜

怡梦想着心事,难以入眠,干脆从床上坐起来,抱起竹夫人。

她把玩着,竹夫人里的两只小球晃来晃去。

怡梦(画外音):我在帮着你们做红妆了,我不知道你会不会喜欢,更不知道你会不会真心地爱上花咏,但我却真的在为你们祝福……

46. 一组镜头

怡梦不动声色地布置着箱柜、盒盘、桌椅、板凳,仿佛在布置着自己的新房。

怡梦的目光注满深情……

她的画外音继续着:往日的爱潜藏在心底了,可你要是细心的话,在这红妆之中,你会读得出我对你的体贴,你会闻得到我的气息,它无处不在……

47. 院内　　日

几个姨太和一帮小女孩正围在院子里骑学马唐云的自行车。其中一个女孩骑在车上,另外的女人都在车后扶持着,拥簇着。

女人们的欢叫声令院子顿时热闹起来,可场面着实有些混乱,车子也只是原地踏步,东倒西歪。

花咏正好来到院子,看着不禁笑了。

二姨太招呼着她:花咏过来,快过来,太好玩了!

花咏:我来我来,让我来!

花咏扒开人群抢着要来。众人以为她不会骑,所以也像刚才一样死死地扶着车尾,以至于花咏根本无法踩动自行车踏板。

花咏叫着:你们放开,都放开!

众人一时怔了怔,然后试探性地放开手。没想到花咏竟然晃晃悠悠地骑了起来,绕着院子打圈。

众人闪开,来到廊檐下,惊讶地看着花咏表演。

太太走到窗前,探出头去张望,见到女儿竟骑着自行车,惊讶不已。

这时,马唐云被叫来了,微笑地看着花咏绕着院子骑行。

众人叫了起来:马师傅来了!　让马师傅来教我们……

马唐云:花咏,你教她们不就行了?

花咏:好,你们看好了,骑上车子,眼睛要往前看……

二姨太:小木匠,你喊大小姐什么啦?

马唐云:大小姐? 她在哪儿?

二姨太:装什么糊涂啊? 大小姐就是花咏,花咏就是大小姐嘛。

马唐云愣在那儿,笑容凝固了。

那边,花咏教她们学车正起劲,叽叽喳喳一片。

马唐云突然快步走上去,抓起车上的那个女孩往地上一放,轻声地:下来。

女孩哇地哭了。

马唐云也不管,推着自行车就走。

人们惊讶地:马师傅,怎么回事啊?

马唐云不回头。

花咏想喊住他,最终却没有开口。

太太在房里注视着外面这一幕,敏锐地觉察到了一丝异常,脸上泛出不安的神色。

48. 木工房　日

马唐云锯着木头。

他满头大汗,表情凝重。

锯子的声音响得单调、沉闷而揪人,显然,马唐云在发泄着难以言述的情绪……

49. 花咏闺房　日

花咏坐在绣花桌前绣着花。

花咏似乎有点心不在焉,被针刺了一下手指,血流出来。她将手指放入口中,吮吸着,但依旧想着心事。

50. 怡梦房　日

花咏来到六姨太的房间。

花咏:六姨,我想去木工房看看红妆,你陪我去吧。

怡梦朝她笑了笑,有点意味深长。

51. 路上 日

怡梦和花咏边走边说着话。

怡梦:突然想起要看嫁妆,是不是想早点出嫁了?

花咏:才不是呢。

怡梦:往后你嫁到赵家,千万不要提起我。

花咏有点诧异:为什么?

怡梦:我也是那村里出来的,不想让人家知道我在黄家做姨太。

花咏点点头。

52. 木工房 日

两人来到木工房,严师傅立即躬身相迎。

怡梦:大小姐想看看嫁妆做得怎么样了。

严师傅:请,小心点,走好,这木工房就是有些乱。

花咏没看见马唐云的身影,有点失落。

严师傅介绍着木工房一角堆放着的红妆:你们看,这马车轮子会转的,这个呢,牧牛郎的笛子能吹响……

怡梦惊叹:严师傅的手艺真巧。

严师傅笑笑:这些是我那大徒弟马唐云做的。

花咏眼睛一亮,感兴趣地上前细细看着。

严师傅:他呀,特别聪明,有想法。大小姐你没见过他吧,人也长得帅气,有女人缘,好几户人家的女孩都看上他……

花咏冒出一句:怕是油嘴滑舌搭上的吧?

严师傅:嗳,我这徒弟可不是这样的人。那些女孩,他一个都没瞧上眼,他想找个真正喜欢的,娶她回家,还要亲手给她打一套红妆。

怡梦:红妆?他置得起啊?

严师傅有点不高兴了:我们手艺人照样有自己的活法。心里有红妆,说不定比十里还长呐。

花咏:他在哪儿?

严师傅叹口气:这几天,他像是中了心魔,干起小木作的活儿来了,不声不响锯了两天木头……

53.另一间木工房内外　日

花咏朝马唐云锯木头的木工房走去。

远远地,就听到了那有力却刺耳的声响。

花咏靠近木工房,房里只有马唐云一人,裸露着肩背全神贯注地锯木。

他没有觉察花咏站在门口看着他。

花咏一直怔在那里。她被眼前这个男人的肩背吸引,充满力量的肌肉,还有爬在上面的汗珠。

花咏:嗨,就是马,一直跑下去,也要累坏的啊!

马唐云当然听得出花咏的声音,但他仍旧没有抬头。

花咏靠近他:怎么,还在生我的气? 就因为我没跟你说是大小姐? 那是你看走眼了嘛,还怨人家?

马唐云冷冷地:大小姐别拿一个小木匠取乐。

花咏:我看你呀,自己就是块木雕。

马唐云总算抬头看了她一眼。

花咏:木雕木雕,又木又刁! 刁的时候比谁都刁,木的时候又比谁都木!

话一出口,她自己先乐了。马唐云也笑了笑,可笑容里还有一丝苦涩。

花咏:噢,我是丫鬟,你就跟我套近乎,我是小姐了,你就理也不理我? 怕我是老虎,把你给吃啦?

马唐云愣愣地看着她。

花咏走到门口,又转过身来,一笑:谁让你给我做红妆呢,你不来找我,我会来找你的!

54.饭堂　傍晚

一家人分两桌开饭。一桌是老爷、裴氏和姨太们,另一桌是那些黄家的女孩子。

饭堂内有些热闹,佣人们上着菜。

老爷看着满屋的女人:花咏呢? 饭送上去了吗?

太太:她又发脾气了,不肯吃。

黄老爷皱皱眉头,有点怜惜:不是跟你们说过别把她关在楼上嘛,就是只麻雀,也得让它动动翅膀啊。

太太:一出来就疯。也不晓得什么时候,跟个木匠学会了骑那两轮车,要留意点动静了。

黄老爷满不在乎地:怎么可能? 骑骑自行车又有什么关系?

太太抱怨:你就是对女儿太宠爱,都宠出毛病来啦。

姨太们朝这边张望。

黄老爷:好了,吃饭吃饭。

55. 花咏闺房　夜

小青看着凉了的饭菜发愁:大小姐,你多少吃一点吧,要不,我去热一热?

花咏:我又不饿,就是心里闷得慌……也好,你去厨房找刘妈。

小青将饭菜放进一只精致的藤套篮,正要出门,觉察到花咏也悄悄跟着她要往外走,蓦然转身。

小青:大小姐要去哪儿?

花咏:别大惊小怪,就到楼下转转。

小青很坚决:太太说,白天还能通融,晚上绝对不行。

花咏讨好地:好姐妹,你就帮我一回吧。

小青:你是去找那个马唐云?

花咏一甩衣袖坐在床上,气呼呼地:不行就不行,把他扯进来干吗?

56. 晨景

晨曦下的黄家大院,充满着大户人家的雍容华贵。

57. 黄宅某房内外　晨

黄老爷和严师傅站在那张明代千工床前,用仰慕和敬畏的目光看着它,似乎被它那股威严和神秘的气息所震撼。

黄老爷和严师傅走出房间,边走边交谈。

黄老爷:这张朱金拔步婚床,我要你不惜工本,做得比它更好。

严师傅报了一大串流水账:工艺上我们会用透雕、浮雕、堆雕,还有贴贝、勾漆、描金,要用上等木料,还需要朱砂、黄金、青金石、水银、黛绿、琉璃、贝壳、生漆,几百年都不变颜色……

黄老爷打断他的话:这些我都知道,一世做人,半世在床,床是最要紧的地方。

58. 花咏闺房　晨

花咏对镜梳头,显示出女人细腻柔情的一面。她将梳落的头发小心地放入竹丝编织的发篓中。

镜子中的花咏,一副神态隐含着少女的天真与好奇的渴望。

恍惚间,她发现镜子里出现了马唐云的身影,就像是站在她的身后。花咏一惊,猛然回头,却是小青。

小青:大小姐,我来梳吧。

小青接过梳子,为花咏梳起头来。

小青:老爷在为小姐做千工床了,怕过不了一年,小姐就要出嫁了……

花咏:我会跟爹去说,到时让他替你说门亲事,陪点嫁妆。

小青有点伤感:连大小姐都不知道要嫁的男人会是谁,像我们这样的下人,到时候也只能嫁鸡随鸡,嫁狗随狗。

花咏:嗳,要不要让那个马唐云在小木匠里为你挑一个?

在镜子里,看得到小青摇了摇头。

花咏:小木匠有什么不好的,起码看得清眼睛鼻子,心里踏实。

小青:我看大小姐被姓马的迷住了,几天没见着,就……

花咏:胡说!

小青走到箱柜前,取出花咏的几样绣件,卷着回来:我胡说? 你自己看看,绣的是谁啊?

花咏摸不清底细,掩饰地:乱绣的。

小青故作神秘地把绣件摊开,那上头绣着奔马的图案。

花咏拍打着小青娇嗔:要死啊你!

打闹着,闺房里笑声不绝。

59.树林　晨

花咏偷偷来到树林,不料,她发现马唐云就在附近。马唐云也发现了她,想躲避已经来不及了。

花咏:喂,你也在这里?

花咏说着走了过去,马唐云的神色有些慌张和尴尬。

马唐云:我来找木头啊,要做那么多嫁妆,木头哪够啊? 又不是砍下来就能用。你呢,大清早的来干吗?

花咏寻找着什么:我来看看,上次那棵树有没有被你砍掉。

马唐云:树有什么好看的,哪棵都一样。

花咏:你以为我真看树啊,我想看上次的那个雕像。

马唐云:不行不行……已经没有了,树一大就没有了……

花咏一笑:哪能长那么快?

马唐云欲去拦她,还是被她找到了那棵树。

花咏感到十分意外,因为她看到树上已有两个雕像,在那个女孩头像旁又加了个男孩头像,两个头像紧靠着。

两人默默对视了一下,却是欲言又止。

花咏转身离去。

马唐云追上几步,冲着她背影喊:你别误会,我在练刻床雕板呐……

花咏:不许你弄掉!

马唐云怔怔地站在那儿,回味着她的这句话。

60.库房　日

打好的各式家具整齐排列着,像是等待检阅的队伍。

严师傅领着黄老爷和怡梦指指点点,看得出黄老爷很满意。

黄老爷:那张床,开始做了吧?

严师傅:正在琢磨,红妆里,床是画龙点睛之作,不敢大意。

黄老爷点点头:这些日子,你们也辛苦了,晚上我陪你们喝杯酒。

61. 木工房门口　黄昏

黄老爷陪师徒喝酒,兴致挺高。

徒弟们划着拳,气氛热烈。

傻徒弟总是输:不来了,不来了,我要掰手腕。

一师弟:掰就掰,谁怕谁啊?

两人开始掰手腕。其他人在边上吆喝着。

傻徒弟憋红了脸,还是输,只好被人灌着酒。

62. 木工房　夜

月亮高挂,月光照着木工房。

徒弟们都已喝醉,呼呼睡着。只有马唐云一人还坐在灯旁,雕刻着什么。

花咏闪身进来。

马唐云惊讶地:你怎么跑出来的?

花咏轻声地:又没你梯子,我只好跳下来呗。

马唐云大惊:啊?摔伤没有?

花咏一笑:看你傻的,我真的会跳楼啊?

马唐云:睡不着?

花咏:你雕什么呢?

马唐云:香袋盒子。

花咏:送给我的?

马唐云:行,就送给你。

马唐云继续雕刻起来。刀子在他手上龙飞凤舞。花咏入迷地看着。

花咏:你来教我。

马唐云把做了一半的香袋盒子交给她,手把手地教她雕刻。

两人肌肤相触,不禁意乱情迷,慢慢地越靠越近。

未雕完的木香袋盒落到地上。

花咏腿一软,坐下了,不料坐到一徒弟腿上。两人一惊,可徒弟未曾发觉,翻个身沉沉睡去。

背后又坐起了傻徒弟,嘴里喃喃说着话:你们两个……不要停……

花咏吓一跳。

傻徒弟:继续划拳……

傻徒弟醉倒着躺下,原来说的是梦话。

两人都觉得有点好笑,却又不敢笑出声来。

花咏:都是酒气,我们到别的地方去。

63. 花咏闺房门口　夜

晃动的灯光下,有人敲门。

小青慌乱地开了门,探出脑袋。太太裴氏不放心,深夜查看小姐楼来了。

太太:大小姐呢?

小青惊恐得说不出话:她……她……

太太板着脸追问:她在哪儿?

64. 库房　夜

花咏拉着马唐云,借着窗外的月光摸索着。

花咏:这些,都是给我打的红妆吗?

马唐云:还会有很多很多。

花咏:你说,我爹是嫁我呢还是嫁红妆?

马唐云想了想:一起嫁。

花咏说得很凝重,也很真实:它们把我以后的路全都铺好了?可我不知道这条路会通向哪儿,又会是哪个男人在路的那头等着我……

马唐云看着她,他想抚慰一下她,却被花咏轻轻推开了。

她的眼睛里,有泪水闪烁:难道,就让它们伴着我过一辈子?

65. 严师傅房内外　夜

睡眼蒙眬的严师傅被管家陈叔唤醒。陈叔与他耳语几句,严师傅急急披衣起床。

严师傅踉跄着小跑出来。

太太威严地站在那儿。

66.库房　夜

外面有灯笼的亮光,还有脚步声由远至近,有人推开门看了一眼,见库房里暗暗的,又关上门远去。花咏和马唐云躲在一角,并不知晓外面发生的一切。

花咏:来,我们玩小时候过家家的游戏……我坐这里,你坐那儿……

马唐云不知花咏搞什么名堂,被她按在茶几的一侧坐下。

花咏也在茶几的另一侧坐下:佣人怎么都不在?快给老爷上茶啊!

马唐云没反应过来。

花咏又喊一声:马老爷!

马唐云:喊我呢?

花咏:是啊,你现在就是老爷,该你叫我了。

马唐云慢慢吐出两个字:太太。

花咏:老爷还记得那辆木头自行车吗?记得我们一起看耍牙?记得树林里的雕像?

马唐云:记得,都雕在我脑子里了。

花咏故作游戏却语出惊人:老爷,你想知道当年我是怎么喜欢上你的吗?你身上像有一团火,见到你,人就热辣辣的……后来,这团火慢慢变成了阳光,不知不觉探进了小姐楼,让我的心里暖洋洋的……我不敢玩火,怕被它烧着了,可我喜欢阳光……你是头一个闯进我心里的男人……

马唐云:花咏……

花咏:不,叫我太太。

马唐云却决然地:花咏,大小姐!……我成不了你的老爷,你也成不了我的太太……

花咏从游戏的宣泄之中回到现实,凄婉地:我们不是说好过家家吗……你为什么是个木匠,我为什么就不是个丫鬟?马唐云,我多做会儿梦,你也不让吗?

她呜咽起来。

67.山道上　夜

严师傅带着两个徒弟在寻找马唐云。

严师傅:这小子,会上哪儿去?小马!马唐云!

一徒弟:黑咕隆咚的,小心点。

话音未落,严师傅一脚踩空,摔下山崖。

徒弟惊呼:师傅!

68.严师傅房内外　　夜

受伤的严师傅被匆匆抬进黄家大院。前后簇拥着一大帮惊魂未定的徒弟。

严师傅疼得冒汗,却怒气冲冲:把马唐云给我喊来!

马唐云从人群中走出来:师傅,我在。明天,就送您到城里去养伤……

严师傅呵斥马唐云:唉!这节骨眼上……小子,严家班要毁在你手里不成?

管家陈叔挤进来,与严师傅耳语。

严师傅挥挥手,徒弟们都会意地散出去,看着黄老爷和太太走进来。

屋外,傻徒弟拉拉他的衣角:闯大祸了吧?

马唐云:我和她,什么事都没有……

一徒弟:十个女客九个肯,就怕男人嘴不稳。马师兄的嘴,倒是够稳的。

傻徒弟:亲过嘴了吧?

马唐云:亲你个大头嘴!

里边严师傅的声音突然响了:把马唐云留下吧,我一走,再少了他……

隐约听见太太颇为坚决的声音:不行,不能留下他!

徒弟们都在侧耳细听。

严师傅的声音很响:我这徒弟身怀绝技,聪颖过人,没有他,谁也做不出老爷想要的千工床来!

69.花咏闺房　日

花咏仰面躺在小姐床上,用兜肚掩面,胸部起伏,急促地呼吸着。显然,她已经哭泣了很长时间。

小青喊:大小姐!

花咏红肿着眼睛,焦灼不安地:他怎么样了? 老爷真的把他赶走了?

小青:严师傅走了,他还在。师傅让他带严家班。

花咏擦擦眼泪,点点头。

小青:不过,他被吓傻了,他的傻徒弟都说比他还傻。

花咏又急得不行:都是我害了他!

怡梦走进来:花咏,你还哭? 你也太不懂事了!

花咏委屈得更要哭:六姨,你也这样骂我? 你不是说过,女人不能没有梦吗,我连做个梦都不行?

怡梦:可我也说过,女人不能一辈子做梦。

花咏抬起泪眼:六姨,你来黄家前,就没有心上人啊?

怡梦一怔:就是做过梦,也早就忘了。

花咏:你撒谎! 只要是真情,就忘不了!

怡梦反问:真情? 你和那个小木匠?

花咏提高了嗓门:不要用这样的口气来称呼小木匠! 他是小木匠,可他更是艺术家! 那些公子少爷,懂得的东西有他多吗? 再多的钱,也会花光的,可小木匠的红妆,多少年后还会留在世上!

怡梦惊诧地看着她,仿佛面前是一个她根本就不熟悉的花咏。

70.一组镜头

无人指挥的木工班子一片混乱。

马唐云把几个做好的红妆白坯砸烂。

马唐云独自一人在劈木头发泄。

马唐云抱着头,蹲在满是木屑的地上……

71. 木工房门口　日

黄老爷看着蹲在地上的马唐云。

马唐云神情呆滞。

黄老爷托起马唐云的头:你到底要什么?

马唐云不语。

黄老爷:只要你把千工床做出来,除了花咏,我什么都给你。

马唐云漠然地:我没感觉了。

72. 一组镜头

马唐云在海边踯躅。

马唐云在山野踯躅。

他又踯躅在城里的街头……

73. 树林　日

怡梦站在那棵树前,望着树上的雕像,若有所思。

怡梦(画外音):但愿这一切会很快过去,像风一样飘来,又像风一样飘走……难道你就不能原谅一个少女的初恋吗? 能狠心地把它抹去? 让它镌刻在红妆里吧,不久,它就会成为尘封的往事……

74、工棚　傍晚

马唐云拖着疲惫的步履回来了。

门口站着怡梦。怡梦从篮子里端出一碗热乎乎的面条:快吃吧。

马唐云的心底有了一丝感动,但他还是把碗放在一边。

怡梦:我问你,你真的爱花咏吗?

马唐云点点头。

怡梦:我再问你,你和花咏的爱会有结果吗?

马唐云摇摇头。

怡梦感慨地:世上的爱,很多都是没有结果的,不单是你马唐云。可你比别人幸运,你有机会把这份爱留住,让她每天都能感觉到。

马唐云似乎心有触动,抬头看了她一眼。

怡梦:红妆会陪伴着她的一生啊,看到红妆,你要让她感到
幸福……

马唐云端起饭碗,呼呼地吃起了面条。

75. 木工房　日

马唐云吹了一声口哨。

徒弟们从各个角落向他围过来。

马唐云:开工吧!

76. 花咏闺房　日

花咏满怀心事地望着窗外,突然发现了一只风筝从窗前飞过。

花咏探头细看,竟看到风筝下挂着一只香袋。她认出那是她自
己的。

风筝越飞越高。

花咏的脸上露出一丝微笑。

77. 裴氏房间　夜

屋外风狂雨骤。

黄老爷被太太推醒。

太太:老爷,醒醒,四姨太快要临产了!

黄老爷急急穿衣起床:快生了?

78. 中堂　夜

大院内男女家佣正在忙碌着,声音嘈杂。

老爷来到中堂,手捧一炷香,不安地敬拜祖宗神灵。

刘妈闯了进来,神情焦急:老爷,四姨太又……又生了个……

黄老爷已经听出了苗头,抬起手制止刘妈再说下去。

顿时,整个院子里一片寂静。

太太走了进来,也是一声长叹:已经在子孙桶里,送她回
去了……

老爷悲哀地望着屋檐外的天空,突然吼:子孙桶……子孙桶是干这个用的?我黄家前世造了什么孽?

79.花咏闺房　日

花咏和怡梦正谈着头天晚上发生的事。

花咏睁着一双惊恐的眼睛:一条小生命,就……就这样没了?

怡梦叹口气:女人的命啊!

花咏:女人怎么就像草一样?刚出生,还没见着阳光,就永远在黑暗里了……女人嫁出去,不也是婆婆眼中的草?红妆再红,房间里也还是黑的……

怡梦:你还在惦念着那个姓马的?

花咏咬着嘴唇:六姨,要知道我现在想什么吗?

怡梦看着她。

花咏:我想在这根草被风雨拔掉之前,享受一下心里的阳光……
怡梦无言以对。

80.井池边　日

方形的井池很大,四周用石板铺成。很多女人在井池边洗着衣服。

怡梦抡着木槌捣击,有点恍恍惚惚。

怡梦的画外音伴随着一记记木槌的声音:我似乎感觉到,真正的风雨其实还没有来临。内心深处对美好生活的向往和追求,又有什么力量能够将它阻挡呢?

黄家小妹跑过来:六姨! 大太太喊你去呐!

81.裴氏房间　日

太太盯着六姨太:黄家的香火断在我们手上,对不起列祖列宗啊……要是生下个男孩,让老爷重赏你。

怡梦不语。

太太:就算是我求你了。

怡梦:我这个人就像一只受伤的鸟,被一阵风刮到了黄家来,我不指望别的……

太太被激怒了,严厉地:黄家不是鸟笼,你也不是金丝雀! 你不看看,这上面挂着什么?

她指着那块朱底浮雕木匾,上书四个金字:"则百斯男"。

怡梦的嘴唇有些颤抖:现在,我有些明白为什么花咏还没嫁出黄家大院,就已经那么恐惧了……

太太歇斯底里:不能从命,你只能滚出黄家!

怡梦讷讷地:会的,我会的。

说着,她起身走出去,重重带上门。

82. 木工房　夜

马唐云用心地摸了一下一块刨得平整的木头,放到眼前,闭上一只眼目测着。然后放到台上,拿过刨子,深深地吸了口气。

马唐云开始推动刨子,"唰——",随着很夸张的一声,刨花飞舞出来,像一条丝带,非常好看。

马唐云从空中抓过刨花,拿起剪刀,用刨花剪出了一个花咏的头像剪影。

马唐云对着光线看着剪影,然后小心地把它放入香袋。

83. 树林　夜

月光下,马唐云在树上雕刻着。突然,刀子划到了马唐云手上,流着血。

马唐云似乎无动于衷。

一排树上,都刻满了各色各样的雕像。

84. 木工房　夜

马唐云在入神地雕刻着。

85. 外景　晨

天亮了。太阳从东方升起。

86.木工房　晨

马唐云躺在一边睡着了,手里还捏着雕刻好的一块床雕板。

众徒弟到来,看到马唐云雕出的图案,不禁赞叹不已。

傻徒弟:嗯,心到力到,心在灵在。

一徒弟:不傻,师傅的话你倒背下来了。

徒弟们的笑声惊醒了马唐云,他急急坐起,揉揉眼睛。

87.廊檐下　日

黄老爷变着小魔术,千方百计想逗乐怡梦。

怡梦总算一笑:你真的也想让我生?

黄老爷含糊其词。

怡梦:走,我们去一个地方。

88.黄宅某房　日

怡梦拉着黄老爷到了那张明代千工床前。

黄老爷:这里?

怡梦:不敢了?

黄老爷看着千工床,目光中有几分犹豫,更有几分敬畏。

怡梦转身要走:不行就算了。

黄老爷:这张床,连太太都没……

怡梦:太太有的,我都没……红妆我有吗?名分我有吗?女主人的权势和威严,我有吗?今天,我偏要有一样你明媒正娶的正房所没有的东西……

黄老爷愣愣地站在那儿。

怡梦打开了留声机。

西洋音乐在房内弥漫。

怡梦变得风情万种起来,在音乐声中,轻轻地迈起舞步。

黄老爷痴迷地看着她。

怡梦跳向那张神秘的千工床。

89．怡梦房　夜

油灯下,怡梦又在为花咏做着女红。

此时的她,神情专注而宁静。

在衣服贴心的内角,依然绣着一朵荷花。

怡梦(画外音):心底的爱,可能真的不能随风飘走,重情忘我,也许真的是女人的境界和情怀?

怡梦的眼睛在油灯下闪着泪光……

90．一组镜头

秋去冬来。

马唐云在雕刻。

怡梦做着女红。

又见春天。

怡梦把一件件做好的衣裳挂了起来。

马唐云在一幅幅雕板上刻下了对花咏的思念……

91．黄老爷书房　日

留声机还在放着音乐,可声音显然有些跑调。

黄老爷的神色有点凝重。管家手持账本,忐忑不安。

黄老爷:这么大的事,怎么不早告诉我?

管家:只怕老爷着急。

黄老爷吼:不让我着急,让我上吊! 黄家濒临破产,我怎么跟院子里那一大帮老老小小说去?

管家:商场无情,突遭变故,到如今,能拯救危局的恐怕只有一个人……

黄老爷:谁?

管家:老爷未来的亲家。

黄老爷沉吟片刻:这样吧,陈叔,不要跟那些婆娘提这件事,把所有的钱,全用来打造红妆,尽早嫁出花咏!

92. 小姐楼下　日

黄老爷抬头看了一眼楼上,犹豫了一下,还是走上楼梯。

93. 花咏闺房　日

花咏看着父亲:爹,您是头一次踏上小姐楼吧?

与女儿谈话受挫,从黄老爷的表情中不难看出。他不清楚女儿为何这样问,但还是点点头。

花咏一脸憔悴:您都不知道这些天来,女儿在想些什么,是怎么过的?您算是一个怜惜女儿的父亲吗?现在,您碰到难处了,就来求我了……您把我看成是一只小狗还是一只小猫?就是小狗和小猫,您让它跳让它跑,也得看看它有没有受伤啊……

黄老爷制止她:花咏,你说得太多了,在黄家大院里,我对你已经够宽容了。早嫁和晚嫁不都一样?

花咏的嘴唇颤动着,讷讷着,蓦然爆发:一样,都一样……我不想出嫁了,也不要红妆了!

黄老爷的脸微微抽搐了一下。

花咏随手抓起一件做好的衣服,将它撕碎。

黄老爷不动声色。

花咏发泄着,又撕了一件衣服,把它扔在地上。

黄老爷终于忍不住了:再撕!家里还有多少银子,你晓得吗?

花咏一怔。

黄老爷几乎已在恳求:要是这桩婚姻再出意外,黄家必败无疑……

花咏表情木然,缓缓地:那我和你交换,在我出嫁前,你给我自由,让我去见马唐云。

94. 后花园　日

黄老爷坐在太师椅上喝着参汤,看着不远处的山岚。

太太在一旁喋喋不休:不行,老爷,你不能纵恿女儿败坏家风……

黄老爷把汤碗摔到地上,大怒:你闭嘴,给我念佛去!

95. 木工房　日

花咏的手在微微颤抖,抚摸着一幅幅床雕板。

从那些床雕板上,她读出了马唐云对她的爱。

马唐云站在门口,默默地看着她。

花咏含泪转过身来。

花咏:留给我们的时间不多了,这一点点自由,是用我的一生换来的……

马唐云依然沉默。

花咏:我想骑自行车。

96. 一组镜头

花咏骑着自行车。

马唐云跟着跑。

不管是不是刻意装扮,此刻,他们的笑容天真而又灿烂。

97. 饭堂　傍晚

黄家的女人们围坐着吃饭。

几个姨太嘀咕起来:老爷怎么啦?这菜,叫人怎么咽得下饭?

是啊,我们比佣人都不如了?

腆着大肚子的怡梦若有所思,她看出老爷经济上的窘迫。

98. 怡梦房　夜

怡梦取出金银首饰,包了包,转过身来。

黄老爷:怡梦,你这是……

怡梦:我所有的积蓄,都在这里,拿去吧,给花咏派上用场。

黄老爷感慨地:你在撑住快要倒下的黄家大厦啊!

怡梦却淡淡地回答:我在圆自己的一个梦,从此,我们谁也不欠谁的了。

99. 花咏闺房　夜

花咏:小青,谢谢你陪了我这些日子。

小青:这是丫鬟应该做的事。

花咏真诚地:我把你当成姐妹,没把你看成丫鬟。对了,你忘了?你是小姐,我是丫鬟啊!

她故意做出一副调皮的样子。

小青却很沉重:大小姐,你心里的苦,我都看出来了……我真恨不得去替大小姐上那花轿,让你们两个逃出黄家大院。

无奈而痛苦的表情又浮现在花咏脸上,她盯着烛台:我能逃到哪儿去?现在,我只想像蜡烛一样燃烧……

100. 木工房　日

一师弟在缶内用铁锤不停地碾磨着朱砂。

另一师弟在一特制的工具里用空心的竹管吹着磨细的朱砂,将最细的吹飞,集中到一侧。

还有一个师弟一遍遍地调制着油漆颜色。

马唐云只是摇头。他看着那张做好的千工床,虽然还是白坯子,但它已隐约显露出豪华与富贵。

马唐云:不行,它配不上白坯子上的灵气。

傻徒弟不解:这个不行,那个也不行,你到底想要什么?

马唐云茫然地:我也不知道。(化出)

(化入)马唐云对着一块大门板刷着油漆,刷上又涂掉,涂掉又刷上,他已显得极度狂躁。

他扔掉刷子,去推自行车。

傻徒弟:你去哪儿啊?

马唐云:我去找师傅。

傻徒弟兴高采烈地跟出来:我也去。

101. 山间小路　日

马唐云和傻徒弟走在山路上。

傻徒弟很开心,做出各种怪模怪样的动作,可马唐云只是默默地行走。

102. 严师傅家　日

养伤的严师傅躺在床上,马唐云坐在他身边。

马唐云:师傅,这千工床的颜色,怎么也调不好。

严师傅:有杂质吧?

傻徒弟:不会的不会的,都是上好的朱砂啊。

严师傅笑笑:恐怕要先在心里调准颜色。

马唐云:心里?

傻徒弟:这心怎么染啊?

马唐云:一边去,听师傅说。

严师傅:心里乱了,做事也就乱了……这些日子,我也没闲着,喏……

顺着师傅手指的方向,马唐云看到了一堆木雕,那是各种形状的和合二仙。

马唐云欣喜地:和合二仙!

傻徒弟学着和合二仙的神态拍着手。

严师傅:这些日子躺在床上,我一直在琢磨,这红妆的魂到底在哪儿,后来想明白了,就是和合二字。家庭和合,人人和合,男女和合,还有,自己内心的和合……

马唐云点点头,回味着师傅的话。

严师傅:如果内心不能和合,你是做不好十里红妆的……

马唐云:我知道……可我,现在该怎样对待花咏呢?

严师傅:过了很多年,她想起这份情来,还能心里一热一颤的,就是真情了,曾经有过的真情,却值得她在心里一直搁着、守着、思念着,她的心也就和合了……

103. 一组镜头

马唐云正在专心漆着,他的身影散发出无尽的活力,像个激情飞扬的艺术家。

花咏看得入迷。

两人亲昵地搂在一起,看上去却如同一对兄妹,没有丝毫的邪念。

104. 院内　日

持续着的音乐声被一阵急促的脚步声打断,裴氏匆匆赶来:出大事了!

黄老爷:什么?

太太的脸扭曲得有点古怪:花咏和那姓马的……上千工床去做好事了!

黄老爷瞪圆了双眼,怒气冲冲地赶往木工房,在路边顺手操起一把斧子。

105. 木工房　日

黄老爷一脚踹开了木工房的门。

黄老爷:马唐云,你干的好事!

可他怔住了,床上空无一人,而整个千工床抹上了生命般的艳红,一件绝世的艺术品已经诞生。

马唐云和花咏衣着整齐,坐在旁边的一对椅子上。

花咏的脸上,露出满足而平静的微笑。

黄老爷手上的斧子"哐当"掉到地上。

他跟跄着向前,以惊喜而虔诚的目光注视着那张千工床……

106. 荷池边　日

腆着大肚子的怡梦,痴迷地望着一片即将开花的荷塘。

马唐云骑车过来。

怡梦:完工了?

马唐云点点头:你也快生了吧?

怡梦:我已和老爷说好了,不管生儿生女,从此,我都要离开黄家开始新的生活。

马唐云:祝贺你。什么时候走?

怡梦：在花咏出嫁之前。

马唐云从后座取出一样东西：我要送你一件小礼物。

出现在她眼前的，是一个精致无比的红妆模型。

马唐云：喜欢吗？

怡梦的泪水夺眶而出。

她讷讷着，似乎想把秘密透露给马唐云，可欲言又止，只是冒出这样一句话：所有的爱，都在这红妆里，给了花咏了。

107. 库房　日

库房里摆满着漆好的红妆，令人震撼，又极其凄美。

花咏注视着红妆。

马唐云看着花咏。

花咏：我爹说，赵家就要来迎亲了。

马唐云：走，都要走了……

花咏转过身来，尽力装出一副平静的模样：马唐云，我问你一件事。

马唐云：说吧。

花咏：要是有下辈子，你愿意当老爷还是做木匠？

马唐云：做木匠，我还给你打红妆。

花咏不假思索：那我一定当丫鬟。

马唐云的眼睛湿润了。

花咏故作天真和欢快：好啊，说话算数。咱们拉个钩！

马唐云伸出手指。

花咏的声音像孩童般爽朗：拉钩，拉钩，谁不算数谁是小狗，谁不算数谁是小狗……

两人拉着钩旋转着，马唐云也跟着花咏一起大声吟唱，仿佛在尽情抒发内心的憧憬和希望。

花咏笑起来，笑得灿烂，笑得响亮。

伴随着花咏的笑声，两个人在旋转，屋子里的红妆也在旋转。

红妆炫目耀眼，旋转得越来越快，直至整个银幕变成一片红色……

108. 院内　　夜

月光映照着黄家大院。

寂静中,突然传出一声婴儿的啼哭。

黄老爷夫妇急切地守候在产房门前。

刘妈跑出来:老爷,太太,是个男孩!

黄老爷像是不敢相信:真是神了……

黄老爷夫妇惊喜交加。

109. 木工房　　日

鼓乐声从黄家大院传来。

马唐云和徒弟们却在默默无语地收拾工具。

马唐云久久地打量着那把刨刀,郑重地将它放好。

110. 廊檐下　　日

马唐云一行背着行囊正要离开黄家,黄老爷把他们拦住了。

黄老爷:我还有很多女儿,想请你们留下,继续做红妆。

马唐云盯着他看了一会,慢慢地摇了摇脑袋。

黄老爷:懂得欣赏女人的人,才能做出好红妆,是吧?

马唐云:可女人不是用来收藏,是用来爱的。

他向前走去。

傻徒弟回头朝黄老爷扮了个鬼脸。

黄老爷看着这支队伍从他的身边走过,怔怔地站在那里。

111. 花咏闺房　　日

镜中的花咏,已是一个美艳的新娘。

热闹的婚庆之前,还有这一刻短暂的平静。

小青在一旁叮嘱:太太说了,上轿前,赵家喜娘三次催妆,大小姐才能起身,坐到娘的腿上,娘要为女儿喂上轿饭,意思是不要忘记哺育之恩……太太哭了,大小姐也要哭,那叫哭上轿……上了花轿,不可以随便移动的,这是平安稳当,还有,新娘座下放一只焚着炭火、香料的火熜,花轿后面的轿杠上呢,系着一条席子,那叫轿内火熜轿后席子,大小姐可别烫着……

任凭小青唠叨,花咏面无表情,纹丝不动。

花咏突然张嘴:小青,我还想去看一个地方,木工房。

112. 木工房　日

木工房已是空空荡荡。花咏惆怅失落地站在那里,慢慢地,她将身子靠向墙壁,不由自主地蹲了下来。

这时,她发现角落里竟有一样熟悉的东西,原来是那天遗落的未曾完成的木香袋盒。

她拣起这只小木盒,将它放进衣袖。

113. 一组镜头

花咏被披上红盖头。

小青扶着花咏进入花轿。

热闹的人群。人们惊叹着这套绝世红妆。

红妆队伍由黄家大院出发……

114. 花轿里　日

一双纤细的手用手绢将那只未雕完的木香袋盒包了起来,塞到怀里,小心地按了按。

〔镜头上摇,我们看到了花咏的脸。特写的脸部摇晃不已,却没有一点表情,既无喜悦,也看不出悲伤。

这时,轿窗外,闪过了那辆木制自行车,看到了马唐云矫健的身影。

他还像玩着杂耍,只是双手做出的那些动作,对花咏来说,是那么亲切熟悉而又那么遥不可及。

花咏的眼角,慢慢地涌出两行冷泪。

115. 村中石板路上　日

马唐云跟着花轿骑了一段路,停下来了,装出轻松的模样吹起口哨。他驻足观看绵延不绝的红妆队伍,然后黯然神伤地骑上车,朝相反的方向远去。

〔人群中,我们看到了怡梦的脸。

她站在一棵树下,默默地注视着一切。

116. 野外乡道　日

花轿在绿绿的田野中格外醒目。

远远望去,红妆队伍像一条绵延十里的红色长龙。

十里红妆成为传奇,化作动人的童谣。

童谣依然带有浓浓的浙东乡音:

咚咚咚,锵锵锵,

马来哉,轿来哉,

赵家嫂嫂抬来哉,

一杠金,一杠银,

橱柜箱笼锃刮亮,

千工床,万工轿,

十里红嫁妆……

全剧终

2006 年 10 月 1 日至 11 月 3 日三稿于杭州

2006 年 11 月 7 日至 11 月 12 日四稿于

北京中国文联第八次全国代表大会上

2006 年 11 月 18 日至 11 月 25 日五稿于杭州

电视文学剧本

交警沈克诚①

章 轲

安吉境内　日

公路。

车轮飞转。

冬梅（画外音）：他和路打交道也有十多年了吧，安吉境内的大路小路，没一条他不熟的……什么？出租车司机？错啦，出租车司机超速、闯红灯什么的，他一看到心里就怦怦跳……对，我爱人是一名交警……

镜头往上移，一辆警车在奔驰。

道路两旁，是毛竹满坡、郁郁葱葱的青山。

车内　日

身穿警服的沈克诚，显得英俊而精神。

冬梅（画外音）：说起来，在交警大队里，他大小也算是个官儿。也巧了，在交巡警大队，队长姓沈，他这个副队长也姓沈，人家都喊他沈队副……名字？名字可是很普通的，克诚，沈克诚……

一组画面

拥挤的车流。

---

① 本电视文学剧本取材于陈卓平、陈琳著长篇报告文学《竹乡警魂》。

沈克诚正在指挥着车辆疏散。

破碎的车窗。

沈克诚处理着交通事故。

红绿灯。

交警的手势……

冬梅(画外音):结婚十五年,特别是他当上交警以后,听他说得最多的,就一个字:忙。我徐冬梅还真有点搞不清楚,忙忙忙,怎么就会那么忙?这世界上,也不只你沈克诚一个警察呀……

冬梅望望身边熟睡的女儿,在床上辗转反侧。

沈克诚蹑手蹑脚地进来,生怕惊醒妻子和女儿。

冬梅赶紧闭上眼睛装睡。

沈克诚又悄悄走到桌边拧亮台灯,用报纸遮住亮光,坐下写着什么……

冬梅愣愣地看着凉了的饭菜。

三双筷子整齐地摆在桌上。

女儿君君馋了,趁人不备,用手抓了一块鸡肉快速塞入嘴中。

冬梅轻轻拍了一下女儿的手,端起菜,放进电饭煲……

冬梅(画外音):就连我和女儿生病,他都没空陪着上医院,更别指望他端茶喂汤的。双休日什么的就更别说了,他从来没在家休息过,有一次我逼住他,说你就不能在家里陪我们一天吗?结果呢,人是在家里,那魂却不知上哪儿去了。女儿缠着他下棋……

一盘象棋。

沈克诚坐立不安。

君君:爸,你的老将怎么跑到外面来啦?

沈克诚:输了,老爸输了。好了,做作业去吧!

君君嘟着嘴:老师说,这叫心不在焉。

沈克诚将嘴附到女儿耳旁:爸跟你说呀,待会儿你妈从卫生间出来,你就说爸有事,先出去转转,一会儿回来。

君君:又是那些事……

沈克诚做个手势:嘘,轻点。

说着,他和女儿拉拉小手指,轻轻拉开房门走出去,又轻轻将门掩上。

冬梅出来,环顾四周:你爸呢?

君君收着象棋:溜了。

冬梅急急追到门口:就是机器,也该有个歇息的时候吧? 沈克诚,有种你就别回这个家!

冬梅一副心疼又气恼的模样。

定格。推出片名:《交警沈克诚》。

上　　集

1. 小区路上　傍晚

冬梅提着菜走在回家路上。

邻居和她打招呼:哟,冬梅,买那么多好菜,家里来客人啦?

冬梅:不是的,克诚他出差十多天刚回来,这几天又没日没夜在忙……

邻居:他呀,是得补一补,亏你冬梅想得周到。哎,晚上申奥揭晓,电视要直播的吧?

冬梅:肯定直播的,这么大的事。

邻居:这大青虾,还是白灼鲜。

冬梅:对,对……

2. 沈克诚家　傍晚

冬梅正在厨房忙碌。

女儿君君在客厅看着日本动画片。

门铃响,继而传来沈克诚的声音:我……回来了!

冬梅:君君,你爸回来了,快去开门!

君君:你去开吧,我正看动画片哩。

冬梅从厨房跑出来:小懒虫! 一放学就对着个电视机,眼睛要看坏的……

她打开门,沈克诚笑眯眯地进屋。

沈克诚:怎么样? 今天准时回家,该表扬吧?

君君:哇塞,太阳从西边出来了!

冬梅:一年到头,就难得那么几回,别忘了,今天,还是我打电话把你逼回来的!

沈克诚:夫人下了圣旨,谁敢不听啊?

冬梅:得得,说得比唱得都好听。十有八九,我和君君等得饭菜冰凉,还不见你的人影。

沈克诚:说过多少遍了,让你们不要等我,只管先吃。君君的胃饿坏了,怎么办啊? 我手头上的活多,事杂,没个准数。

冬梅:就你活儿多! 先回来吃了热汤热饭再去干,又有啥不可以?

沈克诚赔着不是,做个暂停的手势:好,好,我讨饶,尽量争取!

动画片一拉出片尾字幕,君君就跑过来一把搂住父亲的脖子。

冬梅:君君,你爸累了一天了,别拿他当吊环,懂点儿事好不好?

沈克诚慈爱地:没事,没事,我知道,君君还想骑大马,是不是!

君君:好哇! 骑大马,骑大马!

沈克诚趴下身去,要与女儿玩游戏。

冬梅心疼地:还真骑啊? 想把你爸累垮?

君君:这是我和老爸的事,对吧,老爸?

沈克诚抬起头来:对,从小到大,君君和我就这么玩。再过几年,想玩也难喽……

君君摆出一副骑在父亲身上的姿势:老爸,今天,我不是骑大马,是骑老黄牛!

沈克诚:老黄牛?

君君转着手指,像背书一样:老爸,你听好了……当一名民警,就应该位卑如蚁、负重如牛!

沈克诚跳将起来,去搔女儿痒痒:好哇! 你偷看我的日记!

君君咯咯笑着,父女俩打闹成一团。

3. 客厅　傍晚

餐桌上,摆满略显丰盛的菜肴。

沈克诚:做这么多好菜? 看来你是真的要慰劳我了!

冬梅拎来一瓶啤酒。

沈克诚:哟,今天是什么日子啊,还有酒?

冬梅倒了两杯:什么话,是你不爱喝酒,要是能喝点儿,我顿顿给你备上一份。

沈克诚:都说这酒是男人的胆,见别人一杯接一杯喝,我还是蛮羡慕的。看样子,我这辈子,酒是再也不会长进了。

冬梅:不长进的事儿,你多着哩。什么酒是男人的胆? 你不喝,胆子照样大,救这个救那个的……我看呀,你缺的不是胆量,而是霸气。

沈克诚装出一副严厉的模样:霸气? 照你这么说,我一回家,就该板脸训人,大发雷霆,要不,再来它几巴掌,你才高兴? 手心手背都是肉,我做得出吗?

君君掩嘴窃笑。

冬梅:什么歪理! 嗳,克诚,说句实话,你又不是铁打的,整日整夜地工作,到底累不累呀?

沈克诚:说不累,那是假的。可在其位谋其政,有其职做其事,累又如何? 不是有句话吗,工作着是美丽的,不工作,我全身骨头都会疼,比累还难受。

冬梅:你呀,这是命贱! 工作呢,当然要做,命也是要的。整个交巡警大队,又不是你一个人,犯得着这样玩命? 讲得难听点,少了个沈克诚,地球照样转,可你弄垮了身体,自己倒霉,老婆女儿也跟着倒霉。

沈克诚往妻子碗里夹菜,笑着:今天,你好像特别疼你丈夫嘛!

冬梅:这话说得,我是你老婆,我不疼你谁疼你? 同志,你四十出头了,不是小伙子了,报上说,男人出了四十,就开始走下坡路,不好过分劳累的……

沈克诚:冬梅,你说的不是没一点道理。可人活一世,掐头去尾,真正能做事的时间并不多。有时候我在想,社会、国家、人民,这些说起来呢,好像很大很空的概念,其实,它们是很具体的,具体到我们每一个人。

君君:老爸,你讲得太深奥了,我听不懂。

沈克诚摸摸女儿的头:那你就仔细听老爸讲,人活着,首先要学会怎么做人,对不对?做人,不能以自我为中心,要把自己呢,放到大家当中去。老爸是个普通人,成不了丰功伟业,如果再不把工作做好,不全力以赴去做,也许连个普通人也成不了,那活在世上,还有什么意思?

冬梅:大道理谁不会说?人家说说也罢了,就你固执!

沈克诚转向妻子:人家是人家,我是我。冬梅,在我看来,关键是一个人的人生态度,对待自己的态度!如今,我有一份自己爱做的工作,真的很幸福,做好工作,人生也就有了意义。冬梅啊,你一定要理解我!

冬梅:井底之蛙!你以为工作就是全部的人生啊?就算你说得对,也该顾顾这个家……

沈克诚:把工作做好,我看呀,就是最大的顾家。

冬梅:来了吧,看,歪理又来了。

沈克诚认真地:这可不是狡辩。就像老人说这个孩子孝不孝顺,整天围着父母,样样听父母的话,窝窝囊囊的,一件事情也做得不像样,你说他孝不孝顺?一个孩子应该独立做事,把事情做好,能创业,能报效祖国,即使远在天边,在我看来,也是孝,而且是大孝!

他做着手势,越说越激动。

冬梅:又犯憨劲了,谁让你作报告会啊?

沈克诚:平常又说我跟你们交流少,这不是在交流嘛!

君君两眼放光:嗨,老爸,你说得真精彩,比报告会还精彩!一级棒!

沈克诚得意地:老爸不赖吧?

冬梅:就你会吹牛!上回竞聘演讲,怎么紧张得头上冒汗,一颗颗像黄豆那么大!

沈克诚：那是没时间好好准备嘛……再说，在哪个岗位上，还不都一样干？

冬梅：行了行了，菜都凉了……

沈克诚举起酒杯，和冬梅碰了一下杯。

君君也俏皮地举起饭碗来凑热闹，一家人其乐融融。

冬梅（画外音）：当年，他去应聘交警，我心里还真有疙瘩。退伍回来，他搞汽车修理，收入也不错，再说，技术也是一流的，名声在外，可他非要去当什么警察……

4. 乡下竹林　日（闪回）

冬梅惊讶地：你一声不响就去报了名了？在修理厂干得好好的，干吗非要去当个小交警？

沈克诚：这不是同你商量吗？

冬梅：你说说看，怎么突然冒出这个念头来？

沈克诚：要说这件事，我是慎重考虑过的。我不是跟你说过吗，我从小就想当兵……

5. 一组画面（闪回）

沈克诚气喘吁吁地在山路上奔跑。

沈克诚满头大汗地举着石锁。

他从邮递员手中接过一封信，眼神中充满紧张的期待。

他挥舞着那封信，奔跑着高喊：参军啦，我参军啦！

声音在山野中回荡……

6. 乡下竹林　日（闪回）

沈克诚：后来，这愿望真的实现了。老实说，退伍回来，我干上了这个修理工，尽管活儿做得蛮好了，也从来不马虎，可总觉得不自在，心里头，老是空空荡荡的……

冬梅：这交警，虽说不是部队，也有点部队的味道。

沈克诚高兴地：对呀，我要的就是这味道！这种有纪律约束的生活，别人也许不喜欢，可我喜欢！

冬梅:为什么呀?

沈克诚:到底为什么,我也说不清,反正,就是喜欢。

冬梅:你这辈子当兵没当够啊?脑子搭牢!现在,谁不是红着眼睛挣钞票的?当兵当兵的,当兵你得到什么好处?搞技术试验,差点把下巴都给炸掉,落得个三等残废回来!要不是人家帮忙,你这个修理工还干不上呢,在家做农民,砍竹,挖笋,种田吧!

沈克诚有点激动:人都有自己的理想,你老公也不例外呀。当警察有什么不好的?这个国家,兵要有人当,警察也要有人干,否则,就乱套了?你说是不是?

冬梅也不示弱:我是为你好!依我看,吃技术饭最牢靠,你这人死板板的,一旦真干上交警,还不把人都给得罪光了?到时候,我们怎么在这块地盘上生活?

沈克诚急起来:你……你这人怎么不讲理了呢?

冬梅:谁不讲理?当警察辛苦,危险,得罪人,又没多少钱,这个家,还指望你挣钱来支撑呢,指望能有一天盖房子过好日子呢……可你偏这么犟……

说着,冬梅倚着一根竹子,眼圈都红了。

沈克诚搂住妻子的肩膀,抚慰地:别这么说,这么说,我心里也难过……我知道对不起你,可我,真的想去试试。这是我圆梦的机会,错过了,恐怕一生都要遗憾……

冬梅抬起泪眼:你没看,你厂里出来单干的技师,个个盖起楼房,人家老婆上街买菜,青蟹甲鱼,一拎一袋,眼睛都不眨一下……你图个啥呀,非得去当警察……

沈克诚:冬梅,把眼光放远点,好吗?房子会有的,日子也会好起来的……要是我考上,我会好好干的,相信我……

冬梅点点头,把脑袋靠在丈夫肩上……

冬梅(画外音):我说得没错吧,像他这样的人当交警,一根死筋拧到底的,不得罪人,那才怪哩!还是在孝丰中队的时候……

7.公路旁 日(闪回)

一辆摞满毛竹的大货车旁,沈克诚被七八个人推来搡去。

车主骂骂咧咧:妈的,老子超载关你啥事,看你一个小交警,能把我怎么样!

沈克诚:违章超载,就是要处罚!

众人替车主帮腔:

买了车,就是要多拉多载嘛,规规矩矩跑,能赚多少钱?

不赚钱,让我们喝西北风去啊?

沈克诚还在耐心劝说:可你们想过没有,这超载,有多危险,多不安全!我是在履行职责,请你们配合!

车主蛮不讲理:大家听见了吧,这小子站着说话不腰疼,不教训他,还真没完了!

众人吵吵嚷嚷:

当我们是外地司机啊,告诉你,都是附近村庄的人……

跟他啰唆什么,到底放不放行?

沈克诚严肃而坚决:不放! 凭你们人多势众,我就能失职不管? 我对得起头上的国徽吗? 请你们赶紧把车上的货物卸下来!

车主恼羞成怒,一把揪住沈克诚:好哇! 你不放行,今天就废掉你!

沈克诚大声地:废掉我? 废掉我你也休想走!

车主动手了:你当我不敢? 弟兄们,上啊!

众人团团围住沈克诚,失去理智地朝他身上乱打乱踢。

8.公路上日(闪回)

交警执勤车鸣笛飞驶。

大队长刘华:快! 老甘啊,我就怕出这种事!

中队长甘志立点点头。

9.路旁　日(闪回)

车主现在蔫了,正在接受处罚。

刘华关心地:克诚,你没事吧?

沈克诚:没事。

刘华又看他一眼。

沈克诚笑笑,掩饰地:我真的没事呀。

10. 中队部 日(闪回)

沈克诚在走廊上碰到甘志立:老甘,我今天早点走。

甘志立:你脸色好像不太好……

沈克诚:拉肚子了,没事,吃颗药就好的。

甘志立往前走,又回头疑惑地朝他看看。

11. 医院门口 傍晚(闪回)

沈克诚走来,捂着肚子。

他看看四周没有熟人,才走了进去。

他的脚步分明有点沉重。

12. 办公室 日(闪回)

沈克诚正在工作,刘华和甘志立走进来。

甘志立大声地:克诚,你不要命啦?

沈克诚站起:刘教,老甘……我怎么了?

甘志立:怎么啦?你前些天挨了人家拳脚的事,碰到冬梅,她告诉我了!

沈克诚:嗨,别听她瞎扯。

甘志立:你把大伙儿蒙了,连冬梅你也只是轻描淡写说了说……

沈克诚:本来就不严重嘛。

刘华:克诚,老甘可是个认真的人,他都跑到孝丰医院问过医生了。膝盖上受了伤,是不是?脾脏也受了伤,是不是?

沈克诚:轻伤嘛,轻伤不下火线。

刘华:唉,你以为脾脏是随便闹着玩的?还坚持天天上班!赶紧到医院给我躺着去!

沈克诚笑笑:没啥大事……大伙儿都在忙,队里人手原本就紧着,我就是去躺着,也不安心啊,再说,真没大事,老甘你可别跟冬梅乱说哇!

甘志立叹口气:你那些药费单呢?

沈克诚:撕了。

甘志立:撕了?

沈克诚:免了吧,又没几个钱,报来报去,手续也挺让人烦的……

刘华:老甘给我打电话,我就特地赶过来看你,你呀,我问你克诚,那天要是大家没及时赶去,你怎么办?

沈克诚:怎么办? 还能怎么办? 坚持到底就是了,谅他们也不敢杀了我。我也不想得罪人,可不得罪,能行吗? 你超载,我超载,损了道路不说,那车祸的隐患时时都在,人命关天! 你说是吧,刘教。

刘华:我看你呀,还有一种病,也得去看看。

沈克诚:什么病?

刘华笑起来:职业病啊!

13. 沈克诚家　夜

沈克诚推开窗户,看着外面的雨。

冬梅(画外音):可不,职业病说犯就犯了……

冬梅:克诚,看啥呢?

沈克诚:看雨,这雨下得好大。

冬梅:晚上又不是你值班。

沈克诚:今晚申奥,非同寻常,公安局沈利剑局长专门作了部署,要求全员备勤,这雨,下得多少有点让人担心……

冬梅:真有事,会找你的。哎,克诚,两个小姐妹约了我,说是晚上去歌舞厅,你陪我去吧!

沈克诚回过头来:你知道,那种地方,我一直不适应。不会唱,又不会跳,在那儿傻坐着,受罪。

冬梅娇嗔地用手指戳戳他的脑袋:你也晓得自己傻呀? 口口声声那种地方,一个女人独去,不太好,你说是不?

沈克诚:不是有你小姐妹吗?

冬梅:你的脑筋也该换换啦,现在的歌舞厅,很健康的,今天又是申奥揭晓之夜,很可能,会看到一场难得的狂欢! 这样的喜悦,你也不想和我一起共享啊?

沈克诚笑起来:绕来绕去,还是想让我陪你去。行,我说过今天全听你的!

冬梅高兴得笑逐颜开:这就对啦!我给你拿衣服去!

沈克诚:拿衣服?拿什么衣服?

冬梅在衣橱里挑出一套衣服,送到丈夫面前,近乎命令地:穿上!

沈克诚:外头下那么大雨,你让我穿这……这身,不是有病吗?

冬梅:人家去歌舞厅的人,都这么穿!你想一辈子当土老帽啊?再说,我那些小姐妹们都好久没见过你了,我可不想她们以为我老公越变越邋遢!

沈克诚无可奈何地摇头,可还是换起衣服,边换边自嘲:都像新郎官了……

14. 大街上　夜

天空下着细密的雨。

冬梅挽着丈夫的胳膊走。

沈克诚不时瞧瞧地上,拉拉裤腿,生怕泥水脏了裤子。

冬梅却专注地看着透过街灯飘下来的雨珠:克诚,看,这雨,像不像一颗颗珍珠?

沈克诚:像。

冬梅欣喜地:真浪漫……

冬梅(画外音):在我的印象里,浪漫的日子真是太少太少了,屈指可数的,也就是带我和君君去了一回大竹海……

15. 一组画面(闪回)

大竹海秀丽的风光。

沈克诚一家人在开心地玩耍。

冬梅摇摇晃晃地走着竹桥。

沈克诚托着女儿的屁股在登步步高。

看着他们狼狈的样子,冬梅笑得乐弯了腰……

冬梅(画外音):更多的时候,他除了吃饭、睡觉就是工作,工作狂,就他这德性!有句话是吊在嘴边的,"我什么都可以舍弃,唯独放不下工作"。这句话我听了特别不舒服,找个机会非得问问他,这个家,还有我冬梅,他也肯舍弃吗? 分内的工作他要干得好,跟他搭不着的事,他也要做,嘁,真是太平洋的警察管得宽哟……

16. 开发区路上　傍晚(闪回)

路中央少了一只窨井盖。

几个行人走来,见状绕开,嘴里嘟嚷着:

这窨井盖怎么不见了?

真缺德!

一对年轻恋人搂着走路,到了黑洞跟前,女的"哇"地叫起来,跳出一步远。

男人:太不像话了,摔下去肯定骨折!

女人:还好是大人,要是小孩……

男人:别多管闲事了,会有人来修的。嗳,你没事吧,脚崴了没有?

女人摇摇头。

男人:咱们快走吧,胖子他们等着哩!

女的被男友挽起胳膊往前走,回头又往后看了一眼,却没有停住脚步。

沈克诚骑着自行车,见到这一幕,跳下车走到窨井旁细看,蹙起眉头。

他赶紧拿出手机,找号码打电话:喂,是开发区管委会吗? 何副主任? 我是交警队沈克诚啊……你好你好……有这么件事,要请你派人马上解决……这事儿,说大不大,说小也不小哇,经五路上一只窨井盖不见了……天黑下来了,路上行人车辆一不小心就要出问题,别的地方窨井吃人的事情,报上登了不止一回了! 对,对,你可要马上派人来!

17. 沈克诚家　傍晚(闪回)

君君:妈,老爸又不回来吃饭了吧?

冬梅:八成又被什么事缠住了……

18. 开发区路上　傍晚(闪回)

沈克诚站在窨井旁,还在等待。

何副主任急急赶来:沈队长,你还等在这里啊?

沈克诚笑笑:穿警服显眼,就当一回警示牌吧,老何,窨井盖呢?

何副主任为难地:一时找不着。

沈克诚:这可麻烦了,天越来越黑……这样吧,老何,你与我换换岗,我去去就来。

说着,他骑上车就走。

何副主任:沈队长,你去哪里?

沈克诚:就回来,你千万别离开!

19. 交警队大院　夜(闪回)

沈克诚匆忙骑车进来。

传达室师傅:沈队副,晚上又有任务?

沈克诚:仓库的钥匙呢? 快给我!

20. 仓库　夜(闪回)

传达室师傅帮着沈克诚搬出几块警示牌。

沈克诚:我来,我来吧。

传达室师傅感叹:这么个事儿,还要你自己动手。

沈克诚:有些事,别看它小,总得有人动手的,不是我做,就是别人做……

21. 开发区路上　夜(闪回)

沈克诚和何副主任一起,用警示牌将窨井围好。

沈克诚擦把汗:这样,我就放心了。

何副主任:你这人办事,就是认真。

沈克诚:别忘了,明天一上班,还得想办法赶紧把窨井盖上……

冬梅(画外音):上小学的时候,语文书上有一课,是条毛主席语录,说"世界上怕就怕认真二字"。沈克诚一认真,还真让人怕,连喊他师傅的李彬,也被他弄怕了……

22.办公室　晨(闪回)

沈克诚在拖地。

李彬进来,把自行车钥匙往桌上一丢:师傅,让我来吧。

沈克诚不肯松手:一样的,一样的。

李彬打个哈欠,提起水壶:这鬼天气,太热了! 电风扇一夜没停,还是醒过来好几次。

沈克诚:半夜,我也起来洗凉水澡……李彬,看你连打哈欠,怎么不多睡会儿?

李彬:怕睡过头,上班迟到,今天我以为来得够早的,没想到还是师傅你先到。

沈克诚:我习惯了,嗳,李彬,你别跟我比谁早,只要不迟到就行。

李彬去打开水,出门又回头:哪敢迟到呀,一迟到,师傅的脸色还是不好看的。

沈克诚怜爱地看他一眼,摇摇头,放下拖把,又抹起桌子来。

李彬打水回来,为沈克诚泡上茶,沈克诚坐下来,递给李彬一支烟。

沈克诚:李彬啊,刚才听你的口气,是不是埋怨我管你管得太严了?

李彬:严师出高徒,要是师傅哪天不管我了,我心里还七上八下呐。

沈克诚笑:那几个材料都弄完了?

李彬:弄好两个了。

沈克诚:手脚蛮快,好。

李彬:多亏师傅立了大纲,写起来顺手。

沈克诚:这是最后一次了。往后,你自己搞。就像一个孩子,会走路了,还是不放手,让他怎么学跑步?

李彬吸着烟:我怕自己笨。

沈克诚:要说笨,论学历论文化,我还不如你呢,可我还琢磨着笨鸟先飞哩……又不是让你去搞什么尖端科学研究,都是只要努力就能做好的事,怕什么?

李彬:我努力吧。

沈克诚满意地点点头:今天没太要紧的事吧?

李彬:没有哇。

沈克诚:晚上,也不陪女朋友看电影逛街?

李彬抬起头:有事?

沈克诚:你看,大队部的那个停车场,是不是太乱太脏了?

李彬的声音轻了:有点儿吧。

沈克诚看着他:怎么样? 我们去清理一下?

李彬:这太热天的……师傅,那个地方又不用了,弄它做啥?

沈克诚:谁说不用了,等弄好了就能派上用场。

李彬:就我们两个人?

沈克诚:当然,没见人家都在忙啊,就我俩还算空闲。

李彬:要用,可以请人来清理嘛……

沈克诚:年纪轻轻的,可不能生懒骨头。天热,睡不着觉,正好起来早锻炼。晚上再出身汗,洗个澡,睡起来就香了。走,跟我干活去。

李彬不情愿地起身。

沈克诚:去弄两把锄头、铲子来,我去借辆小推车!

23. 停车场　夜(闪回)

天黑下来了。

沈克诚和李彬还在干。

李彬:师傅,这上班前干,下班后又干,这么多杂草垃圾,清理到啥时候去?

沈克诚:愚公还把山给移了,我就不信……李彬,你要是嫌累,就让我一个人干。

李彬赌气地:这不是明摆着将我的军吗? 就是累趴下,也陪你! 真是的,学雷锋学到家了,又有谁知道?

沈克诚:怎么,有情绪啦? 就这么点事,还想挂大红花上光荣榜啊?

李彬:连我女朋友都说,师傅你在现在这年头,真成珍稀动物了……

他一铲子下去,刚好铲死草丛里一条蛇。

李彬哇地叫一声,跳起来:蛇! 师傅你看,这里还有蛇哪!

沈克诚趴下身去看了看,笑:这种蛇不会咬人的,你怎么搞得像个女孩子似的,真是个胆小鬼!

李彬有苦说不出,啪地打死手臂上一只蚊子:自讨苦吃!

24. 李彬家　晨(闪回)

李彬正在酣睡,疲惫地打起呼噜。

床头的传呼机突然响起。

李彬惊醒,腾地坐起:半夜鸡叫! 真是的……

他将被子蒙住脑袋,躺下继续睡。

可只有几秒钟,李彬又揉揉眼睛披衣起床,嘴里含混地:都干了四天了……还要干啊?

25. 宿舍楼前　晨(闪回)

天才蒙蒙亮。

李彬骑上自行车,有点摇摇晃晃。

26. 停车场　晨(闪回)

沈克诚坐在地上,悠然地抽着烟。

身旁,是一车垃圾。

李彬骑车急急赶来,见停车场已清理完毕,不觉一愣:师傅……

沈克诚招呼着:来啦,李彬。

李彬:你又起了个大早,把场地都清理完了?

沈克诚递给他一支烟:这下子,看上去舒服多了吧?

李彬有点不解:师傅,那你干吗还把我呼来?

沈克诚笑眯眯地:这是最后一车了。等你来,好一起推。这是我俩一起做的事吧,总得有始有终,一起来检验一下这胜利果实啊,我怎能一个人独享这份成就感呢? 哈哈哈……

李彬:师傅,是我不对,我这些日子,是有些懒了,工作责任心,也没从前强了……

沈克诚打断李彬的话:嗳,别忙着作自我检讨,我可没批评你啊!

李彬:你不声不响,心里头却把人看得明白,师傅你是在指点迷津吧,我有点感觉到了,师傅你是在考验你的徒弟吧?

沈克诚慈祥地看着他:要把自己立起来,成为一个堂堂正正的男子汉,就必须从每一天的点点滴滴做起。师傅没别的东西教你,这一点,李彬,你可要记住了!

李彬使劲点头:记住了,师傅,我真的记住了!

沈克诚站起来:来吧,我们一起推。

27. 大街上 夜

沈克诚和冬梅在雨中边走边谈。

冬梅:李彬呢? 晚上他也值班?

沈克诚:没有,我放他假了。周末嘛,总得让年轻人自由一下。你怎么突然想到他了?

冬梅一笑:刚才,我想起你们师徒间的一些事。对年轻人,也别管得太严了。

沈克诚:昨天一上班,我就送他一包出差带回来的山西大枣,还有一包延安小米。

冬梅:这还差不多。

沈克诚:他还愣了愣哩,我一想,也真是,以前,我从没给他带过什么礼物。

冬梅:你还好意思说!

28. 歌舞厅门口   夜

冬梅收起伞,抖着雨水,沈克诚却犹豫着驻足不前。

冬梅催促着:你也愣啦? 快进去呀,在这儿看啥?

沈克诚看着天:这雨,越下越大了,说不定就会有什么事……这样吧,冬梅,你先进去……

冬梅:你呢?

沈克诚:去队里转转,没事的话,很快就回来,怎么样?

冬梅有点失望:克诚,陪我上一回歌舞厅,我可是千年等一回啊……

沈克诚点点头,认真地看着妻子:我知道,可吃上这碗饭,那是天职。

冬梅:我拗不过你。你就快去快回,半小时,好不好?

沈克诚爽快地:好,我去去就来,最多半小时!

说着,他就急步走下台阶。

冬梅:你带伞啊!

沈克诚回头取伞,对她笑了笑,匆匆撑伞离去。

冬梅定定地望着丈夫消失在雨中的背影……

冬梅(画外音):他是难得有笑脸的,除非放他去工作。这时候,他就像一只飞起来的鸟,把什么忧愁烦恼都给忘了。这人的脾气就是怪啊,对亲近的人、熟悉的人,他要求得严厉、苛刻,对那些素不相识的人,反而脸孔都不让板一板……

29. 公路上　日(闪回)

沈克诚带着几个交警在路边检查。

一辆大货车迎面快速驶来。

交警亮出检查标志。

货车依然急驶,直到交警们跟前,才急刹车停住。

交警范勇吓了一跳,冲着司机喊:喂,怎么搞的,会不会开车!

年轻司机紧张得满脸通红:我……我……

范勇用手指着他:你还不快下来!

司机跳下车,更加不知所措。

沈克诚瞪了一眼范勇,厉声地:范勇,算你厉害是吧,朝我吼一声试试!

范勇有点尴尬:沈队副,他也太……

沈克诚上前一步,朝司机敬礼:对不起,他们态度粗鲁了点,请原谅。

司机忙不迭地:太快了,抱歉抱歉,我是开得太快了。

沈克诚:是不是刚拿到驾驶证啊?

司机忙摸出证件,忐忑不安:帮帮忙,我确实是新手,刚上路,千万别扣我的证……

沈克诚微笑着:不要紧张,我们是正常路检。

司机松了口气:噢,好好。

沈克诚检查完毕,示意放行,又叮嘱:千万要注意安全,这儿,可是事故多发地段。

司机不停点头:你提醒得对,我一定注意,一定注意……

沈克诚:好了,可以走啦。

司机连声说着"谢谢",跳上车,车却发动不起来。

沈克诚侧耳细听:刚才刹车太猛,化油器灌油了。别急,再发动发动看。

司机还是没能发动起来。

沈克诚脱下手套,打开车头盖,熟练地鼓捣着。

司机:行啦,能发动了! 谢谢,真是太谢谢你了!

沈克诚:别客气。一路平安!

司机感激地把车开走了。

范勇:这种事,你让他自己干不就行了?

沈克诚:那小伙子对车还不内行,我可是个老修理工,不该帮他吗?嗳,范勇,下次你对人家的态度再这样子,我叫你吃不了兜着走!

范勇:我看,沈队副对人家的态度,没得说,可对我们……

沈克诚被逗笑了:够凶的是不是?呵,好小子!

他亲热地拍拍范勇的肩膀。

冬梅(画外音):还有哩,连倒贴的事他也干……

30.路旁 日(闪回)

沈克诚和另一名交警正在处理一起违章事件。

车主低头哈腰求情:都是这块地面上的人,抬头不见低头见,能放一马是放一马吧!

沈克诚:这超载既不安全又要罚款,你也知道不划算,今后还超不超载了?

车主:不超,绝对不超了!

沈克诚:那好,这是罚单,把钱交了吧。

车主沮丧地:说了半天,还是要罚啊?

沈克诚:那当然。

车主只好从口袋里摸钱:一点儿都不能少?

沈克诚:有规定,不是我想少就能少的。

车主:这,还差三十块……

沈克诚:真的没钱了?

车主把口袋翻出来:真没了哇,骗你,我就不是人!就这么多了,你们看着办吧!

沈克诚也摸裤袋:那好,三十块我给你垫上,这一百块,是我借给你的,一路上,还是要交过路费。

车主有点意外:这……

沈克诚把罚单和钱一起递给车主:拿着吧,不过今后,你一定要吸取教训,再也不要超载了。

车主千恩万谢:我记牢了,记牢了,谢谢,真是太谢谢你了!

车开走了。

另一位交警:克诚,你这钱,恐怕是肉包子打狗了。

沈克诚:真这样,那就当捐款吧。不过,我是相信革命同志的。

冬梅(画外音):你说这人,傻不傻啊!这些鸡毛蒜皮的小事,也就随他去了。为了别人,他可真连火海也敢跳……

31. 孝丰镇老街　日(闪回)

浓烟滚滚。

居民们惊慌得乱成一团,不知所措:

火势太猛了!

消防队从县城到孝丰,最快也得四十分钟呀!

怎么办啊,我家里那台彩电,刚买才两个月……

甘志立与沈克诚等队员商量:看样子,只能等消防队来了,才能扑灭大火,你们说怎么办?

沈克诚:甘队长,我看,等着也是等着,不如冲进去,帮群众抢点东西出来,尽量减少损失!

甘志立:那好,注意安全!

说着,他就带头往火海里冲。

队员们都毫不迟疑地跟着冲进去。

一件件东西被搬了出来。

突然,一名妇女喊:哎呀,我家里还有一只煤气罐,刚刚灌满气!

人们十分紧张,骚动不安:

这可不得了!

要是爆炸了,这几十幢房子就完啦!

说炸就炸的,跑远点……

一下子更乱套了。

甘志立喊:大家镇静! 有秩序地疏散!

沈克诚拨开慌乱的人群,找到那位妇女:你家在哪里?

妇女用手指着:那,就在那儿……

沈克诚:我去!

他往身上浇了一盆水,转身冲进大火。

甘志立:克诚!

烈焰熊熊。

又一名民警也学着沈克诚,冲进火海。

众人屏息凝神。

唯有火焰像猎猎招展的旗帜。

沈克诚和那名民警抬着煤气罐从一片红色中冲出。

人们使劲鼓着掌……

32. 大队部 夜

沈克诚撑着伞走来。

刘华喊住他:克诚,我以为你今晚不来了哩。

沈克诚憨厚地一笑:看申奥嘛,一起来凑个热闹……

刘华:又放不下手头的工作吧?

沈克诚:出差十几天,手头的活还真有一大堆搁在那儿。沈大队长要的那个规范化管理条例,还没弄好,这次去山西临汾的考察材料,也得赶出来……

刘华:为这,连去普陀山的机会也放弃了?

沈克诚:我还真想去的,可走不开,下次吧,总有机会的。再说,跑来跑去,也挺累的。

刘华:也好,多陪陪冬梅。冬梅这几年也真不容易,下岗了,自己在外头东一拳西一脚地折腾,心情当然不会太顺畅。女人嘛,该哄的时候还得哄哄……这几天,没什么不愉快吧?

沈克诚:没有哇!晚上她还烧了一桌子好菜犒劳我哩!

刘华:你家冬梅是个好人,心肠也热乎,就是有点刀子嘴。

沈克诚笑笑:习惯了,不听她念叨几句,我还睡不着……

（上集完）

下　　集

1. 大队部办公室　夜

交警小严推门进来:沈队副,刚才有报警电话,一桩事故要我们去处理一下。

正在赶写材料的沈克诚站起来:事故? 严重吗?

小严:擦了车子,人没伤。对了,沈队副,你这会儿不跑开吧?

沈克诚:怎么啦?

小严:我明天早上出差,想先回家收拾收拾东西,要是方便的话,麻烦你替我顶一会儿岗,顶多半小时。

沈克诚:一句话! 我马上到值班室去……

说着,他就收拾起桌上的东西。

小严走到门口,又被沈克诚唤住:哎,小严,你就别回来了,有事,我打电话给你。

小严:那怎么好意思……

沈克诚:我可没忘,两个月前刚喝了你的喜酒,你一出差好几天,别让新媳妇等得太心焦喽!

2. 歌舞厅　夜

冬梅却在苦苦等待,不时看表。

小姐妹:克诚怎么还不来? 有一桩事,还得请他帮忙的……

冬梅:什么事?

小姐妹:嗨,还能是什么,车子呗。

冬梅犹豫片刻:在他面前,还是……别提的好,他可是六亲不认的,弄得我都下不了台。

小姐妹:那么厉害?

冬梅苦笑:死脑筋,一个弯都不转的。

小姐妹看着她,感慨地摇摇头。

冬梅愣愣地沉思……

冬梅(画外音):这种事,我可再也不敢揽了。原则是原则,人情是人情,这句话他是吊在嘴上的。说说也就罢了,他偏一板一眼真这么做,一点都不含糊! 受了多少窝囊气呀,我抱着女儿回娘家去过,老丈人指着他的鼻子骂过,我的面子都被他丢尽了! 亲戚、朋友、战友,多少人得罪过呀,现在,又轮到我的小姐妹了?

3. 沈克诚家　日(闪回)

冬梅听见敲门声,从房里出来:谁呀?

门外的声音:是我,查志宽。

冬梅忙开门:志宽啊? 克诚他上班去了。

查志宽灰头土脸:嫂子,我找的就是你。

冬梅打量他:看你这模样,有什么要紧的事情?

查志宽:是呀,碰上一件倒霉又棘手的事了,我弟弟,一大早开着四轮出门,把一位妇女撞死了!

冬梅大惊:死了? 这可不得了! 你赶紧去找克诚吧,让他给你出个主意!

查志宽：不瞒嫂子，克诚我是找过了……

冬梅：他怎么说？

查志宽泄气地坐下：他叫我别急，这件事，他出不出面，都得照章办。

冬梅为难地：又跟你说原则了吧？你跟他是战友，从小一起长大，一起当兵，还在一起闯荡过，他的脾气，你也清楚，死板着哩……

查志宽：其实，我也知道人命关天，逃是逃不掉的，不过他出面一下，事情总好弄点，能不坐牢就别把人抓了去，这赔款，赔多赔少也有个说法，哪怕胳膊肘朝里稍稍拐那么一点，也好镇镇人家，万一敲起竹杠来，怎么办？

冬梅：说的也是，让他出个面，总好说一点……

查志宽：就是这意思！还是嫂子你通情达理。你知道我怎么来找你吗？克诚他把口封死了，再怎么跟他说都是白搭，我都想指着他的鼻子骂上几句了！这心肠，也太硬了点！

冬梅：你别气啊志宽，等他回来，我再与他说说。

查志宽叹口气：再等，生米煮成熟饭，就来不及了。

冬梅：要不，我跟你一起再去找找克诚……

4. 大队部　日(闪回)

冬梅在楼下喊：克诚，克诚，你下来一下！

沈克诚走到走廊上，看了一眼，还是走下来。

冬梅低声嘱咐查志宽：我和他说说看，你记住，千万别跟他急。

沈克诚一下来，冬梅就把他拉到一旁：人家也是落难当头，帮一帮他，哪怕少万把几千块钱……

沈克诚：这事，不用你管。

冬梅：就是不插手，在志宽面前，也别板着个脸啊，面子上总要过得去。

沈克诚：冬梅，你回家去。

说着他走到查志宽跟前：志宽，这事我不好插手，真的，你原谅我吧。

沈克诚依然板着脸上楼去了。

查志宽又气又羞,不打招呼转身就走。

冬梅一脸尴尬,跺跺脚。

5.电话亭 日(闪回)

冬梅犹豫片刻,拨起电话:是小王吧?对,我是冬梅啊……我想问问,早上在鄣吴撞死人的事……什么?噢,主要责任不在驾驶员……嗯,嗯,这钱是少不了的……死了个人,赔偿数额也肯定不小……嗯,我知道……

6.沈克诚家 夜(闪回)

沈克诚进来,虎着脸就问冬梅:是不是给下面人打过电话了?

冬梅:打过了,又怎么样?

沈克诚更生气了:你少掺和我的事,好不好?

冬梅也瞪着丈夫,放了一串连珠炮:志宽家出了那么大的事儿,你不闻不问,做得出来!我还做不到,要这个脸哩!不知道也就算了,人家都跑上家里来了,总得关心一下,有错啦?都是同一村里长大的人,看你往后还怎么进村?到时候我们有个啥事,看谁会来帮你一把?你是越活越不知道怎么做人了!

沈克诚:你有完没完?做人做事怎么样,我比你清楚!少管我工作上的事,这是我最后一次警告你!

冬梅懒得理他,钻进被子里去,背朝墙壁。

沈克诚摸出根烟来,手颤颤地点上火。

冬梅腾身坐起:我也最后一次警告你,别在房间里抽烟!

沈克诚忙将烟熄了,踱了几步,还是走到冬梅跟前,推推她:冬梅,不要再争了吧。

冬梅不理他。

沈克诚:这样吧,我有事要和你商量。

冬梅:你也知道商量?一点余地都没有,一步台阶都不给人下,一点面子都不给人留!

沈克诚讨好地:这样吧,就算我求你。

冬梅转过身来:你也有求人的时候?

沈克诚赔笑:还和我赌气?情况已报到我这儿了,怎么说,志宽也要赔个四五万出去。凭志宽的家底,一时是凑不齐的。这几天,你帮他借点、筹点,送过去。

冬梅:嘴巴一张,说得轻巧,借点、筹点,这年头,钱那么好借?

沈克诚:你就想想办法嘛,我的好老婆。

冬梅:你这是何苦啊?恶人你做,好人你也做,既然要做好人,小指头弹弹,志宽也就少了一两万……

沈克诚:又来了,又犯糊涂了,这一是一,二是二,怎么扯在一起了?

冬梅:谁跟你扯!反正扯不清楚!

沈克诚又较真起来:怎么扯不清楚?这一定要分清楚的……

冬梅:要分清楚,好哇!家里你赚的钱,都拿去接济人家好了,让你老婆女儿饿死!

沈克诚又哄她:好了好了,不是说这个嘛……冬梅,志宽,还有水林、根发,我这些老战友,谁不知道你古道热肠?

冬梅一巴掌打掉他搭上来的手:别给我高帽子戴,学雷锋,也用不着你来教育我。

沈克诚:这么说来,钱你肯去筹了?

冬梅不作声。

沈克诚竖起大拇指:不点头,也不摇头,这叫默认。我的老婆,有觉悟,有觉悟!

冬梅:行了,在我面前,别扮这种小丑!

7. 应水林家　　日(闪回)

应水林和老战友查志宽、吴根发一起喝酒。

查志宽:水林,根发,你们说说看,这家伙脑袋里装了啥?

应水林:依我看,就两个字,原则。他这根死筋是拧到底了。老兄,和你一样,我也怕他那张冷脸。那天我下班闯红灯,被交警扣了,去找克诚,他当着大家的面把扣车单从楼上扔了下来,还大吼说我头脑发昏,还不赶紧交罚款去!气得我呀……

8. 慢镜头(闪回)

一张纸片儿在空中缓缓飘落。

9. 应水林家　日(闪回)

查志宽:是吗？他想当黑脸包公啊？

吴根发接上腔:差不多。这家伙,连他表妹也公事公办,照罚不误。水林,你还终归是去找他碰了一鼻子灰,我呢,是直接撞在他枪口上了!

查志宽:怎么啦？

吴根发苦笑:那天我在……好像是人民路吧,违章停车,正好被值勤的克诚逮了个正着……

10. 人民路　日(闪回)

沈克诚带着几名交警过来,朝吴根发敬了个礼,一本正经地:你的驾驶证呢？

吴根发一愣,看看沈克诚冷若冰霜的脸,赶紧把驾驶证掏出来。

沈克诚:车该停在什么地方,你知道吗？

吴根发赔着笑脸:知道,一时大意了。

沈克诚紧蹙眉毛:大意？我看你是随意,随意惯了!明天你到大队来,让你长长记性!

说着转身就走。

吴根发追上去,缠着他:克诚,不,沈大队长,看在老战友的份上,哥们儿的份上,你就饶过我这一回吧。

沈克诚:亏你还想得起来你我是老战友,你自己说说看,这几年你添乱添得还少吗？

吴根发:怎么罚由你,把驾驶证还我就行。过两天,要出车拉货,跑长途出远门的……

沈克诚:不行。再不让你长记性,随便惯了,不规不矩的,迟早要出大事!到那时,就是我沈克诚对不住你了!

11. 应水林家　日(闪回)

查志宽:后来怎么样了?

吴根发:第二天我去找他,他倒是向我道了个歉,说自己态度不够好,但桥归桥,路归路,不仅照罚,还要让我去受训。

应水林:去驾驶员法律法规学习班,好家伙,是他掏钱替根发报了名。

吴根发取出一张凭证来:看,就这张。编号还是他填的。这张东西我时时带在身边,也好提醒提醒我。

查志宽:这人,唉,细想想,还是为了咱们好,可就是……

应水林:他认死理儿,可说到底,我们是私理,他是公理,还真不好计较。如果对大家都讲人情,亲朋好友这么多,他也顾不过来,都照顾了,准得犯错误。他干脆呀,一刀把人情和原则划得清清楚楚。再说,他也是为了老百姓啊,都凭人情办事,那些没关系没交情的小老百姓不就惨了?

吴根发:我也在琢磨,这人还是当兵时的样子。像守阵地一样,他要守住些什么。这样的人,还真不多了。

有人敲门。

应水林起身开门。

冬梅站在门口。

应水林:冬梅? 克诚怎么没来?

冬梅:他说得没错,你们都在这儿,正开他的批斗会。

吴根发:谁说的? 我们一个个在表态,纷纷表示要理解沈克诚这位老战友。

冬梅笑笑,边说边从提包里取钱:就这好,要不然,我冬梅的脸也挂不住。这点钱,是克诚让我帮志宽筹的,先拿去应急……

查志宽神情复杂地站起来,一时不知该说什么好。

应水林:我就知道,他是个热水瓶,外头冷,里头热得很哩!

冬梅努努嘴:热水瓶还是不好。

吴根发:怎么?

冬梅:倒出来的热水,把老战友一个个都烫了!

众人笑起来。

12. 歌舞厅　夜

小姐妹理解地看着冬梅了:这人,怪是有点怪,心地却是特别善良的。

冬梅:可不是嘛,热心的时候,比谁都热,想得也仔细。人家中风了,脑震荡了,被汽车撞成重伤了,不管认得不认得,他半夜都会爬起来送人上医院,办手续,付药费,签字担保,好多回了。有个老大爷,钱包被人偷了,克诚打的非把人家送到家才放心……这人,操心的事多着去了。反倒我生病要动刀子,还没上手术台哩,就急着要走,他队长说你老婆一辈子有几刀好动呀,才硬是把他拉住……这个没肝没肺的!

另一小姐妹推她一把:听你口气,心里还是喜滋滋的。

冬梅一副半真半假的模样:也就我,换别人,早跟他散伙了!

小姐妹:冬梅,他怎么还不来啊?

冬梅:八成又被什么事缠住了吧,不管他。

另一小姐妹:要不,你给他打个电话去。

冬梅:算了,他不来,打了也是白打。

小姐妹将手机拿出来:号码多少? 我来拨……

13. 值班室　夜

沈克诚接着手机:……我在替一个同事值班啊……顺便把手上的几个材料搞一搞,冬梅,你听我说,你好好在歌舞厅玩着,待会儿我去接你回家……我保证……除非出现特殊情况,非常非常特殊的情况……噢,对了,打手机太费钱了,传呼带身边吧? 好,我会给你打传呼的……

沈克诚还在说着什么,声音轻下去。

冬梅(画外音):费钱,费钱,接个手机就嫌费钱了? 花在人家身上,捐款,借钱,几百上千往外拿,一点都不肉疼,说什么人家比我们困难,能不帮吗? 倒是他自己,节俭得像个吝啬鬼! 反正,说了也不会相信,连最臭的电视剧也不会这么编……

14. 沈克诚家　日(闪回)

沈克诚站在那台新洗衣机前,左看右瞧。

冬梅:怎么? 有什么问题?

沈克诚:看着,总觉得不太舒服……

冬梅:这款式,是最新的。

沈克诚:不是这个……我是说,干吗非要全自动的呢? 半自动的,或者不自动的,不也照样洗?

冬梅明白了,伸出双手,赌气地:不自动的,不自动的就这个! 你倒想得出来,现在哪家不用全自动洗衣机? 晾着衣服不滴水,容易干,省多少力气?

沈克诚:这要一千六百块,半自动的呢?

冬梅:六百五。

沈克诚:这就对了嘛,省下一千块钱哩,衣服还是照样洗,我们拿去换了吧?

冬梅:就你抠门! 这点钱也舍不得花,放个老款式的,难看不难看?

沈克诚:又不是新房,谁来参观我们的家?

冬梅走进卧室:跟你说不进去! 不就多千把块钱吗,真是的……

沈克诚跟进去:千把块钱? 说得轻巧,你给人家打零工,辛辛苦苦的,千把块钱要挣好几个月! 有钱人家,别说一千六,十六万也不当回事,平常人家,就得平常样子,不好比的。

冬梅犹豫着:这换来换去的,丢人不丢人?

沈克诚高兴地:你同意换了?

冬梅:哼,你有了主意,谁敢说个不字?

沈克诚:肯换就好。我跟你说呀,冬梅,换台洗衣机,有啥丢人的? 又不是换丈夫……

冬梅嗔怪:死鬼! 哪天,真把你给换了!

沈克诚嬉皮笑脸:我知道你舍不得,换了我,上哪儿找像我这样的男人? 你丈夫,还是蛮好的!

冬梅:这洗衣机,我同意你换。可这床,也该换换啦,还是你十八岁那年家里给做的,棕棚修过好几次,说不定哪天就坍了!

沈克诚走到床边,按按拍拍:没事嘛,何必又花钱? 又不是不能睡,多此一举,多此一举!

冬梅有点伤感:做人一辈子,图个啥呀,不就是吃和睡吗? 连张好床都睡不上,还做什么人呀!

15.街上 日(闪回)

冬梅和几个女同事兴高采烈地走着。

冬梅:这回,老板发善心,多给了我两百块薪水!

女同事:你干活多卖力呀,老板当然满意。

另一女同事:你下岗好几年了,就这么零打碎敲做临时工,真不容易!

冬梅:要说收入,这点儿钱,还不够买条好烟!

女同事:走,发了钱,逛街去吧!

冬梅:刚才说到烟,我想起来了,我给克诚去买条烟。

另一女同事:干交警的,这年月,还怕香烟没得抽?

冬梅:你哪里知道,他呀,死板得很,上回人家送他条烟,推来推去,弄得跟打架一样,最后还是我给送回去的。

女同事:这样的人,现在还真不多哩。

冬梅自嘲地:偏让我撞上了,你说我倒霉不倒霉?

16.烟店 日(闪回)

冬梅接过一条红塔山,付了钱。

17.沈克诚家 夜(闪回)

烟到了沈克诚手中,他对着灯光横看竖看。

冬梅:怎么? 这烟有假?

沈克诚:烟倒是不假,不过值百把块哩,你也舍得?

冬梅:有啥舍得不舍得的,天天抽这烟的人多的是,这又不是最高档的,听说有些人一天就烧掉好几包中华牌哩!

沈克诚:你发横财啦?比,这也跟人家比?我可是舍不得的……

冬梅有点生气了:我是想讨你点欢喜,却落得一肚子气!舍不得你就别抽烟了,反正,烧掉的都是钱!

沈克诚:这是坏习惯,可我改不了,只好抽便宜点的,是不是老婆?又是坏毛病,又去沾高档的,岂不坏上加坏啊?

冬梅:我真拿你没办法!这条烟你说怎么办,不抽,扔垃圾桶里去?

沈克诚:要不,冬梅,你还是拿去换了吧。换成红梅,有个梅字,抽起来亲切,再说,一条能换两条呐!

冬梅:什么带不带梅字的,你哄得过我?一条换两条,才是你的目的!换换换,我给你去换一包大烟叶,让你像过去的老农民一样包着抽!

沈克诚轻轻一笑:本来我就是从山沟里出来的人嘛,你又不是不知道我的底细……讲定了,就换红梅!

18. 商店门口　日(闪回)

沈克诚拖着冬梅就走。

冬梅:划算,打六折的,这西装穿你身上,一看就顺眼……

沈克诚:千把块钱,有病也不能这么发作啊!

冬梅:你才有病呐!没见这衣服是名牌,品质多好。难道你一年到头,就穿这身警服?

两人在街角站住。

沈克诚:按说,咱们也吃饱穿暖奔小康了,可我们家底子薄,两家老人有些负担,女儿往后读书也要一笔钱,杂七杂八的事儿也都会钻出来,该节俭就节俭,不该花的钱,一分也不要花!

冬梅有点愠怒:又不是从你工资里卡下来的,一片好心,却没得好报!你以为我这个内当家好当啊?谁不晓得节俭?你连一件像样的西服都没有,人家以为我待你怎么地了呢,丢的还不是我的脸面?

沈克诚:这丢什么脸?冬梅,我知道是你辛苦攒的钱,是你的一片心意。心意我领了,衣服就不买,怎么样?不过,你给自己买,给君君买,我绝不反对!

冬梅:真的?

沈克诚:女人和男人不一样,过了这个村就没这个店,到时候,想穿件好衣服漂亮一下,年龄却是不由你了。

冬梅激将地:那好,我去买了,我也看中了一件衣服。

沈克诚:行啊,去买。

冬梅:你也不问问价钱?

沈克诚:多少?

冬梅:八百。

沈克诚搔搔头皮:八百? 是不是贵了点? 听同事讲,女人的服装比男人的便宜……

冬梅笑起来:骗你的! 你以为我真发神经啊?

她挽着丈夫的胳膊往前走去。

冬梅(画外音):换,换,这下好,干脆不买。他那套西装,还是后来我悄悄托人从义乌小商品市场捎来的。

19. 大队部   夜

刘华、沈克诚和好几个正在值班的交警围着一台电视机,神情兴奋而紧张。

屏幕上萨马兰奇的北京话音未毕,交警们跳起来欢呼:申奥成功了! 中国赢了!

人们蹦跳着跑到院子里,还有人敲起了脸盆。

外面,爆竹声声。

20. 歌舞厅   夜

人们的脸上洋溢着喜悦,尽情地跳着迪斯科。

冬梅和她的小姐妹们也在其中,喊着,叫着,跳着……

小姐妹看着冬梅开心的样子:冬梅,这就对啦,活得自在点,活得潇洒点!

冬梅(画外音):自在,潇洒,想让自己活得不苦,又不是做不到。不用去搞什么腐败,也不必违法违纪,聪明点,灵活点,稍稍马虎点,弹性足一点,既做好人又有实惠,日子就滋润了。可这些话,千万不能让克诚听见,他的眼珠要瞪圆的! 这个人,是进是出,他弄不灵清的……

21. 沈克诚家　傍晚(闪回)

冬梅提着一袋菜开门进来,换鞋进屋:门口有个人在转悠,眼睛绿绿的,怪吓人,是找你的?

沈克诚想了想:什么人? 是不是一个大块头? 长相有点蛮横的?

冬梅:真是找你的? 怎么跟这种人搭上?

沈克诚:你不晓得,前几天,例行路检时,他那辆三卡想强行冲卡逃跑,我们硬是将他拦下,一检查,好家伙,无证驾驶! 扣押到中队部处理,他不仅不接受处罚,还大吵大闹,要求无条件把车还给他。我走到哪里他就跟到哪里,死缠活缠……

冬梅:得了得了,又是这种事! 嗳,这下好,他都跟到家门口了,你说怎么办?

沈克诚往门边走:我去看看。

冬梅忙拦他:慢,慢,这大块头气势汹汹的,有没有危险?

沈克诚:既然人家上门来了,不理他不好吧。

说着就开了门。

一个大块头果然立在门口,恶狠狠地看着他。

冬梅吓了一跳。

沈克诚:怎么? 在办公室还没吵够,到我家接着吵? 再僵下去,对你有啥好处? 告诉你,该罚多少,还得罚多少!

大块头:我懒得跟你吵。

沈克诚:不吵就好,明天到中队去交罚款,要是办证有什么困难,我会帮忙的。

大块头喉咙又响起来:我这烂车子,又是罚款又是办证,还能赚个球? 你把我的吃饭家伙扣了,这饭你管啊?

沈克诚:行啊,来的都是客,进来吧。

大块头径直闯进屋。

冬梅瞥一眼他那双脏兮兮的鞋,皱起眉头。

大块头低头想找拖鞋。

沈克诚:行了,不用换了。冬梅,你去多弄几个菜!

22. 一组面面(闪回)

一桌子好菜,被大块头吃得风卷残云。

冬梅和沈克诚在一旁看,这样的晚餐真让主人太不自然。

23. 沈克诚家　傍晚(闪回)

大块头把汤也喝了,打了个饱嗝。

沈克诚:吃饱了? 要是没饱,电饭煲里还有,管够。

大块头:够了,再吃下去撑着了。水果有没有?

冬梅忍不住了:你当这儿是饭馆啊?

沈克诚朝她摇摇手:还有几个苹果,冬梅,拿来削一削。

大块头:不是有句话叫吃饱了撑着吗,我看说的就是你!

冬梅站起来要与他理论:哎,你这人……明明是你撑着,怎么说起我家老公来啦? 实话跟你说,我们的肚子都还饿着呐!

沈克诚挡住妻子,笑着问大块头:我倒想听听,这话从何说起呢?

大块头:要是明天我再来吃饭,你管不管?

沈克诚:你想来,尽管来好了,反正你认得我的门,我这家,一夜之间又搬不了。

大块头歪着脑袋:要是我拖到明年呢?

沈克诚:你就是拖到明年,这处罚我还是要执行的。

大块头:我就搞不明白,你这是何苦? 为了那几十块罚款,你跟我这样较真!

沈克诚:你不也较真吗? 交了罚款,办个证,好好做你的生意,不是很好吗? 偏要这样,好,我奉陪。

大块头指指戳戳:你这么死板的人,要吃大亏的! 这地盘上,比我还硬的人有的是,你又不是不知道。

沈克诚冷冷一笑:吃上了这碗饭,就不怕有事情,最硬,硬得过法律?

大块头：你算算看，这一餐下来，你好歹要贴十几块吧？要是吃你十天半个月呢？进不了账，还倒贴，你是只死鳖啊？

沈克诚：别跟我再说这种歪理。你吃我的，我贴钱，那和你违章是两码事。你违章了我不处罚你，那叫没原则！原则这个东西，是一定要讲的，工作有工作的原则，做人有做人的原则，没有规矩不成方圆，连这道理你要是都不懂，几十年的饭，还不都白吃啦？

大块头敲敲脑壳：我还真有点糊涂了，到底谁的脑袋有毛病呀……

冬梅端着削好的苹果过来，放在桌上。

沈克诚：能想一想，这餐饭也算没白吃了。来，吃苹果。

大块头拿起苹果，到嘴边又停下来：你这人，弄得跟潜水员似的，一口气都不肯松。换成我，我都憋不住了！

沈克诚：将心比心，不错，有进步。

大块头：行行行，明天我就去交罚款，给你个面子。

沈克诚笑了，点点头。

大块头把苹果脆脆地咬了一口。

冬梅（画外音）：想想又好气又好笑，这大块头和沈克诚就像在拔河，到头来还是克诚赢了。大块头的话，也不是一点道理都没有，这年头，这德性，吃亏吧你，自找的！可那道线，他划得清清楚楚，一点都不让步，这许多年，哪一天都这样，想想也不容易啊……那时候他还刚进交警队不久哩，就……

24. 溪边　日（闪回）

冬梅正在洗床单：克诚，来，帮我拧拧，死沉死沉的。

沈克诚和冬梅一起拧水。

沈克诚：冬梅，我想咱们……也得立几条规矩。

冬梅：规矩？好啊，是你一三五做饭还是二四六洗衣服？

沈克诚：不是这个，我是说，跟我工作上有关的。

冬梅：用点力气，再拧一把……我又不在交警队上班，跟你的工作有啥关系啊？

沈克诚:老话说,红花还要绿叶扶,我要是得了勋章,功劳有你的一半。你呢,贤惠,善良,心直口快,可我还是有点担心,所以呀,就把……把丑话说在前头。

冬梅瞪大双眼:嗳,话要说说清楚,我什么时候影响过你工作?

沈克诚笑笑:不是批评你,是立规矩嘛。我仔细想了想,有四条。

冬梅感兴趣地:哦,哪四条?

沈克诚:我给你说,第一,不准收受任何人的礼品钱物;第二,不许家里人在我面前替人说情;这第三呢,不准吃请……

冬梅:什么吃请?半文不白的。

沈克诚:通俗地说,就是人家请客不要去吃,当然喽,真正的亲友除外!

冬梅:那第四条呢?

沈克诚:第四条,就是不准找领导为个人办事情。

冬梅笑起来,直到笑得弯了腰。

沈克诚:你笑什么啊?

冬梅:你算老几呀,我的老公!别忘了你还只是一个小交警!人家大干部也许还没有这般条规呢!

沈克诚:你别当我开玩笑,我可是认真的。

冬梅忍不住又笑:这个不准,那个不准……还一本正经板着脸来宣布,好笑……还不好笑?我肚子都疼了……

沈克诚大声地:别笑了!

冬梅一愣:哟,你还真以为是个大首长,跟部下训话啊?

沈克诚的口气缓和下来:冬梅,你别忘记,这四条里头你就犯过两条了。替人求过情,也收过人家一条烟了,对不?

冬梅:烟你不是让我退掉了嘛,求情又没被你采纳,还换了人家一顿臭骂!你还提这事,好意思!

沈克诚:有些事,我和你还是连在一起的。你别小看这交警,巴结你的人还是有的,一不小心,就会让自己的脚踩在泥坑里。我是执法者,自己的脚要是脏了,这法规,还不是形同虚设?不能否认,有极少数人确实在让自己的脚脏着。可我沈克诚,不想,也不愿,决不允许自己身上有臭气!否则,这份工作就做不好了,这身警服,这国徽,也就白穿白戴了！你懂吗,我这是给你打预防针!

冬梅看着认真的丈夫,目光中流露出一丝敬慕……

25. 大队部　夜

交警们:克诚,今晚该你请客了吧?

沈克诚悄悄指指刘华:你干吗盯牢我呀,该刘教掏腰包了。

刘华笑:抠门!好,我掏就我掏,小金,你去买夜点心!

沈克诚看看表:哎呀,糟糕,老婆还在歌舞厅等着哩,说不定要气疯了!

刘华:克诚,快走快走!

小金开玩笑:刘教又省了一份点心钱。

刘华:小鬼!你胡说些啥呀,人家老婆等着!

沈克诚抖抖身上的新 T 恤,又瞧瞧脚上那双拖泥带水的皮鞋:出门走得急,都忘了换一双。

小金:进了舞厅,人家只会盯牢你的脸,哟,哪里冒出这么个英俊小生来?谁还会注意脚上穿什么鞋!

沈克诚:那种地方,我进去还真不自在,哎,小金,你又胡说了,除了我老婆,哪个看得上我的脸?

小金:别谦虚了,话应该这么说,你沈队副心里只装着徐冬梅!

众人都笑了。

沈克诚拿起雨伞:我走了,耳朵痒,冬梅在骂我呐!

26. 值班室　夜

报警电话的铃声骤然响起。

交警们的表情顿时严峻起来。

小金接电话:喂,白水中队……出事了?幽岭隧道……二号洞口……

27. 大队部门口　夜

沈克诚撑着伞正走出不远,一辆警车从大队部开了出来。

沈克诚职业性地挥手,车子停下:小金,有情况?

小金：幽岭隧道那边,有辆双层客车坠下山谷了,是温州开往襄阳的……

沈克诚：你们先去,我换身警服,随后就到!

28. 大队部楼下　夜

换了一身警服的沈克诚急急地钻进一辆警车。

刘华跑来,气喘吁吁地：我刚向沈利剑局长汇报了情况,沈局长特别重视……克诚,你下来,我去吧!

沈克诚发动了车子：我去我去。

刘华：今天可是我值班。你本来就休息,冬梅还等着你哩。

沈克诚：顾不上她了。刘教,你值班,就该坐镇指挥。再说,交通事故这一块,原本就是我分管,理应我去的。

刘华：克诚……

沈克诚不再多说,车子就箭一般驶出了大门。

29. 歌舞厅　夜

小姐妹：冬梅,你的传呼在响!

另一小姐妹：克诚想接你回家了吧?

冬梅苦笑：看样子,又来不了啦……

她看着传呼,特写：冬梅,我有事,请原谅。

冬梅(画外音)：原谅,哪一桩事不是我原谅你?我下岗好几年了,连个像样的工作也找不到,心里憋得慌有火气你知道吗?灵活的路子都是被你自己堵死的,我也没埋怨过你。可这个家,我还得苦苦撑着啊……

30. 竹种园门口　日(闪回)

冬梅和几个小姐妹从竹种园出来,冬梅一副心事重重的样子。

小姐妹：哎,我说冬梅,开饭店的事,还是早点下决心吧。

另一小姐妹：是啊,下岗后,帮人打工,东做几天西做几天,确实挺烦,终归还得自己干,才是出路。

冬梅：八字还没一撇呢,现在开店,房租可是厉害……

小姐妹:有没有看中什么地方？用得着我们这些小姐妹,呛一声就是!

冬梅犹豫着:地方倒是有一个,人来人往,蛮热闹的。

小姐妹:哪儿啊?

冬梅:就是交巡警大队部,临街有房子。

另一小姐妹:正是你家克诚的单位嘛,这下子,你老公总该帮着说说吧。

冬梅苦笑:让他说? 省省吧,结果我都猜得到,一票否决! 不过,我还真觉得那地方有商业价值,再说,那交巡警大队几十号人,也得有个内部餐厅吧,生意里外做,至少能做它个旱涝保收……

小姐妹:那大队部的领导,你又不是不熟悉,我看呀,干脆瞒着克诚,你自己去找他们,谈得下就先谈下来,先斩后奏!

冬梅:要是这头犟水牛发起火来,可就……

小姐妹:这又不是见不得人的事,他发火,你打个电话来,我们一群小姐妹立马赶到,为你助威!

另一小姐妹:对,看谁火力猛!

31. 沈克诚家   日(闪回)

冬梅在拖地板。

电话铃响。

冬梅接电话:沈大队长? 克诚不是出差去了吗? ……噢,你说的是那事,那天路上碰到你,我随口讲讲的……什么,你和刘教商量过了? 临街的房子租给我? 太好了……房租嘛,该多少就多少……那就有点不好意思了,是你们照顾我……对,对,同志们吃饭,我一刀都不宰,不,不,我是说肯定、绝对、保证优惠! ……那也没问题啊,我冬梅做事,你沈大队长又不是不知道,我又不睡懒觉,不怕起早,早点、夜宵,面条,水饺,全天候供应! 好,好,再见啊!

君君从卧室蹦出来:妈,你真的要当老板娘啦?

冬梅满脸欣喜,得意地:什么老板娘,多难听! 该叫餐厅经理!

32. 一组画面(闪回)

冬梅在练着刀功。

冬梅在烧汤,送到嘴边尝尝味道。

冬梅在小饭馆门口徘徊,掏出小本子,悄悄记着店门口黑板上的菜单……

33. 沈克诚家　夜(闪回)

一家三口在吃饭。

冬梅察言观色:我说老公,你怎么一声不吭啊？脸色也不好,是不是出差太累了？

沈克诚只是含糊地嗯了一声。

冬梅给沈克诚夹菜:你尝尝看,这几天,我的手艺有没有长进？

沈克诚板着脸,讥讽地:长进了,长进得那么快！哼,趁我不在,你干什么啦,你想搞政变啊？

冬梅一愣,假装糊涂:我怎么了？

沈克诚把筷子重重往桌上一搁:怎么了？真有你的,头脑发热,盘算来盘算去,盘算到沈队和刘教那儿去了！徐冬梅,我告诉你,这件事到此为止,收手！

冬梅的喉咙也响了:沈克诚,你休想坏我大事！我也告诉你,你同意,我会干,你不同意,我照样干！

沈克诚:你敢？那我们试试看！

君君抬头,看看父亲,又看看母亲:你们……不会打架吧？

沈克诚瞪女儿一眼:没你的事,吃完做作业去！

君君低下头,扒着碗里的饭。

冬梅的眼圈红了,克制了一下情绪,依然伤感地:克诚,我这样荡下去,真的不是个事,我别提……有多心烦了。人到中年,上有老下有小,我再没个固定的收入,这家……说啥我也是为了这个家呀！

说着,她抽泣起来。

沈克诚的口气也缓和了:你的心意,我都知道,可原则就是原则,我跟你说过多次的……

冬梅抹把眼泪,声音又大起来:原则原则,你拿原则当饭吃啊?原则解决不了实际问题,你晓得吗? 真是见了鬼,我怎么那么倒霉,撞上你这根木头!

君君怯怯地:你们两个,怎么像个跷跷板啊,这头刚压下去,那头又翘起来。

冬梅被逗得破涕为笑:你懂啥? 死丫头!

沈克诚也笑了:冬梅,别生气。听我说,你想过没有,你去找大队领导,让他们多为难? 这不是给领导添乱、出难题吗?

冬梅:他们可是爽爽快快答应的。

沈克诚:人家能不答应你吗? 你是我沈克诚的老婆。沈克诚好歹也是队领导,能不给你面子? 唉,这样的事影响多不好! 真的把店开出来了,不知情的人,准会想我们在以权谋私。退一步讲,你可以向队里租房子,开饭店,万一人家也效仿你,怎么办?

冬梅叹口长气:你为了你的清正廉明,把我们都害苦了……

沈克诚:虽说我们不宽裕,日子还是能过的嘛,比上不足比下有余了,这样的日子,我都觉得是小康了,你看,这饭菜,挺丰盛啦!

君君:妈看你出差刚回来,才特意做那么多菜的……

沈克诚:你不晓得,她是设鸿门宴哩! 不过,这事,打住了,噢?

冬梅:几天的手艺,算是白练了。

沈克诚夸张地吃着:不白练呀,你看,我吃得多香!

冬梅的手戳到他的额头:你啊,真自私! 话都让你原则去了,还想叫我烧给你一个人吃啊?

34. 公路上　夜

雨刮器刮着雨水。

沈克诚驾着车,神情严峻。

35. 大街上　夜

冬梅与小姐妹道别,默默往前走。

冬梅(画外音):把他给想明白,真是太难了。他是想守住什么,一辈子都守住……守吧,守得你老婆女儿跟你一起苦!

36.事故现场 夜

沈克诚在指挥,维护秩序,抢救伤员。

37.大街上 夜

冬梅还在雨中走着。

冬梅(画外音):说归说,守得住的男人是牢靠的好男人。我也不指望别的什么了,但愿平平安安地过日子,日子总会好起来的……

38.幽岭隧道 夜

一辆跃进槽罐车快速冲来。

交警打着手势拦车。

司机不顾,继续前冲,超越前面一辆拖拉机。

他突然发现前面出口处一片闪烁的警灯。

松油门。

踩刹车。

车子依然像脱缰的野马——刹车失灵!

司机惊恐的表情。

紧握方向盘的手在颤抖。

车子左摇右晃,跌跌撞撞。

警灯。

黑乎乎的人群!

司机惊恐万状,脸上的肌肉几近扭曲……

39.隧道口 夜

沈克诚张开双臂,扑向众人,大喊:快闪开!

一张张惊愕得呆滞的脸。

快闪开! 沈克诚的声音犹如空谷回音……

40.山路上 日(闪回)

少年沈克诚和几个同学撑着油布伞,走在放学路上。

山洪暴发,溪水汹涌。

同学们互相搀扶着。

一小女生不慎跌落溪中,尖叫着大喊救命。

少年沈克诚扑通跳进水中。

他的水性并不很好,手脚乱蹬接近了女生,一伸手,女生又被水冲出了一段距离。

同学们喊着:克诚,小心!

女生哭泣着挣扎。

少年沈克诚呛了几口水,依然顽强地往前游。

41.一组画面

少年沈克诚的手接近了落水女生。

夜色中,一只手重重地把旅客推了出去,另一只手重重地把民警推了出去。

同学们纷纷跳入湍急的溪流中。众人一齐努力,托住落水女生。

夜色中,车子仿佛从头顶飞来……

什么声音都静止了,世界好像已经凝固。

黑暗中,冬梅在抽泣(画外音):你说,是做人,做一个人呀! 我知道你要做成那个"人",是多么不容易。你说,有些东西,是必须要去捍卫的! 你是第一个能逃生的人,可你却把生的希望留给了别人……

沈克诚的遗像。

冬梅(画外音):克诚,你是家里的顶梁柱啊,怎么说走就走了呢? 你说好要带你的老母亲到竹种园去转转看看的,你答应君君暑假时跟你去一趟北京的,我还准备为你做两件衣服哩,我再也不怪你半夜加班不回家了,你想抽烟,你就抽吧……

遗像上的沈克诚面露一丝微笑。

冬梅(画外音):克诚,我会照你的意思去做人的,组织上问我有什么要求,我说,只有一个,克诚是党的人,给他盖上一面党旗吧……

彩色画面与黑白字幕相间

人民警察在默哀、鞠躬。

字幕:2001 年 7 月 13 日晚 10 时 50 分,安吉县公安局交巡警大队副大队长沈克诚,在抢救遇险客车乘客时,面对一辆失控卡车临危不惧,挺身而出,为保护群众和战友的生命安全而壮烈牺牲。

一长串出租车在公路上缓缓行驶。

字幕:一百多名出租车司机自发地赶来为沈克诚送行,一路上,司机们不约而同地免费接送参加追悼会的人。

为沈克诚送行的人流。

字幕:在通往公墓的路上,送殡的队伍足有好几里长。

领导慰问沈克诚亲属。

字幕:徐冬梅将政府发的抚恤金全部捐献给希望工程。

小交警上街宣传。

字幕:沈克诚生前一手操办起来的小交警宣传活动仍在继续,继续着英雄一生热爱的事业……

勋章。

字幕:公安部追授沈克诚全国公安系统"一级英雄"模范称号,浙江省人民政府追授沈克诚"革命烈士"称号和"人民卫士"荣誉称号。

最后拉出下列字幕:

把人做正了,做好了,做实了,做得像个人样了,不是一时一刻的事,而是需要年复一年地,点点滴滴地去要求自己、磨砺自己,让自己走向崇高和光荣,是需要毕生的修正和积累的,是要从小处做起的……

——摘自沈克诚的工作日志

剧终

戏曲剧本

菊　香[①]

孙　强

～～～～～～～～～～～～～～～～～～～～～～～～～～～

时间：当代

地点：微博世界，现实世界

人物：

菊香——山村教师

阿亮——菊香恋人

铁皮人——男，网友

稻草人——男，网友

狮子——男，网友

锦毛鼠——男，网友

地瓜——男，学生

棉花糖——女，网友

小莲——女，学生

雷爷爷——地瓜爷爷

众网友，众学生，众树形，伴舞。

～～～～～～～～～～～～～～～～～～～～～～～～～～～

――――――――――――

①　本戏曲剧本根据网络原型人物创作。

序　幕

[幕渐起。灯光将明未明，远处，青山绿野如童话。隐隐
　显出一个小学校的轮廓。台上空无一人。朗朗书声伴音
　乐起。

幕后声：(由弱而明)我们看海去，蓝色的大海上，扬着白色的
　　　　帆，金红的太阳，从海上升起来……

菊　香：(幕后声)老师，你的家真能看到大海吗？

阿　亮：(幕后声)当然，等你长大了，我带你去！

田老师：(幕后声)阿亮！(转而)菊香，长大了，你想做什么？

菊　香：(幕后声)像老师一样，还想，去看海。

田老师：(幕后声)如果有一天老师走了，你愿意接老师的班吗？

菊　香：(清脆地)我愿意！

[灯光暗。音乐转强。

第　一　场

[音乐动感。

地点：菊香微博"绿野仙踪"，场景一如美国童话《绿野仙踪》的多
彩森林。

[铁皮人拨开树枝走出(铁皮人、稻草人、狮子三个网友，
　其实是同一人物的不同网络注册名，故可考虑戴不同面
　具)。

铁皮人：嘿！(伸个懒腰，念)绿——野——仙——踪，我又来了！
　　　　菊香！朋友们，你们都在吗？

[狮子和稻草人及众网友上。

众　人：(互击掌)嘿！

众　人：(合唱)青山旁，绿野上，

铁皮人：(接唱)有个美丽的村庄，

众　人：(合)青山旁，绿野上，

棉花糖:(接唱)有一个美丽的姑娘。

稻草人:(接唱)她年轻爱梦想,

狮　子:(接唱)她快乐又善良。

众人齐:(合)我们是她的好朋友,

　　　　她的名字叫菊香。

　　　　〔用户登录的电子声:滴滴滴!

锦毛鼠:菊香来了!

棉花糖:主人驾到——

　　　　〔菊香从网友们的层层环绕下钻出。

稻草人:菊香!

铁皮人:公主!

菊　香:你们好!

狮　子:菊香,你比童话里的多萝西还漂亮。

锦毛鼠:最新消息! 新浪网的民意票选。

狮　子:菊香当选中国最美乡村女教师!

棉花糖:请问你有何感想?

菊　香:大记者,都是你发的消息……

棉花糖:为了孩子们,你留在了山乡。

铁皮人:接过担子,整整五年时光。

稻草人:偏远的教学点,成了明亮的学校!

锦毛鼠:这事一定要庆祝一下!

菊　香:我怕了你们了,可别再整……

　　　　〔三人转,音乐,起舞。

稻草人:(唱)青山旁,绿野上,

众　人:(合)有个美丽的村庄,

棉花糖:(唱)青山旁,绿野上,

众　人:(接唱)有一个美丽的姑娘。

铁皮人:(接唱)她年轻爱梦想,

狮　子:(接唱)她快乐又善良。

锦毛鼠:(接唱)为了许下的承诺,

棉花糖:(接唱)留在了山乡。

铁皮人：(接唱)她年轻爱梦想，

狮　子：(接唱)她快乐又善良。

稻草人：(接唱)不谈婚姻不论嫁，

锦毛鼠：(接唱)美女也当孩子王。

铁皮人：(接唱)接过了担子挑肩上，

众　人：(轮)一个学校，一个老师，一个老师，一个校长，

众人齐：(合)校长老师都是一个人来当，

　　　　　她的名字叫菊香，菊香——

菊　香：你们……

铁皮人：我们都是你的粉丝。

菊　香：你们，谢谢你们，铁皮人帮我建起了微博。还有你，帮我
　　　　接通了村里的网络。

棉花糖：那是稻草人的功劳。

锦毛鼠：还有我！

棉花糖：一边去。

锦毛鼠：嗨……

狮　子：菊香，你拒绝了那么多追求者，以后，真的宁愿一辈子留
　　　　在山里吗？

菊　香：没想那么多，我只是，不想让孩子没有书念。

稻草人：一个人坚持五年！够强！

菊　香：不是一个人，我有学生，有朋友，这两年多亏了你们。

　　　　(唱)朋友们相识在网络上，

　　　　　　网络上，连接着我的小学堂。

　　　　　　多谢大家来相帮，

　　　　　　我教学生们把网络课程上。

　　　　　　山村里也听到了世界的声响，

　　　　　　深山里也看到遥远海边的波浪。

　　　　　　休要把我夸奖，

　　　　　　不要再把我菊香去张扬。

　　　　　　小学校今天有了大操场，

　　　　　　多亏了大伙共同的力量。

锦毛鼠:咳,客气! 客气!

棉花糖:有你什么事!

稻草人:再过几天就是七夕情人节了。天上的星星又要搭鹊桥了。

菊　香:七夕……

棉花糖:我提议,搞个见面会,网友们一起庆祝。

锦毛鼠:对! 大伙都带上自己最亲爱的那一位,菊香,你的那位呢?

菊　香:这……

锦毛鼠:有旧的带旧的,没有就赶紧找一个新的!

棉花糖:有你这样的吗!

锦毛鼠:我们都是候补情人,只要菊香愿意!

棉花糖:你们这帮人,菊香心中的人你们哪个也算不上!

锦毛鼠:嘿——那又怎么样!

铁皮人:菊香,这是你在学校过的第五个七夕吧。

菊　香:第五个七夕! 是的……

狮　子:为了教书,你这辈子就这样不出嫁了吗?

稻草人:或者,是在等从前的——他?

菊　香:他……

铁皮人:你的情人……菊香,你怎么不说话了?

锦毛鼠:从前的情人? 大新闻! 快说! 哪的,叫什么……

棉花糖:你闭嘴!

菊　香:我……

　　　　〔敲门声。地瓜背篓上。

地　瓜:老师!

　　　　〔菊香下网。场景飞速变幻,一如童话的魔力场面,花团锦簇的场景迅速退却,现出一间朴素而整洁的屋子。屋外就是学校的操场。

　　　　〔地瓜欲再敲,小莲上,拦住。

小　莲:地瓜,别敲,吵醒老师! 你背这么些地瓜做什么!

地　瓜:我……(欲言又止)要过节了。

小　莲：七夕要编花环！送地瓜，你真是个地瓜！

地　瓜：我想和老师……

小　莲：快走！让老师休息！

　　　　〔光亮，床前一台电脑。菊香的打扮变成了生活中教师的素净打扮，方才在网上还是笑容满面、神采飞扬的菊香，现在却半靠在床头，疲倦的脸上带一丝病容，和刚才网上相比，反差巨大。

菊　香：谁？

　　　　〔小莲推地瓜下。菊香披衣起身，推门。

菊　香：小莲，是你吗？

　　　　〔山风回响，菊香紧紧衣襟。抬头望，繁星渺茫。

菊　香：今夜的星星……七夕节，又要到了。

　　　　〔掩门，屋内电脑屏莹莹如星光。

菊　香：(唱)网络上，繁花似锦笑明朗，

　　　　　　网络下，静寂山村夜清凉。

　　　　　　朋友们，热情问短长，

　　　　　　我这里，欲道口难张。

　　　　　　却问我七夕情人在何方？

　　　　　　一句话，往事如风到身旁。

　　　　　　今夜里，不知他身在哪一方，

　　　　　　异乡漂泊可安康。

　　　　　　他曾说，五年之后要再回乡，

　　　　　　七夕夜里见菊香。

　　　　　　我们俩，从小相识在学堂，

　　　　　　他的父亲，就是田老师，我心中最亲的榜样。

　　　　　　五年前，我接过教鞭上课堂，

　　　　　　那一日，他却断然远走去他方。

　　　　　　每日里我辛勤努力把课上，

　　　　　　为学生跑遍了田野和山冈。

　　　　　　心里事从未对人讲，

　　　　　　我把它放在角落深深藏。

本以为,音讯全无不思量,

却不料,第五个七夕已然悄悄到身旁。

抬头望,渺渺银河连鹊桥,

七夕夜,织女又要会牛郎。

菊　香:五年了,他会回来吗?

　　　　〔灯暗。

第　二　场

　　　　〔五年前,七夕。

　　　　〔流水声潺潺。灯亮,清澈的小溪沟边,菊香在看书。

　　　　〔阿亮上。抛石,水溅菊香。

阿　亮:我回来了!

菊　香:瞧你,书都打湿了。

阿　亮:今天是七夕! 还用功(抢书),难怪我爸爸这么喜欢你。

菊　香:把书还我!

阿　亮:猜! 石头剪刀布。

菊　香:(伸出手,齐)石头剪刀布。

阿　亮:(伸出手,齐)石头剪刀布! 你出拳头我出布,你又输了!

菊　香:快还我!

阿　亮:绿——野——仙——踪! 明年都该上大学了,还做童
　　　　话梦。

菊　香:人都要有梦想! 这是田老师说的。你爸爸为了帮山里
　　　　孩子们完成梦想,来到这里……

阿　亮:得,别提这个了,当老师当老师,为了这个,把妈妈都当
　　　　跑了!

菊　香:阿亮……

　　　　〔阿亮背着菊香,欣喜地拿出一个信封,欲交给菊香,转念
　　　　又把它放回背包,回身满脸兴奋。

阿　亮:菊香,你还记得,我对你说过,要带你去看大海吗?

菊　香:当然记得,那天田老师正在上课,我记得每一句话。

伴唱:(幕后)那一天书声琅琅。
　　　　　那一天天气晴朗,
菊　香:(唱)那一天书声琅琅,
阿　亮:(唱)那一天你眼睛明亮。
菊　香:(唱)田老师把课文来宣讲,
　　　　　就像船长为我们扬帆领航。
阿　亮:(唱)你梦想着大海美好像天堂。
菊　香:(唱)你说要带我去看海洋——
　　　　[后幕隐现当年田老师教书场面,书声隐约。
菊　香:(接唱)那一天天气晴朗,
　　　　　每一句话儿都记在心上。
　　　　　老师把话儿问菊香,
　　　　　是否愿意把教师当。
阿　亮:菊香,我有话要对你讲。
菊　香:我也有话对你讲!
阿　亮:你先说。
菊　香:你先!
阿　亮:这些年咱们,咱们……你,我大学毕业了……
菊　香:是啊,你已经大学毕业了。
阿　亮:嗨,我还是唱吧。
　　　　(唱)我在城里,你在村庄,
　　　　　常常到这里把父亲探望。
　　　　　虽然说的是把父亲探望,
　　　　　其实心里要来看你菊香。
菊　香:……
阿　亮:(接唱)还记得七夕节你扮织女我扮牛郎,
　　　　　问你是否愿离了天庭和我去远方。
菊　香:阿亮!
　　　　(唱)从小相识日子长,
　　　　　心底的话儿从未开口讲。
　　　　　虽说是你在城里,我在村庄,

一种思绪两地一样。

每一次送你离村庄，

却已经把你的归期暗暗想，

就像小溪流水绕山冈，

未语也是诉衷肠。

　　〔阿亮从背包拿出信封,递给菊香。

阿　亮:给!

菊　香:什么?

阿　亮:你和我的梦想!

菊　香:(看文件)……录取通知书……阿亮! 你是要去留学!

阿　亮:五年硕博连读。我都安排好了,咱们一起走!

　　　　(唱)跨过海洋!

　　　　　　实现梦想。

　　　　　　你和我同往,

　　　　　　一起去远方。

阿　亮:你和我!

菊　香:我和你……

阿　亮:大洋彼岸的一切在等我们,那里有小山村里永远也看不到的风景,今天是七夕,咱们就像牛郎织女,一起飞过银河!

菊　香:阿亮,我也有事对你说。

阿　亮:我们先去见爸爸。

菊　香:田老师走了。

阿　亮:我爸爸……去哪?

菊　香:西部,他走了,那里更需要他。

阿　亮:又走了? 这叫什么事! ……那村里的学校呢,谁来当老师?

菊　香:我。

阿　亮:你!

菊　香:是的,田老师把他的书都留给了我。

阿　亮:不,这是怎么回事? 你,要当老师!

菊　香:阿亮,你还记得,我们相识那天,课堂上,我答应田老师
　　　　的话吗?

阿　亮:那天……

菊　香:(唱)那一天天气晴朗,
　　　　　　　那一天书声琅琅。
　　　　　　　田老师的话儿,
　　　　　　　留在了心坎上。

阿　亮:不,不不,你不是梦想着像绿野仙踪的多萝西一样,去看
　　　　大海,游遍世界吗!
　　　　(唱)你还有你的梦想,
　　　　　　　你还有你的远方。
　　　　　　　你还有和我的约定,
　　　　　　　你年轻得就像花儿一样。

菊　香:不。
　　　　(唱)我有很多梦想,
　　　　　　　我还有很多奢望。
　　　　　　　我希望学校有个大操场,
　　　　　　　梦想着它永远书声朗朗。

阿　亮:可是,一起去看海,是我们从小的约定!

菊　香:(接唱)为了山里的孩子和老师的嘱托,
　　　　　　　　　阿亮哥,请你把菊香原谅。

阿　亮:菊香!
　　　　(唱)辛苦的工作已经损坏了父亲的健康,
　　　　　　　你不能一人独自把它来承当。

菊　香:(唱)就像老师一样,
　　　　　　　把承诺担当。
　　　　　　　有朝一日我也站在讲台上,
　　　　　　　那同样是我的梦想。

阿　亮:可是,这个教学点只剩下两个学生,连我父亲都放弃了!

菊　香:就因为这样,不会有别人来了,要是我不接,这个偏僻山
　　　　村的小小教学点就真的要关闭了。

阿　亮：菊香，你怎么能这样对我，你知道，我最不能接受的就是老师这个职业！

菊　香：对不起，我答应过田老师……

阿　亮：别跟我提他！

菊　香：他是你爸爸。

阿　亮：我恨死他了！他离开妈妈，为了教书，他又抛下我。现在，他又要把你从我身边夺走。

菊　香：可是我感谢他，因为田老师来到这里，我才能读完中学。

阿　亮：菊香，你不懂！你没出过山，看到的除了山还是山。你一定得走，如果……你不走，我也决不会为你留在这里！

菊　香：……阿亮，你懂得的比我多，但是，我答应过老师，我不能眼睁睁看着两个孩子失学。

阿　亮：你！……那我们怎么办？为了只有两个学生的教学点，你要放弃我吗？你说，我还是学校？二选一，答案只能有一个！你说！

菊　香：你能去深造，我替你高兴。大海那边的梦想一定很好，……可我，我答应过田老师。

阿　亮：真不敢相信！在这个穷山村，你还能梦想什么！

菊　香：现在这里需要我啊。

阿　亮：好好！！菊香！知道吗，你肯定撑不下去，日后你一定会后悔的！老师不是好当的！

菊　香：我不知道……

阿　亮：你扛不了，我和你打赌，石头剪刀布！五年，五年后，第五个七夕，我回来看你，到时候，我再来把你带走！

　　　　〔阿亮转身离去。

　　　　〔音乐起。菊香心情复杂地看着阿亮的背影。

菊　香：他真的，走了，没有回头……

　　　　〔音乐如流水。

　　　　〔灯暗。

第 三 场

　　〔大山。山林翠绿,青藤盘缠,山腰云雾绕,一如《绿野仙踪》的童话画面。

　　〔菊香带着小莲在如画山林中穿行。

　　〔菊香显然身体不好,但精神状态良好,懂事的小莲跟随着老师。

菊　香:(唱)穿山谷,过山径,

　　　　　　满目青翠如在画中行。

　　　　　　参天树木似神兵,

　　　　　　无暇看风景。

　　　　　　远望就是老山顶,

　　　　　　翻越山岭把学生寻。

小　莲:老师! 黑林子。

菊　香:(接唱)路崎岖,小莲相伴一路行,

　　　　　　心暗急,我的学生在哪里。

　　　　〔光线暗下来,暗换移景,树林里周围树影层层,色彩变浓暗,布景依然是童话的基调,现出一条若有若无的细长小路。路边有零星金黄野菊,点染路径。

小　莲:(有些怕)黑林子里有野猪,雷爷爷说……

菊　香:说什么?

小　莲:雷爷爷说,黑林子的树都是千年成精的。

菊　香:(笑)精灵都是人的朋友,有老师在,你不用怕。

小　莲:(不好意思地)都怪地瓜! 为什么不来上课!

菊　香:雷爷爷让他去山顶采药。过了林子,就能找到地瓜!来,喝口水。

小　莲:老师你累,你喝!

菊　香:咱们山里的孩子,一定要读书,才能有出息,将来才能走出山村。

小　莲：可是黑林子里太阳都看不到，到处是打猎下的套子，只
　　　　有猎人才敢来，我知道，雷爷爷是不想让地瓜回去上学！
　　　　〔一阵哗哗响。似乎是风声，又似乎是动物的声音。
　　　　〔众树形上，随着风，伴着活泼的音乐，装树摇动姿态，开
　　　　始在师生二人身边舞动。

小　莲：真黑……

菊　香：咱们走！
　　　　〔活泼音乐起。二人沿着林中小路前行。

菊　香：（唱）藤缠树，

　　　　　　　浓阴墨色仿佛童话里，

　　　　　　　树连枝，

　　　　　　　小路幽远弯曲若暗若明。
　　　　〔一阵哗哗响。

众树形：（唱）风，风吹树弄影。

　　　　　　　风，给我们无穷的魔力。

小　莲：野猪！

菊　香：（接唱）那是树叶沙沙的声音，

　　　　　　　树是山中的精灵。

小　莲：它们在动……

众树形：（唱）乘风来舞蹈，

　　　　　　　我们是山中的精灵。

小　莲：老师……

菊　香：（拿出书包里的书）老师有件东西给你。

小　莲：《绿野仙踪》。

菊　香：这本书是当年我的老师送给我的。咱们一边走，老师一
　　　　边给你讲书里的故事。

小　莲：（高兴地）好啊。
　　　　〔树精灵围着她们二人舞蹈。

众树形：（唱）神秘的森林，

　　　　　　　就像行行的列兵。

跟着老师向前行，

把故事偷偷听。

菊　香：（唱）有一个女孩,名叫多萝西。

为了寻找回家的路,她走进了大森林。

众树形：（唱）路上的遭遇,

惊奇又刺激。

菊　香：（唱）为了完成心中的愿望,

她勇敢往前行。

众树形：（唱）她救下了稻草人,

　　　　［稻草人、铁皮人、狮子上场,在后表演区舞蹈。

菊　香：（唱）他说:我想要一个聪明的头脑。

众树形：（唱）还有生锈的铁皮人,

菊　香：（唱）他想要一颗心。

众树形：（唱）最胆小的是狮子,

他想要胆量来壮行。

齐唱：（唱）一起克服困难,

伙伴往前行。

战胜了恶魔的阻挡,

一起实现了梦想。

菊　香：（唱）为了实现愿望。

坚持你的努力。

只要怀着梦想,

就像拥有阳光。

　　　　［树精灵原来略带夸张的吓唬动作,已变成了友善的舞
蹈。大家牵手一起舞蹈。

齐唱：（唱）我们一起向前行,

走出了大森林。

　　　　［光线变亮。野菊花灿烂。

小　莲：山顶到了! 好多野菊花。

菊　香：（捕猎套子卡住了菊香的脚）哎呀!

小　莲：铁套子!（试图打开铁套）

167

菊　香：太沉了，你打不开。

　　　　〔菊香也打不开套子。

小　莲：(急)怎么办？老师！

　　　　〔雷爷爷背猎枪，挂棍上，打开铁套。

雷爷爷：伤着哪里？

菊　香：没事，可惜抓住的不是野猪。

雷爷爷：对不住你们哪，害得老师空走这上百里遭罪！

菊　香：地瓜不在这里？

雷爷爷：他爸捎信来，叫地瓜去打工，我一寻思就答应了。

小　莲：雷爷爷，你怎么能骗人。

菊　香：那地瓜呢？

雷爷爷：这个时候，该到县城了，那里有人接他。

　　　　〔菊香一急站起来，又坐倒。

雷爷爷：菊香老师，地瓜已经给老师添很多麻烦了。

菊　香：雷爷爷，我也是山里的孩子，我最知道咱们的孩子要
　　　　上学。

　　　　〔小莲扶着菊香站起来。

雷爷爷：怪我……

　　　　〔地瓜上。

地　瓜：老师！

小　莲：地瓜，你没走？

地　瓜：到了县城，又回来。爷爷，我想上学。

雷爷爷：有这样的好老师，不上学，对不住老师！

菊　香：(笑)这就对了。

　　　　〔菊香一转身，一阵头晕，猛然倒。雷爷爷扶住。

小　莲：老师！

地　瓜：老师有病！

小　莲：你才有病！

地　瓜：真的，县城大夫叫老师去医院(掏字条)。我把字抄下了。

小　莲：(念)再生性障碍性贫血。

雷爷爷：菊香，学校把你和阿亮给耽搁了，这身体咋也病了！

第 四 场

〔菊香的微博。

〔音乐起。稻草人、铁皮人、狮子上场。

稻草人：(念)点击率，天天上，

　　　　　微博人气真叫旺。

狮　子：(念)醉翁之意不在酒，

　　　　　大家都为看菊香。

铁皮人：(念)今夜我要把爱求，

　　　　　骑士充当护花郎。

狮　子：(念)乡村最美的女教师，

　　　　　追她的队伍排老长。

稻草人：(念)玫瑰送给我爱的人，

铁皮人：(念)谁先下手谁最强。

　　　　〔三人下。

　　　　〔菊香网上打扮上。

菊　香：(唱)改完作业把网络上，

　　　　　深夜里，漫写微博把心情轻轻放。

　　　　　看一看朋友们的留言和祝福，

　　　　　就好像，消除疲劳的灵药方。

　　　　　朋友们为我建立了山村助学网，

　　　　　铁皮人把地瓜的学费来承当。

　　　　　每一点进步都和大家来分享，

　　　　　学生们的渴望就是老师的梦想。

　　　　〔稻草人拿一支花环上。

菊　香：稻草人！

稻草人：(递)送给你！

菊　香：给我的？

稻草人：七夕快到了，我知道，扎花环是你们的风俗。

菊　香：谢谢，我把它戴起来。

稻草人：菊香，我，我想在七夕那一天，去看你！

菊　香：行，到时候大家都来。

稻草人：不，我要一个人来。我，我喜欢你！

菊　香：你不该这样，你还小，刚刚大学毕业，对了，你还要出国呢！

稻草人：对不起，你不会讨厌我吧。我总是说错话，做错事，就像个没脑子的稻草人。

菊　香：怎么会呢，"绿野仙踪"还是一张主页的时候，咱们就是朋友了！你可是帮了大忙，没有你，我就不能在学校里上网。

稻草人：嘿！那也是托朋友帮的忙。自打和你交上朋友，就像有一把钥匙，打开了我的脑子，嗒嗒嗒！我觉得我都变聪明了。

菊　香：哈，我可不是万能钥匙。

稻草人：（唱）都说是聪明的脑袋不长毛，

　　　　　　　稻草人的脑袋长稻草。

　　　　　　　事情做得乱七八糟，

　　　　　　　又要出国还想赚钞票。

　　　　　　　事业爱情都没搞好。

　　　　　　　说声抱歉我真糟糕，真糟糕。

菊　香：（唱）学业第一最重要，

　　　　　　　知识就是聪明的头脑。

　　　　　　　先出国去深造，

　　　　　　　事业爱情都跑不了。

稻草人：是倒是，但是，有的时候，爱情和学业有矛盾啊。

菊　香：听老师的，先去上学，你会成功的。

稻草人：我会成功的，事业爱情都会赢，来，我们打赌，石头剪刀布！你出拳头我出布！

菊　香：（一怔）石头剪刀布！他教你的？

稻草人：铁皮人教我的。你不知道？现在很流行的，是微博上的一条新帖子，石头剪刀布，你出拳头我出布！

菊　香：谁留的？

稻草人：……我下了，七夕见。

　　　　〔稻草人下。

菊　香：哎……石头剪刀布，难道是……

　　　　〔音乐起。铁皮人和狮子及伴舞上。

菊　香：难道是阿亮……他来过了吗？

铁皮人：我来了！

狮　子：(唱)心发乱，心发慌。

铁皮人：(唱)临阵上场又慌张。

菊　香：他在哪？你，你是谁？

狮　子：我是小狮子。

菊　香：你是谁？

铁皮人：我是铁皮人。

菊　香：(唱)心休乱，心休慌，
　　　　　　　心头忽然如鹿撞。

铁皮人：(唱)心莫乱，心莫慌，

狮　子：(唱)莫慌莫慌莫慌张。

菊　香：(唱)难道说，他们中间有阿亮，
　　　　　　　难道是，他化名上网把身藏。

伴唱：(唱)是他？是他？还是他？
　　　　　　扑朔迷离网络上，
　　　　　　似像非像似藏又非藏。
　　　　　　朋友常相见却是未识真模样。

菊　香：(唱)自从那五年一别他音讯全无早已把你忘，
　　　　　　　却为何，还要无端思量费猜详。
　　　　　　　又为何，心绪如麻理更乱，
　　　　　　　又为何，想起往事件件扣心房。

铁皮人：(唱)只要把真情坦白对她讲。
　　　　　　　相信我能够打开她心房。

铁皮人：菊香！我要送给你一个礼物！

菊　香：是鲜花吗？(试探地)我们猜，石头剪刀布！

铁皮人：……花下次补上。

菊　香：哦……

铁皮人：菊香,我让新浪网为我们发起了一次山村助学活动,来
　　　　电询问、捐助物款的人很多。

菊　香：这太好了!

铁皮人："绿野仙踪"微博的名气越来越大了,你现在是名人了,
　　　　关心你的学校的朋友,国内外都有,我想,作为博主,你
　　　　该给观众写点什么,表示感谢。

菊　香：是的,是的,可我……写什么呢?

铁皮人：你就说,你叫菊香……

菊　香：我叫菊香,这样行吗?

铁皮人：行,很好。

菊　香：(音乐起)我叫菊香……
　　　　(唱)我叫菊香,
　　　　　　欢迎到我的微博造访。
　　　　　　您的每一点心意,
　　　　　　都会使我的学生接近梦想,
　　　　　　您的每一次帮助,
　　　　　　就像是山坡上温暖的阳光。

铁皮人：(唱)你叫菊香,
　　　　　　就像菊花芬芳。
　　　　　　你把阳光照进学生的天堂,
　　　　　　却把自己的梦想深藏。

菊　香：(唱)我的愿望,
　　　　　　和你们一样。
　　　　　　失学的孩子都回到课堂,
　　　　　　让他们的人生启航。

铁皮人：(唱)你想去大海远航。
　　　　　　你也曾有你的梦想。
　　　　　　为了承诺你留在了山乡,
　　　　　　曾经的爱人抛下你去了远方。

菊　香:这些事,你怎么会知道? 你是谁?

铁皮人:要是我的话伤害了你……菊香……网友们都在传说你
　　　　的从前,大家都关心你,喜欢你,也许,我有些嫉妒……
　　　　我们是好朋友,不是吗? 我真心希望你幸福,你能给我
　　　　一个机会吗?

菊　香:我们……只是好朋友。对不起,我心里很乱……

铁皮人:没关系,也许,你心里还没忘记从前的他……

菊　香:从前……从前的事怎么能忘了呢。

铁皮人:那……如果,他回来找你,你会跟他走吗?

菊　香:我不知道……我只是一个普通的老师,我不知道……

铁皮人:你不普通,你照亮了他人的梦想,而我的人生理想里却
　　　　只有自己。你让我重新思考,梦想对个人与整体的
　　　　含义。

菊　香:你说的我不太懂,我没有那样好。

铁皮人:你为学校奉献了一切,但也该考虑自己,菊香,你有没有
　　　　想过……嫁人? 和相爱的人,结婚!

菊　香:结婚? 孩子们怎么办。

铁皮人:给我们网友一个机会,也给自己一个幸福的机会,一个
　　　　公平的机会,我想,我能做到,石头剪刀布,我总是
　　　　能赢!

菊　香:(惊)你是阿亮?

　　　　[铁皮人下。

　　　　[狮子急上。

狮　子:我也来了,菊香,七夕我能去见你吗?

菊　香:狮子!

狮　子:你已经有约会了? 哪个网友? 还是……从前那个叫你
　　　　等了五年的混蛋!

菊　香:狮子,你可真讨厌!

狮　子:嘿! 如果你要结婚,你可不能嫁给别人! 美女要嫁人,
　　　　所有留言发帖的潜水朋友,都会急得冒出来。

菊　香:别开玩笑了。

狮　子:你要有心理准备,该来的一定会来!

　　　　[狮子下。

菊　香:该来的一定会来……

　　　　[灯暗。

第 五 场

[清晨。灯渐亮。书声琅琅。

[学校。菊香一边在操场上给孩子们上课,一边照看着烧茶水的炉子。面有倦色,但精神饱满。

众学生:(齐)我们看海去,蓝色的大海上,扬着白色的帆。

菊　香:(领读)金红的太阳,从海上升起来,我们看海去。

众学生:(齐声)金红的太阳,从海上升起来,我们看海去!

地　瓜:老师,你见过海吗?

菊　香:没有,老师还没有走出过县城呢。

地　瓜:等我上完大学,把老师接到大海上住。

学生甲:地瓜又讲梦话,海上面没有房子。

菊　香:水烧开了,大家喝茶。

　　　　[同学们有秩序地倒茶水,地瓜扒开一个地瓜。

地　瓜:老师,(送上地瓜)烤地瓜!

菊　香:今天有好几个同学都没来,你知道他们去哪儿了?

地　瓜:老师,您别担心……等我长大了,一定会照顾老师一辈子的!

菊　香:怎么照顾,给老师吃烤地瓜吗?

　　　　[雷爷爷提着两包上,棉花糖跟后上。

雷爷爷:来了! 来了!

菊　香:小莲?

棉花糖:是我! 又摸到真人了,真高兴!

菊　香:棉花糖!

菊　香:你来采访?

学生甲:阿姨,您喝水!

棉花糖:孩子好！哎……你别怕,今天我的身份不是记者。

雷爷爷:菊香老师,记者同志拿来的包裹,在下面晒谷子的坝子上,堆得像小山一样高！都是给孩子们的！

棉花糖:别谢我,你的微博名气是越来越大了,全国来的东西都有。

雷爷爷:孩子们的冬衣,书包文具,教学用品,还有一个烧气的茶水炉子呢！

棉花糖:铁皮人说今天一定要送到,明天都过节了。

菊　香:明天?

地　瓜:我知道,明天是七夕节,我们这里要扎野花环,扎灯笼,挂在牛角上送给喜欢的人。

棉花糖:中国的情人节——七夕节！菊香,铁皮人为你准备的这份情人节礼物你满意吗?

菊　香:棉花糖！

棉花糖:这有什么,同学们,菊香老师就是我们大家共同的情人！你们说对不对?

学生们:哈哈哈。

棉花糖:七夕节快乐！

　　　(唱)七夕节快乐,
　　　　　祝老师天天都快乐。

菊　香:(唱)七夕节快乐,
　　　　　祝大家都快乐。

棉花糖:(唱)七夕节快乐,
　　　　　但愿牛郎织女都快乐。

棉花糖:别忘了,明晚七夕,织女会牛郎。同学们,搬东西去。

　　　[众下。

菊　香:……是的,明天就是七夕……阿亮会回来吗? 如果他……还像从前那样叫我……我该怎么办?

　　　[小莲上,鞋上沾着泥巴,衣角也扯破了,似跑过很多山路的样子。

菊　香:小莲！这一身的泥,衣服怎么扯破了? 家里有事吗?

小　莲:没有,不是。

菊　香：为什么不来上课，(小莲摇头，又点头)昨天县城，是你去
　　　　拿了老师的诊断单吗？(小莲点头，又用力摇头)有？没
　　　　有？怎么了，你说话呀！

小　莲：老师，我(小莲把手压在兜上)。

菊　香：不要紧，老师已经知道了，再生性障碍贫血，对吗？

小　莲：(惊)你知道了！

菊　香：小莲，你要保守秘密，别告诉其他人。

小　莲：雷爷爷说能治好，老师，你一定能好。

菊　香：如果，老师有一天不在了，你愿意当一名老师吗？

小　莲：我愿意！老师，小莲会照顾老师一辈子的。

菊　香：可是……你还小。

小　莲：我们准备好了！老师。

　　　　〔小莲跑下。

菊　香：多可爱的孩子(对观众)我该怎么办？……时间不多了，
　　　　也许很快就不能来上课。可是，谁来替我？

　　　　〔菊香起身站起，晕。

小　莲：(捧着野菊花上)送给你！

　　　　〔同学和雷爷爷上。同学人人手中都捧着一个扎得很金
　　　　黄灿烂的野菊花环，笑盈盈地看着老师。菊香呆住了。

地　瓜：老师，这是我们为您做的花环。

小　莲：(真诚地)老师，七夕节快乐。

菊　香：……这……你们……

雷爷爷：孩子们忙了一夜，天不亮小莲他们就穿黑林子，去山顶，
　　　　给您采来最新鲜的野菊花。

菊　香：为什么不对我说，那里有野猪套子。

地　瓜：……您生气了？

小　莲：老师，你在学校五个年头了，可是每年，您都一人过节。

地　瓜：照咱山里的法子，老师，您收下我们的野花环，就一定会
　　　　在七夕节看到牛郎，记者阿姨说得对，老师也要有情人，
　　　　也要结婚！

雷爷爷：(拍地瓜)瞎讲话！

地　　瓜：我没瞎讲，是您教我说的！

雷爷爷：真是个地瓜。

地　　瓜：我没有撒谎。

菊　　香：爷爷，别怪他。

小　　莲：老师，你是我们最爱的人！

众学生：(一起举起花环，齐声)老师，七夕节快乐。

　　　　(唱)七夕节快乐，

　　　　　　　祝老师天天都快乐。

菊　　香：(唱)七夕节快乐，

　　　　　　　祝大家都快乐。

　　　　　　　老师拥有你们的爱，

　　　　　　　永远都快乐。

众学生：(唱)花环送给最爱的人，

　　　　　　　祝老师健康和快乐。

　　　　〔灯暗，众人隐。追光照菊香。

菊　　香：是的，我要马上结婚，上网征婚！

幕后声：什么？

菊　　香：只有一个条件！

幕后声：什么？

菊　　香：征婚的，要来山里当教师！

幕后声：当老师?！

　　　　〔音乐急，灯暗。

第 六 场

　　　　〔"绿野仙踪"微博。

　　　　〔音乐起。锦毛鼠打头，众网虫涌上，形形色色，争先
　　　　恐后。

锦毛鼠：(唱)网络冲浪快如电，

众网虫：(唱)讯息顷刻尽传达。

锦毛鼠：(唱)菊香海选招驸马，

177

众网虫：(唱)她到底嫁个什么人。

锦毛鼠：(白)条件一个请听好！

　　　　(唱)驸马爷他要倒插门！

众网虫：(白)上门当老师！

　　　　(接唱)这是招聘还是征婚？

锦毛鼠：(对观众)热闹大戏已开场，

　　　　　　　各路人马聚烟尘。

　　　　　　　请君且把好戏看，

　　　　　　　七夕夜会有心人。

　　　〔众隐下。下网，转换现实世界。

时间：七夕傍晚。

地点：学校。还是那间整洁而朴素的房间，多了学生送的菊
花环。

　　　〔天上银河隐约。菊香低头引线，床上堆着网友赠送的
　　　　冬衣。

幕后：(合伴)耿耿星河正新秋，

　　　　　　七夕今宵看碧霄。

　　　　　　家家乞巧穿针线，

　　　　　　祈愿幸福和美好。

　　　〔菊香补完衣服，雷爷爷拿着一拎地瓜上。

雷爷爷：菊香，尝尝，水分大呢。

菊　香：爷爷，进来说。

雷爷爷：不了，回了(欲言又止)……

菊　香：您是要说什么吗？

雷爷爷：菊香……别怪爷爷多嘴，女娃子不能总一个人，田老师
　　　　的那个娃……等不着，就别等他了。有合适的人，就出
　　　　山吧，爷爷送你出嫁。

菊　香：爷爷！你说什么呀？我哪也不去！

雷爷爷：不说……瞧，孩子们送的菊花，多好看哪，今晚是七夕。
　　　　菊香老师这么好，有良心的人一定会来的。

菊　香：爷爷！快别说了。

雷爷爷:(看着花)好看!……正是开花当口的年纪。

　　〔雷爷爷下。

　　〔爷爷一走,菊香灿烂的笑容暗了下来,神情变得有些迷茫,疲倦袭来。

菊　香:今晚……(心情复杂地)阿亮,他会来吗? 也许,他不该来!

　　〔天变暗了,天上,群星闪烁。山风拂过。

菊　香:今晚真美。

　　(唱)青空高,银河渺,

　　　　菊花香,秋凉早。

　　　　今夜里,有情人天上渡鹊桥,

　　　　古老传说多美好。

　　　　夜空中,群星如水静静闪耀,

　　　　藤萝架底,瓜叶无语虫声轻悄。

　　　　熟悉的山村小学校,

　　　　点点滴滴回忆就像星星播撒在周遭。

　　　　胸中忽有,莫名感动在心苗,

　　　　平常生活多美好。

　　〔菊香把手中菊花放好,开始整理网友赠送的物品。

　　〔轻快音乐起。

幕后声:(哼唱)菊香,菊香——

　　〔分别戴着稻草人、狮子和铁皮人三种头饰面具的伴舞们欢快地涌上,轻快舞蹈起。

伴舞:(哼唱)菊香,菊香,菊香在家吗?

　　〔菊香出,众舞者迎向菊香。

伴舞:(快乐地唱)菊香,菊香,我们来看你!

菊　香:(高兴)你们好!

　　〔群舞绕菊香,舞蹈群中钻出狮子(戴面具)。

狮　子:菊香!

　　(唱)菊香,菊香我爱你,

　　　　就像老鼠爱大米。

　　　　　　你的魅力没人比，

　　　　　　百花丛中你最美丽。

　　　　[狮子做求婚状，忽又隐没群舞中消失。

　　　　[舞群中钻出稻草人（面具）（三人不同时出现，每次观众

　　　　只看见一个）。

稻草人：（唱）菊香，菊香我爱你，

　　　　　　　你有智慧和勇气。

　　　　　　　就像野菊扎根在山顶，

　　　　　　　你是真正的美女。

　　　　[稻草人隐没舞群中。

　　　　[舞蹈群中现出铁皮人。

菊　香：铁皮人！

铁皮人：（唱）青山绿野上有仙踪，

　　　　　　　菊香，菊香，我爱你！

众伴舞：嘿！

　　　　（合唱）青山旁，绿野上，

　　　　　　　　有个美丽的村庄。

铁皮人：（唱）青山旁，绿野上，

　　　　　　　有一个美丽的姑娘。

　　　　　　　她年轻爱梦想，

　　　　　　　她快乐又善良。

　　　　[稻草人从伴舞中钻出。

稻草人：（接唱）我们是她的好朋友，

　　　　[狮子从伴舞中钻出。

狮　子：（接唱）她的名字叫菊香。

众伴舞：（合唱）我们是她的好朋友，

　　　　　　　　她是我们的菊香。

　　　　[狮子、稻草人唱完，隐到铁皮人身后，放下面具，身形和

　　　　铁皮人重叠，就像同一人，隐下。

　　　　[众伴舞下。

菊　香：（又有些莫名失望）你们……来了？

铁皮人：是的,回来了!

菊　香：干吗还戴着面具! 怎么,你是青蛙还是恐龙?

铁皮人：对不起,让你等了这么久。

菊　香：哪里,不晚,我的帖子刚刚发出!

铁皮人：五年了,今天是第五个七夕。我让你独自一人在这待了
　　　　五年!

菊　香：(惊疑)你是……!?

铁皮人：菊香……

　　　　〔铁皮人摘下面具,露出面容,暗处出现戴着面具的稻草
　　　　人和狮子。

菊　香：(惊)阿亮!

　　　　〔三个网友重叠,隐入阿亮身后消失。

铁皮人：稻草人、狮子、铁皮人三人都是我!

菊　香：你!

阿　亮：是的,我是阿亮。

　　　　(唱)是的,我是阿亮,

　　　　　　菊香,你莫要惊慌。

　　　　　　一别过去五年流光,

　　　　　　轻声问道别来无恙。

菊　香：(唱)是的,他是阿亮!

　　　　　　清晰声声叫我菊香。

　　　　　　五年分手的时光,

　　　　　　恍惚瞬间重到身旁。

阿　亮：我是通过互联网知道你……这些年,为了能和你一直保
　　　　持联系,我同时用了三个注册网名。

菊　香：为什么?

阿　亮：因为我不敢面对你。

　　　　(唱)自从那年把你独自留在村庄,

　　　　　　却与你遥隔万里相遇在互联网。

　　　　　　稻草人就是我当年的那段时光,

　　　　　　为求学,苦恼着要选择离开心爱的姑娘。

在异国他乡我得到了成功的事业，
却感觉不到从前的快乐和欢畅。
铁皮人就是我心情的写照，
一颗生锈的心，想要寻找往日跳动的心房。
我的理想只是为了自我，
而你的梦想却把孩子们的人生照亮。
这几年，通过网络我能尽到一些帮忙，
虽然很小，却让我重新体会到了力量。
胆小的狮子不敢对你把真名来讲，
做错了事，请求菊香你的原谅。

（白）苦恼的稻草人、生锈的铁皮人、胆小的狮子，都是我不同时期的心情写照。

菊　香：怎么会这样，你怎么能这样？

阿　亮：（白）我知道错了，我是混蛋，……可你！为了请一个教师就要把自己嫁出去！这可是你一辈子的幸福！

菊　香：阿亮，我们还是要吵架么？我没有时间了……

阿　亮：我们结婚吧！

菊　香：什么？

阿　亮：不是征婚吗？我就是来应征的。嫁给我吧！菊香！

幕后声：（齐）菊香！我们结婚吧！

　　　　［网友们涌上。

菊　香：你们都来了！

锦毛鼠：菊香，阿亮为了你和学校没少花心思。你就原谅他吧！

菊　香：你们早知道了。

棉花糖：你们看，织女牛郎星亮了。

菊　香：天上的星星，结鹊桥了……

阿　亮：还记得五年前的七夕，我们打的赌吗？石头剪刀布，你出拳头我出布。我说你会后悔，这一次，我输了。

　　　　［菊香晕，阿亮扶。

阿　亮：菊香！

　　　　［雷爷爷带着医生和地瓜、小莲上。

阿　亮：雷爷爷！这是怎么了！

雷爷爷：为了找一个接替她的老师，她才征婚呢。阿亮，你可不
　　　　要叫菊香受委屈。

菊　香：嗨……我使不上劲。我们打的赌，看来，还是失败了，你
　　　　总是赢。

阿　亮：不，这回是你赢了。扶着我，用力，你不是还没看过
　　　　海吗？

菊　香：这些孩子……你能带他们去看大海吗？

阿　亮：你放心，好好休息，养好了病，我带着你和学生们一起
　　　　去。田老师向你们保证。

小　莲：田老师。

　　　　〔众网友把菊香扶起。望着远方。远处，青山绿野美如
　　　　童话。

众　人：(合唱)青山旁，绿野上，
　　　　　　　　童话一般的地方。
　　　　　　　　青山旁，绿野上，
　　　　　　　　充满着希望和梦想。

圆月之约①

孙　强

时间：当代。

人物：

弦月——女，18 岁

黑马王子——简称黑马，网络虚拟人物

林大夫——康复治疗师，男，23 岁

（说明：黑马王子和林大夫由同一个人扮演）

［序幕：一声刺耳的刹车夹杂着碰撞声，然后是救护车悠长的声响。一片寂静。

［一个女孩子带着恐惧的喊声：走开，别碰我的腿！你们让我一个人待着！不吃药，什么都不吃！

［幕起，台上没有光。一串如舞蹈节拍般清脆的键盘敲击声在黑暗中响起。场景进入虚拟的网络世界。

［一束光亮，冷光如月华罩着弦月，她坐在轮椅上。身后是一个很大的代表电脑屏的大屏幕框。

---

① 《圆月之约》属京歌剧。

弦　月:(消沉,声调寂寞)这声音真像舞蹈节拍。可我,只能用
　　　手指在键盘上跳舞了。

　　　(唱)网络世界白天黑夜没有边际,

　　　　　这一刻静悄悄多么沉寂。

　　　　　如同我青春起舞横遭祸临,

　　　　　霎时间一切灿烂弃我永离。

　　　　　再不能红舞鞋跳跃轻盈,

　　　　　轮椅上光阴无日夜没有边际。

　　　[一串清脆的键盘敲击声。舞台另一边光柱亮起。黑马
　　　在舞台的另一边出现。大屏幕上现出一轮月亮,月亮时
　　　盈时缺滑稽地变跳着。这是圆月之约聊天室的标志。两
　　　主人公对话时应向着观众。

　　　[黑马合着键盘声,轻快地跳着踢踏。

黑　马:(热情地)你好,美丽的公主。欢迎来到圆月之约音乐聊
　　　天室做客。

弦　月:黑马,和你说过多少次了,不要这样叫我,我叫弦月。

黑　马:我是黑马王子,你就可以是月亮公主。网络上什么事都
　　　可能发生。

弦　月:你总是这么高兴吗?

黑　马:为什么不呢?生活永远有惊喜,网络时代天天都会有奇
　　　迹,本人就有幸遇上了你,美丽的姑娘。

弦　月:(落寞地)惊喜,奇迹?可是我不快乐,也……不再美丽。

黑　马:你的名字多美。弦月,上下如弦,一弯眉月。根据我的经
　　　验,你一定是个特级的漂亮美眉。小生这厢先有礼了。

弦　月:油滑腔。

黑　马:是你的真名吗?

弦　月:艺名。

黑　马:你没告诉过我,你是演员?

弦　月:从前是,跳舞……

黑　马:是吗?太好了……

　　　[黑马跳了一段踢踏舞。

黑　马：(唱)网络世界白天黑夜永无止境，

　　　　　　朋友们聊聊侃侃都是话题。

　　　　　　上网来打个招呼亲切热情，

　　　　　　相识有缘在聊天室里。

黑　马：怎么样。

弦　月：(被黑马快乐的情绪感染，心情好了一些)黑马王子，多

　　　　亏了你每天都在网上陪我，除了上网，我不想和身边任

　　　　何人说话。你是我唯一的朋友了。你总是在这里等我，

　　　　就好像知道我什么时候上网似的。要是没有你，这些孤

　　　　独的日子我真不知道怎样度过。

黑　马：我知道你一定有不开心的事，可是没关系，我也有，聊聊

　　　　天，和朋友见个面，就好了。

弦　月：(心情好转)谢谢，你真好。

黑　马：(忽然忸怩地)弦月，我能见见你吗？

弦　月：见面？

黑　马：对，今晚是十五。

　　　　(唱)月亮圆圆，照着水面。

　　　　　　西子湖边，请你来相见。

弦　月：(下意识地)不，月亮是缺的……我不能出去，我只能

　　　　待在……

黑　马：为什么？

弦　月：(唱)他不知月儿缺多少团圆，

　　　　　　一心要相见。

　　　　　　西子湖里水中月，

　　　　　　怎能来相见。

黑　马：出去走走对心情会有好处。网络世界终究是虚拟的。

弦　月：因为……我很丑。

黑　马：我也很丑。你是恐龙，我是青蛙，正合适。就这么说定

　　　　了，不见不散。

　　　　〔黑马头顶的灯光暗，黑马王子下场。

弦　月：黑马……

〔幕后林大夫的声音:弦月,时间到了。

〔弦月头顶灯光暗,弦月下网。屏幕框隐去。场景回到现实世界。

〔灯光亮。戴着大方框黑眼镜的林大夫上场。屋里摆放着康复锻炼器具。

林大夫:今天感觉好些吗?

弦　月:(苦笑地自言自语)他约我见面……我这个样子,能见他吗?

林大夫:谁?……吃药。

弦　月:(心情不好,猛地推开递到眼前的药)我不吃。

林大夫:(欲发火又忍下)按时服药,坚持锻炼才能早日康复。

弦　月:我的腿好不了了……

林大夫:胡说,你不配合治疗,谁也帮不了你。

弦　月:你不用骗我。

林大夫:谁骗你?真没见过你这号执拗的病人。我们开始练习,扶着杠,试着站起来。

弦　月:(怕)我……站不起来。

林大夫:不吃药,不练习当然不行。你每天泡在网上,那样就能站起来吗?

弦　月:用不着你管。

林大夫:你父母既然请我来,我就要对你的康复负责,我不管谁管。

弦　月:我不……

林大夫:(厉声)起来。

〔林大夫动手扶她,弦月挣扎,弦月倒出轮椅。

弦　月:(气道)不要你扶……

林大夫:……我一时心急。

弦　月:(低声)林大夫……你为我好,可是……我怕……我做不到。

林大夫:(真诚地)我们一起努力,难道你不想再像从前一样站在舞台上吗?

弦　月：从前？从前我能跳天鹅湖的奥吉塔……从前的一切，都
　　　　是那么完美。

　　　　（唱）从前，

　　　　　　　　从前犹如歌声到耳边。

　　　　　　　　第一次谢幕掌声前，

　　　　　　　　舞裙似红莲。

　　　　　　　　从前，

　　　　　　　　不敢想从前，

　　　　　　　　月有盈和缺，

　　　　　　　　弦月难再圆。

　　　　（白）再也没有从前了，什么都没有了，从命运安排一个不
　　　　相识的人撞倒我那天开始。

林大夫：（痛苦地）那是一个罪人，他犯下了罪，却驾车跑掉了。
　　　　对不起……

弦　月：（神色黯然）你有什么对不起的，又不是你撞了我。

　　　　〔林大夫扶起弦月。

林大夫：刚才我有点粗暴。弦月，你自己要有信心，这个时代天
　　　　天都会有奇迹发生，只要你去做。生活就会有惊喜。相
　　　　信我。照我的话练习，我一定能让你重新站起来。

弦　月：奇迹……真的有吗？（记起什么）这句话我好像听谁
　　　　说过。

林大夫：（掩饰地，递药）把药吃了。

　　　　〔弦月勉强接过药。灯暗。

　　　　〔场景进入虚拟的网络世界。圆月之约聊天室。一串欢
　　　　快的键盘打字声，引出轻松的音乐。

　　　　〔灯亮。气氛较前一场景，应要显得欢快一些。黑马和坐
　　　　着轮椅的弦月在舞台两边。大屏幕在后。

黑　马：（和着音乐摇摆着身体）为什么不来赴约？弦月小姐，你
　　　　害我望穿秋水，茶饭不香。

弦　月：（微笑地）有这么严重吗？

黑　马：凭着我们无话不谈的深厚感情起誓。

弦　月:(故意地)我是怕你见了我吓一跳。

黑　马:还要考察我? 你听,今天的主题音乐《天鹅湖》。美丽的
　　　　公主,请你跳个舞。

弦　月:我不能跳。

黑　马:你不是舞蹈家吗? 不赴约,跳舞也不行?

弦　月:(忽然直接地)我的腿不能动。

　　　　[音乐骤停。光束照到轮椅上的弦月。黑马向弦月走去,
　　　　对着弦月深深地看。

弦　月:(故作轻松地)一次车祸。

黑　马:为什么今天才告诉我?

弦　月:因为……我以为我能在网上做一个完整的人。

黑　马:所以你就把精神寄托在虚幻的网络上,来麻醉自己。

弦　月:你怎么知道?

黑　马:研究网络,透过它,我能看透过去、现在、未来和人们
　　　　的心。

弦　月:喔,你看见了什么?

黑　马:过去? (故作瞭望状)那次车祸,在瞬间彻底改变了你一
　　　　帆风顺的过去。

弦　月:(不安地)你看错了。

黑　马:现在,它使初涉人世的你失去了勇气和信心。

弦　月:(抵抗)我没有。

黑　马:你拒绝治疗,排斥任何人对你的帮助,因为你不敢正视
　　　　自己的现状!

弦　月:别说了。

黑　马:(渐渐激动)我还看到,你在继续糟蹋自己,你对不起关
　　　　心你的父母和朋友,你这是在彻底地自暴自弃。你是一
　　　　个懦夫!

弦　月:(受不了)不……你到底是谁,你认识我吗?

黑　马:(恢复活泼态度)弦月小姐,我是个网络专家,能看透过
　　　　去、未来,你忘了? 我的圆月之约,你没有来。

弦　月:……这是真的? 那,我的将来?

黑　马:将来？对了。

　　　〔黑马跳跃着舞蹈,响起一串轻快的键盘声。

黑　　马:(唱)将来,

　　　　　　　将来的事儿不用猜,

　　　　　　　请你跟我来,

　　　　　　　无限网络它帮你看透未来。

　　　〔背景银幕上出现一串串乱码。然后,屏幕上渐渐现出了隐约人影。音乐由模糊到清晰,弦月穿着红舞鞋的影像轻盈地舞出屏幕,掌声,舞者谢幕状。

弦　月:(看得入神而又迷茫)她……是我吗?

黑　马:那就是你的将来。

弦　月:将来,我还能站起来?

黑　马:当然,你要相信科学,这是权威预测。

弦　月:(喃喃自语,心中第一次升起希望)我还能站起来……

　　　　(唱)将来,

　　　　　　　将来犹如歌声入耳来。

　　　　　　　掌声谢幕百花台,

　　　　　　　舞裙恰似红莲开。

　　　　　　　将来,

　　　　　　　疑真又疑幻,

　　　　　　　犹如湖水泛波撞心怀。

　　　　　　　往日是否能重来。

　　　〔黑马一打响指,一群身着五彩缤纷舞服的人们上场。灯光大亮。

毛毛虫:我叫毛毛虫。

空心菜:你好! 我叫空心菜。

弦　月:你好!

情人:我是玫瑰情人。

一　休:一休哥。

小　猪:我是猪头超人。

黑　马:他们都是圆月之约的好朋友。

弦　月：你们好。

黑　马：今天是圆月之约的舞会。大家尽兴地跳。弦月,我请你
　　　　跳第一支舞。

弦　月：我？不,我的腿……我不能。

黑　马：弦月,你忘了？这里是互联网。

毛毛虫：在网络世界里,只要你想得到,什么都能实现。

弦　月：我……

黑　马：从幻想开始,只要怀着信心迈出第一步,将来就能成为
　　　　现实。

一　休：要知道,成功就是从幻想开始的呀。

弦　月：从幻想开始……

黑　马：对,来,站起来。

　　　　〔弦月在黑马的引导下,离开轮椅站了起来!

弦　月：(兴奋地)我站起来了!

　　　　〔众人拍手相贺。

黑　马：(很绅士地鞠躬)请!

　　　　〔黑马带着弦月跳交谊舞。

　　　　〔弦月非常快乐,在欢乐的音乐和人群中,她跳着,就像从
　　　　前一样。

众　人：(齐唱)网络世界白天黑夜永无止境,
　　　　　　　　朋友们唱唱跳跳多么高兴。
　　　　　　　　不要为从前的事儿叹气,
　　　　　　　　不要为将来的事儿伤心。
　　　　　　　　只要把幻想尽情地打开。
　　　　　　　　只要把你的背包加满信心。

　　　　〔黑马隐下。林大夫内声:时间到了。

　　　　〔弦月下网,场景回到现实世界。众人隐下,弦月回到轮
　　　　椅。林大夫拿着水和药毫无笑容地上。

林大夫：该吃药了,弦月。

弦　月：(还沉静在刚才的兴奋里)什么？

林大夫：(提高声调)吃药。

弦　月：(听话地接过)嗯。

林大夫：(奇怪弦月如此合作,把语调放温和)你可以先休息一
　　　　下。等会我再来。

　　　　〔林大夫欲下。

弦　月：林大夫,我,我想开始练习。

林大夫：练习……

弦　月：康复练习。我要重新开始,你帮我,行吗?

林大夫：(十分高兴)好好,练习,当然了,把器械推过来。我们马
　　　　上开始。

　　　　〔灯暗。

　　　　〔灯亮。场景:西湖滨,明月当空,柳树新绿。

　　　　〔林大夫推着弦月从树荫中上场。弦月手里拿着一束花。

弦　月：这么久了,西湖还是这么美。

林大夫：这么久第一次出门。真要感谢那位黑马王子,他把你约
　　　　了出来。

弦　月：不,这次是我约他。

林大夫：(还是一副大夫的死板口气)出来走走,对治疗会有好
　　　　处,这段时候,你的腿部有好转的迹象。

弦　月：你看,月儿真好。

林大夫：是的,昨天还缺一小块,今天已经圆了。

弦　月：他会来吗?

林大夫：你们不是好朋友吗?

弦　月：可是我坐着轮椅,万一他要是……不来怎么办?

林大夫：有些紧张了? 第一次见网友?

弦　月：嗯,人们都说网友约会是见光死。有一回就没第二回,
　　　　他见了我这样,会喜欢吗?

林大夫：(若有所思)我想……他会的。

弦　月：林大夫。你看我……都合适吗?

林大夫：(带着感情打量,仔细地,似乎着迷)……真美,任何人都
　　　　会爱上你的。

弦　月：林大夫,别这样看,我都不好意思了。

林大夫：(意识到自己的失态)噢……

弦　月：开始我拒绝任何人的帮助,是不是很傻?

林大夫：你很勇敢。战胜了灾难带给你的恐惧。

弦　月：黑马王子有一次在网上骂我是懦夫,他的口气和你平时
　　　　一模一样。很凶,那一刻我气得以为他就是你呢。

林大夫：你生气了?

弦　月：当时是,可他说得对,没有他的那些话,我还整天把自己
　　　　闷在网络里。

林大夫：你也很凶,动不动摔东西,你父母只好请来我这尊凶神
　　　　治你。

弦　月：林大夫,对不起,你每天下班后还要来我家,为我做了那
　　　　么多,可我经常对你发脾气。

林大夫：我只是尽一个医生的职责。

弦　月：(递花)送给你。

林大夫：(慌乱地)不,不用,女孩子的东西我不喜欢。

弦　月：哎,黑马王子怎么还不到? 都过半小时了。

林大夫：可能,他有什么顾虑……弦月,我看我们先回去吧。

弦　月：不,我要等他。

林大夫：要是他不来呢?

弦　月：不会的,他一定会来的。

林大夫：你……喜欢他?

弦　月：有一点,(马上又不好意思地否定)我不知道。

林大夫：如果……他骗了你,你会不会恨他?

弦　月：骗我,他会骗我什么?

林大夫：(下决心地)其实……他早来了。

弦　月：在哪? 怎么不过来?

林大夫：我就是黑马王子。

弦　月：你!? 怎么可能? 你天天和我在一起。

林大夫：你上网的时候我消失,下了网我就出现。

弦　月：真是你!

林大夫：(摘掉大眼镜,现出黑马王子的模样)生活永远会有惊

喜,网络时代天天都会有奇迹。

弦　月:(由惊奇转为兴奋)我早该想到。黑马王子,不,林大夫,
　　　你骗了我好久啊!

林大夫:为了让你接受治疗,只有化名黑马王子做你的网友。

弦　月:(忽然恭恭敬敬地给林大夫鞠了个躬)谢谢你,这束花请
　　　你收下。

林大夫:(不知所措)我不配。

弦　月:你为我做的早就超过了一个医生的责任范围。

林大夫:(心情复杂)不,我要请求你的原谅。

弦　月:(开玩笑地)原谅什么? 你说的是哪一个? 黑马王子的
　　　油腔滑调,还是为他学林大夫一样地骂我懦夫?

林大夫:我才是真正的懦夫! 你还记得那个撞了你逃走的人吗?

弦　月:当然,他让我尝到的东西太多了。

林大夫:(沉重而缓慢地)他是一个大学生,学医的。当时,穿着
　　　红舞鞋的姑娘倒在面前,他吓坏了,他没有勇气承认,卑
　　　鄙地逃跑……

　　　(唱)从此我亲手杀害了睡眠,
　　　　　每一个夜晚都无法闭上双眼。
　　　　　十八岁你正值人生盛宴,
　　　　　黯然神伤黑云遮掩了圆月。
　　　　　放弃出国留学我自推自荐,
　　　　　赎罪孽来到你家门前。
　　　　　林大夫态度严厉不讲情面,
　　　　　一心里只望要让你回到从前。

弦　月:你……

林大夫:我想你猜到了,我就是那个肇事者。

弦　月:(一时无法接受)不可能。

　　　(唱)这一切到底是亲眼所见,
　　　　　还是正在梦里体验?

林大夫:不能再瞒下去。我受不了。每天把你蒙在鼓里,看着你
　　　对我完全信赖的眼神,就觉得又犯下新罪。

弦　月：(复杂地)你到底是谁？

林大夫：你恨我吧。

弦　月：恨？是的……我恨你。

林大夫：我已经想好了，派出所就在这里。终于对你说出来，心里好痛快，我这就去自首。希望，他们能让我戴罪为你继续治疗。

　　　　〔林大夫向派出所冲去。

弦　月：(心情激动的弦月在频频刺激之下，条件反射地一下子从轮椅上立起，大声)黑马！

林大夫：(回头惊喜万分)你……站起来了！

弦　月：(不敢相信)我，我站起来了？这是真的？

林大夫：(小心地鼓励)来，别怕，走——到我这儿来。

　　　　〔弦月试着迈开步，摇摇晃晃，但她终于站稳。

林大夫：(迎上去)对，就这样——

　　　　〔弦月扑到他怀里。

弦　月：(抱住林大夫高兴得哭了)林大夫，我成功了！黑马，我又能站起来了！

林大夫：对，对，太好了。

弦　月：你救了我。

林大夫：弦月，让你吃了这么多苦，是我闯下的祸，我要去自首。

弦　月：(喊住他)林大夫！你只有一个网名叫黑马，其他的我都不知道。

林大夫：(肯定地)弦月，我应该去自首，这是我应得的惩罚。

弦　月：你走了，以后谁陪我聊天。

林大夫：(笑了)我会回来的，在圆月之约，网络世界我们相识的地方。

弦　月：你一定会来吗？

林大夫：当然，那里有很多朋友，还有一位特级的漂亮美眉在等我。

弦　月：(笑)圆月之约，一言为定。

林大夫：一言为定。

　　〔网络世界主题歌响起。
网络世界白天黑夜永无止境,
朋友们聊聊侃侃都是话题。
上网来打个招呼亲切热情,
相识有缘在聊天室里。

红 楼 别 梦

吕灵芝

序　　曲

〔宝、黛、钗三人舞蹈的身影。

伴唱:开辟鸿蒙,谁为情种?

　　　都只为风月情浓。

　　　趁着这奈何天,伤怀日,寂寥时,

　　　试遣愚衷。

　　　因此上,演出这怀金悼玉的《红楼梦》。

第一篇章　人生若只如初见

内声:林姑娘来了,林姑娘来了,林姑娘来了……

　　　〔灯亮,黛玉上。

伴唱:身如浮萍转,

　　　千里雁行单。

　　　家乡去路远,

　　　从此梦中还。

黛玉:只身儿来至这深深庭院,

　　　满腹愁绪理还乱。

一张张笑脸犹如虚幻，

待人处事非一般。

我步步前行多谨慎，

人前含笑不多言。

内声：林姑娘来了！

内声：黛玉，我的心肝儿肉。

黛玉：一声唤，撮心肝，

　　　笑脸儿换作了泪眼。

　　　外祖母……

内声：好孩子，莫要伤心。来了这里，便如回了家。来来来，见过
　　　你舅母和众姐妹。

黛玉：是。

　　　〔黛玉不停施礼中，宝玉上。

内声：宝玉，外客未见，怎就换了衣裳？快来见过你林妹妹。

宝玉：是。见过妹妹……

　　　〔宝、黛相见，对视间，时光仿佛停滞。

伴唱：蓦然间撞见了前世的业冤。

宝黛：仿佛是久别的故人来眼前。

宝玉：只见她风露清愁芙蓉面，

　　　似蹙非蹙眉笼烟。

黛玉：只见他宜嗔宜喜春风面，

　　　眉目含笑温柔显。

宝玉：冰雪肌骨玉精神，

　　　原是谪仙降人间。

黛玉：行动乖张无事忙，

　　　多情莫笑他疯癫。

宝、黛：南来北往孤飞雁，

　　　　今日结伴相见欢。

宝玉：这个妹妹我曾见过的。

黛玉：你在北地，我在南边，何曾见过？

宝玉：我瞧着面善，便当是旧时相识。

黛玉：如此，便好。

宝玉：妹妹，可有玉没有？

黛玉：我没有那个，想来那玉是稀罕物件，岂能人人有的。

宝玉：(摔玉)什么稀罕东西，连个人之高低都不择，我不要这劳
　　　什子了。

内声：孽障，何苦摔那命根子。

宝玉：家里姐妹都没有，单我有，原就无趣。如今来了个神仙似
　　　的妹妹，也没有玉，可见这不是个好东西。

内声：你妹妹原有玉，只为你姑母逝去，便将玉作了殉葬之物，尽
　　　你妹妹的孝心，你如何比得？

宝玉：比不得，比不得。妹妹，原是我癫狂，你莫要伤心。

黛玉：一句话，惹人伤感，
　　　真性情，向来痴癫。

宝玉：一句话，暖我心田，
　　　谢妹妹，知我愚憨。

黛玉：休道旧友与新朋，
　　　今日相逢皆有缘。

宝玉：知己从来不多言，
　　　一样情怀一样悲欢。

　　　［时光流转，宝、黛共舞。

伴唱：春日里，共听燕语呢喃，
　　　夏日里，寂寂纱窗同枕眠。
　　　秋日伴游霜林醉，
　　　冬日联诗酒兴酣。
　　　两小无猜长牵念。
　　　暮暮朝朝，似水流年。

内声：薛姨妈带着哥儿、姐儿入京来了。

　　　［宝钗上，拾起地上的宝玉。

宝钗：(念玉上之字)莫失莫忘，仙寿恒昌。

　　　［宝、黛端详着宝钗，三人渐渐靠近。

宝玉：宝姐姐项中璎珞，好像也有字呢。

［宝玉倾身观看宝钗项圈。

宝钗：是不离不弃，芳龄永继。（将玉递还给宝玉）

宝玉：姐姐这八个字，倒像与我的是一对。

　　［黛玉闻言，转身欲走，宝玉拉回黛玉。

宝玉：妹妹。

　　［宝玉拉黛玉走向宝钗，宝玉向宝钗施礼。

宝玉：姐姐。

伴唱：人生若只如初见，

　　　何事秋风悲画扇。

　　　等闲变却故人心，

　　　却道故人心易变。

　　［灯转。

　　［宝、黛渐隐，宝钗独舞，承接第二篇章。

第二篇章　知心一人谁是

宝钗：锦样年华水样流，

　　　瞬息韶光惹人忧。

　　　自从金玉相逢后，

　　　我便如深潭微澜风吹皱。

　　　满腹心事难出口，

　　　衣带渐宽天知否？

　　　春色之中不敢留，

　　　怕被这花儿草儿知了情由。

　　［宝钗吟唱声中，宝、黛舞上，共读《西厢记》。

宝玉：妹妹，这真正是好文章啊。

宝钗：他二人如双双燕子，两两鸳俦，

　　　对对时相守。

　　　我却是万千思绪藏心头，

　　　独自闲行独自愁。

　　［宝钗走向宝、黛二人，宝玉收起《西厢记》，藏入袖中。

〔喜庆的鼓乐声响起。

内声：薛大姑娘生辰，快快摆下宴席，共襄庆贺。

黛玉：姐姐芳诞，特来祝贺。

宝钗：多谢妹妹。

宝玉：听说今日定了一班新出小戏，昆弋皆有，不知姐姐点了什么好戏？

宝钗：《鲁智深醉闹五台山》。

黛玉：是老祖宗喜爱的戏码，姐姐真是有心。

宝玉：如今也只好听这些热闹的戏了。

宝钗：宝兄弟，你白听了这么多年的戏了。这戏虽是热闹，辞藻却好，单是一支《寄生草》，便填得极妙。

宝玉：好姐姐，快念与我听听。

〔宝钗念词状。

伴唱：漫揾英雄泪，

　　　相离处士家。

　　　谢慈悲，剃度在莲台下。

　　　没缘法，转眼分离乍。

　　　赤条条，来去无牵挂。

　　　那里讨，烟蓑雨笠卷单行？

　　　一任俺，芒鞋破钵随缘化。

宝玉：(喜得神魂颠倒)真是绝妙好词。人都道姐姐博闻强识，真是无书不知。

黛玉：安静看戏吧，还未唱《山门》，你倒《妆疯》了。

〔三人相视而笑。宝玉徘徊在钗、黛之间，渐渐迷惑。

宝玉：一个是春日牡丹，

　　　任是无情也动人。

　　　一个是深秋芙蓉，

　　　风露清愁蕴芳馨。

黛钗：他那里左右徘徊令人恨，

　　　有情人怕遇无情人。

宝玉:这边厢端庄含蓄,

　　　　如山中高士令人敬,

宝钗:难道说金玉缘果然是真?

宝玉:那边厢天然真淳,

　　　　如世外仙妹不染尘。

黛玉:难道说木石盟果然是真?

黛钗:有情恰被无情恼,

　　　　假意儿欺诳了真性情。

宝玉:一样儿诗书文章胜才俊,

　　　　一样儿绝世姿容动人心。

内声:怡红快绿各擅场,

　　　　取舍两字最恼人。

宝玉:猛忆起娥皇与女英,

　　　　两厢里都要相近相亲。

　　　〔宝玉牵起钗、黛衣袖,宝钗羞而转身,黛玉咳疾发作。

宝玉:(清醒,扶住黛玉)妹妹,好好地怎又犯了咳疾?

黛玉:你莫要假意惺惺,

　　　　爱金玉又何必挂念草木人。

宝玉:妹妹,好端端地怎又提起金玉二字?

黛玉:你心中如无金玉,又何必怕提及金玉?

宝玉:(恼怒)我白认得你了。

黛玉:我这里既无金也无锁,你自是白认得我了。

宝玉:(砸玉)我砸了这劳什子,大家都安生。

黛玉:(哭)何苦来着,砸这哑巴东西,不如砸我。

宝钗:(拾起宝玉)宝兄弟,你与妹妹拌嘴,也不能砸了玉,如若砸

　　　　坏,你叫妹妹心里如何过得去。

宝玉:姐姐,只是她……

宝钗:妹妹,你向来体弱,这般伤心,怕要伤了身子。

黛玉:姐姐,只是他……

宝钗:(牵起两人之手)言归于好吧。

　　　〔宝、黛欲牵手,却又赌气不理对方。

宝玉:如此甚好,两下里都放开手,免得烦恼。

黛玉:你……

　　〔哭着离去,却在宝、钗谈话间悄悄而回。

宝钗:宝兄弟,玉上的穗子已断,还是早日打了络子把玉络上。

宝玉:姐姐说得是,只是配个什么颜色才好?

宝钗:玉色斑斓,寻常颜色断然不好,不如用金线配着黑珠线络上,才是好看。

宝玉:如此就有劳姐姐了。

　　〔宝玉躬身感谢宝钗,袖中《西厢记》落地。

宝钗:(拾起《西厢记》)《西厢记》?

宝玉:(尴尬,抢回《西厢记》)姐姐莫要声张。

宝钗:宝兄弟,如今你也大了,不如收了这些杂书,学些仕途经济的学问,也好应酬事务。

宝玉:(不悦)宝姐姐,你原是清清爽爽的女儿,怎地满口仕途经济? 我林妹妹她,便从来不说这些混账话。

宝钗:宝兄弟,你且听我一言。

宝玉:姐姐还是别处说去,我这里怕要脏了你的经济学问。

　　〔宝玉拂袖而去,宝钗怔怔而立,黛玉悲喜交集。

黛玉:宝玉果真知我心,

　　　却为何又来金玉论?

　　　一点痴心已成病,

　　　怕是这深情难耐我薄命。

　　〔灯转,宝钗渐隐,黛玉伤心而泣。

伴唱:知心一人谁是,已矣。

　　　赢得误他生。

　　　有情终古似无情,

　　　别语悔分明。

　　〔黛玉独舞,承接第三篇章。

第三篇章　一生一代一双人

　　[黛玉独舞中,漫天飞花。

黛玉:潇湘一夜听愁雨,

　　　清泪共雨湿帘幕。

　　　自从孤身别姑苏,

　　　知心一人唯宝玉。

　　　原道青梅遇竹马,

　　　从此飘零不言苦。

　　　谁知道痴心终被金玉误,

　　　我依旧风雨飘摇一孤木。

　　　愁绪满怀无诉处,

　　　信步园中惜春暮。

　　　这园中女儿共花皆青春,

　　　青春又被雨打风吹去。

　　　人如飞花命如絮,

　　　何处安身何处住?

　　　多情暂把花冢筑,

　　　忍教香魂眠净土。

　　[黛玉葬花。在《葬花吟》中独舞。

内声:花谢花飞花满天,红消香断有谁怜。游丝软系飘春榭,落
　　　絮轻沾扑绣帘。

　　[宝玉兜着落花上。

内声:柳丝榆荚自芳菲,不管桃飘与李飞。桃李明年能再发,明
　　　年闺中知有谁?

宝玉:五月践花送春去,

　　　处处莺啼听笑语。

内声:愿奴胁下生双翼,随花飞到天尽头。天尽头,何处有香丘?

宝玉:何人悲作怜花句,

　　　独自伤心独自哭。

内声:未若锦囊收艳骨,一抔净土掩风流。质本洁来还洁去,强
　　于污淖陷渠沟。

宝玉:花之颜色人之泪,
　　点点泣血闻杜宇。

内声:尔今死去侬收葬,未卜侬身何日丧?侬今葬花人笑痴,他
　　年葬侬知是谁?

宝玉:眼底风光留不住,
　　花魂鸟魂人去无。

伴唱:试看春残花渐落,
　　便是红颜老死时。
　　一朝春尽红颜老,
　　花落人亡两不知。

　　〔宝玉放声大哭,怀里花瓣撒落一地。

黛玉:我当是谁,原来是你这个狠心短命的……(转身欲走)

宝玉:(拉住黛玉)妹妹,你恼了我这么多日,也该消消气了。

黛玉:两下里都放开手,免得烦恼。

宝玉:原是我说错了话,妹妹是打是骂,宝玉都愿承受,就盼妹妹
　　莫要伤心生气,伤了身子。

黛玉:我哭我的,干你何事?

宝玉:妹妹伤心我亦伤心,妹妹高兴我便高兴。

黛玉:就怕你见了姐姐,便忘了妹妹。

宝玉:弱水三千,我只取一瓢饮。妹妹放心便是。

黛玉:你心便如我心,又有什么放心不放心的。(黛玉咳嗽)

宝玉:妹妹身子越发地弱了,如此下去,如何是好?

黛玉:不过是落花流水人去也,只是你……

宝玉:妹妹若去,宝玉便当和尚去。

黛玉:你又来胡说。

宝玉:妹妹……

　　〔宝、黛执手无语,相视而笑。

伴唱:一生一代一双人,
　　争教两处销魂。

相思相望不相亲,

天为谁春。

〔宝、黛渐隐。

内声:林丫头体弱多病,怕是命薄之人。

内声:薛妹妹倒是有福之人,老祖宗,如此这般,你看可好?

内声:也只好如此。做事谨慎些,莫漏了风声。

第四篇章　人生南北真如梦

〔喜庆的鼓乐响起。

〔宝、黛、钗舞蹈,一边是黛玉焚稿,一边是宝玉、宝钗成婚。

伴唱:人生南北真如梦,

卿自沉醉侬自醒,

血泪焚尽犹有恨,

一轮冷月葬花魂。

黛玉:宝玉,你好……(黛玉死)

宝玉:(似乎听见黛玉的呼声,问宝钗)妹妹,是你唤我吗?

〔宝玉欲扶宝钗,宝钗避开。黛玉魂魄走向宝玉、宝钗。

宝玉:天上人间第一事,

自是怡红潇湘成一家。

宝钗:天上人间第一事,

却是李代桃僵真亦假。

黛玉:天上人间第一事,

总是镜花水月终虚化。

宝玉:红绳牵手亦连心,

相爱相亲谱佳话。

宝钗:红绳牵手不连心,

是进是退乱如麻。

黛玉:红绳牵手痛我心,

欲爱欲恨泪飞洒。

　　〔宝玉欲揭红盖头,宝钗避让,黛玉阻拦。

宝玉:林妹妹,好妹妹。

黛、钗:他声声妹妹暖(冷)我心,

　　　　一片真心(还他真相)不做假。

　　〔宝钗自行掀开红盖头。静场。

宝玉:姐姐,这里是我与妹妹的新房,你怎在此处?

宝钗:这是我新婚的居所,我自在此处。

宝玉:我娶的是林妹妹。

宝钗:与你叩拜天地的是我薛宝钗。

宝玉:我妹妹呢? 姐姐,你把妹妹藏哪里去了?

宝钗:林妹妹香消玉殒,病逝潇湘。

宝玉:你胡说。

宝钗:我从来不说假话。

宝玉:(迷糊)姐姐,妹妹爱使小性儿,她若看你在此,又要伤心生

　　　气,你快快回去吧!

宝钗:(狠下心肠)宝玉,你妹妹死了。

内声:你妹妹死了,你妹妹死了,你妹妹死了。

宝玉:天崩地塌,天崩地塌,

　　　声声噩耗,痛断回肠。

　　　半世相思,才共鸳鸯,

　　　一朝冷雨,魂逝潇湘。

　　　我道病愁今朝散,

　　　却为何燕去花落人亡?

　　　华堂依旧鼓乐响,

　　　只是梦一场,只是梦一场。

宝钗:宝玉,我将这红烛换白蜡,你我祭奠妹妹了断情缘。

宝玉:林妹妹,你在哪里啊?

　　　分明昨日共弹琴,

　　　知音一曲心激荡。

　　　分明昨日同下棋,

　　　黑白参差巧搜囊。

分明昨日共作书，
春秋雅事一毫藏。
分明昨日同品画，
情寄丹青入华章。
分明共联诗，
分明共酿酒。
分明同烹茶，
分明同葬花。
分明是心手相牵入新房，
却为何春花秋月换了模样？
是谁人撒下这弥天大谎？
是谁人把妹妹的魂魄伤？
瞬息浮生痛断肠，
碧落黄泉两茫茫。
流年容易拆鸳鸯，
新房缘何作灵堂？
只落得梦好难留，诗残难续，
赢得更深哭一场。

黛、钗：他声声妹妹哭号啕，
　　　　滴滴血泪浸喜袍。
　　　　我心如绞，泪如浇。
　　　　一片痴心谁慰告。

黛玉：宝玉啊，你一片痴心我明了，
　　　　你莫要伤心休念叨。

宝钗：宝玉啊，我一片痴心你可明了，
　　　　深情相待你却不知不晓。

宝玉：妹妹啊，我这里红烛烧，
　　　　你那里白帏绕。

宝钗：红烛烧，
　　　　我一身喜袍不如那一袭素缟。

宝玉:妹妹啊,我这里喜气闹,
　　　你那里形影吊。
宝钗:形影吊,
　　　我一样是孤独无依如浮萍飘。
宝玉:林妹妹……
黛玉:宝玉……
　　〔宝玉似听见黛玉的呼喊。
宝玉:林妹妹,你魂魄未远,回来了?你回来了?
黛玉:我从潇湘到怡红,不曾走,不曾走啊。
宝钗:黛玉,你魂魄有知,就放了宝玉,放了宝玉吧。
宝玉:妹妹,妹妹啊……
　　　又见你潇湘馆中弥汤药。
黛玉:你是我
　　　药中的香竹愿在火中熬。
宝玉:我是你
宝钗:我一片深情如苦药煎熬。
宝玉:又见你花锄下葬落花。
黛玉:你是我
葬下的花蕊把珠泪抛。
宝玉:我是你
宝钗:葬花冢里把我青春悼。
宝玉:又见你偷读西厢叹年少。
黛玉:你是我
　　　书中的心事被东风笑。
宝玉:我是你
宝钗:书中的心事也是我深藏的心思无人晓。
宝玉:又见你焚香弹响古调。
黛玉:你是我
　　　拨动的琴弦别有怀抱。
宝玉:我是你
宝钗:谁把琴弦拨断起惊涛?

宝玉：谁把琴弦断？

黛玉：谁把琴弦断？

宝钗：谁把琴弦断？

伴唱：此恨怎能了？

宝钗、宝玉：林妹妹……你在哪里啊……

宝钗：我与你，多年来暗较锋芒，

　　　情牵宝玉争输赢。

　　　我虽是山中高士晶莹雪，

　　　宝玉却情丝缠绕你寂寞林。

　　　我本想，忘却那金玉良缘，

　　　成全你木石前盟。

　　　却不料父母高堂违我心，

　　　把蘅芜怡红联成姻。

　　　害得你潇湘啼血悲吞声，

　　　天地飘荡一孤魂。

　　　到如今，我入新房你丧命，

　　　都一样是泪眼涔涔。

　　　宝玉把你这鬼魂深牵念，

　　　全不见我也是伤心的人。

　　　妹妹啊，你是鬼魂我是人，

　　　这长短输赢我怎能争。

　　黛玉：宝姐姐……

　　　　　细思量，你也是无辜的人，

　　　　　怕以后，你也成伤心的人。

　　　　　这一根情丝难剪断，

　　　　　你和我都是还泪的人。

　　宝钗、宝玉：林妹妹……

　　黛玉：他二人，一声妹妹两样情，

　　　　　千种心结万般恨。

姐姐啊,我怜你多年心事难成真,

到今日身披红袍满目酸辛。

宝玉啊,我怜你一腔热血结成冰,

往日痴心都成了黄粱美梦一觉醒。

你我三人都伤心,

伤心人愁对伤心人。

　　〔黛玉牵起红绳交到宝玉、宝钗手中,三人连成一线。

宝钗:谁见我泪落无声,

宝玉:我泪落如雨放悲声。

黛玉:轻拭去哥哥姐姐脸上泪痕。

宝玉:谁见我心碎无痕,

宝玉:我心痛如裂皆伤痕。

黛玉:盼抚平哥哥姐姐心中伤痛。

宝钗:谁见我情困如梦,

宝玉:我深情难托已无梦。

黛玉:愿解去哥哥姐姐梦里厄运。

宝钗、宝玉:多少伤心梦不成,

　　　　　　黄泉何处寻亡灵。

黛玉:亡灵已逝休追寻,

　　　不如怜取眼前人。

　　〔黛玉拉近二人,渐渐隐去。

宝玉:眼前人不是我梦中人,

　　　这红绳牵手不连心。

　　　妹妹啊,你奈何桥上驻足停,

　　　我黄泉路上伴你行。

宝钗:宝玉,你当真如此狠心,要让我新婚便守寡吗?

宝玉:宝姐姐,妹妹既去,我心便死。你何必强留我这死心的人?

宝钗:你若心死,怎还有情?

宝玉:这……

宝钗：你若心死，怎还有泪？

宝玉：这……

宝钗：你若心死，怎还有痛？

宝玉：这……

宝钗：宝玉，你可抛下宝钗，可怎能抛下牵挂？

　　妹妹去，你寻死，

　　怎不念众兄妹泪流如泉。

　　妹妹去，你寻死，

　　怎不念老双亲哭断残年。

　　妹妹去，你寻死，

　　怎不念老祖宗撕心裂肝。

　　你一死殉情求心安，

　　可知活着的人儿多艰难？

　　你是痴情深情多情的人，

　　怎做得寡情绝情无情的儿男。

宝玉：死艰难，活艰难，

　　一颗心分成两半。

　　一半儿将死去的人思念，

　　一半儿把活着的人挂牵。

　　自来多情是磨难，

　　到如今才把这情根参成禅。

伴唱：自来多情是磨难，

　　到如今才把这情根参成禅。

　　去也，去也，

　　两下里莫牵念。

宝玉：宝姐姐，多谢你良言点醒，宝玉如今明白了。

宝钗：（惊喜）你终于明白了？

宝玉：明白了，就该去了。

宝钗：（惊疑）你去哪里？

宝玉：昔日曾与妹妹戏言，妹妹若去，宝玉便做和尚去。今日我
也该归去了。

宝钗：你终究不忘你的林妹妹啊……

宝玉：姐姐，我将佛前经卷超脱妹妹亡灵，把这府中富贵留给姐
姐依靠。

宝玉对你心有愧，

害姐姐从此把岁月苦捱遍。

我出牢笼，除篱藩，

一任世人去诓骗。

你莫要恨，休生怨，

我去休牵念。

内唱：去也，去也，

两下里莫牵念。

宝玉：没缘法，转眼分离乍。赤条条，来去无牵挂。哈哈哈，赤条
条，来去无牵挂。

〔宝玉摘下通灵宝玉递给宝钗，渐隐。

宝钗：宝玉，宝玉……你好狠心啊！

你将富贵留，

富贵只是臭皮囊。

你道繁华可依靠，

繁华不过是梦乡。

你超脱妹妹入天堂，

却让我猛然转身见悲凉。

我道你是痴情深情多情的儿郎，

却原来是寡情绝情无情的魔王。

你逃出了这情天恨海天罗地网，

却留我在大观园中苦捱风霜。

这园中有你妹妹的花冢把群英悼亡,

却原来是留给我把痴心埋葬。

宝玉,你好……

伴唱:可叹停机德,

堪怜咏絮才。

玉带林中挂,

金簪雪里埋。

剧终

2014 年 5 月 3 日 02 时 33 分于翠苑

导演工作台本

妈妈们的青春往事①

张建成

渐起音乐:隐隐的军号声……

光荣和梦想的主题……

[周多多旁白:我们警备区大院那拨二十世纪五十年代出生的孩子,从小就崇拜英雄。王坤司令和于阿金阿姨,还有周政委——我的父亲,都是我心目中的英雄。我的妈妈迟敏也当过兵,上过前线,但她不是英雄。

我怎么也不会想到我的父亲是这样得到我妈妈的。

出品人字幕……

画面:……我军阵地前,黄色的敌军士兵,如一群蚂蚁此起彼伏蠕动。

吐火的马克沁重机枪"哒哒哒……"。

敌军前排似割韭菜一排排倒下,后排蜂拥而上,冲不动了,推着尸体一点点朝前拱……

---

① 本导演工作台本根据王槐荣系列小说改编,编剧为王槐荣、李英、金枫。

总监制、总策划字幕……

画面：……一发炮弹在附近爆炸，溅起泥土、石块和残肢，似冰雹砸下来。一双脚畏葸不前，镜头顺着这双脚往上移，她是旅部文工团团员迟敏(18岁)。卫生队队长于阿金见她落在最后不前行，上前猛一拽，迟敏一个磕绊越过血胳膊……

总制片人等字幕……

画面：……马克沁重机枪哑了，枪管通红。

被压制的敌军探头探脑张望……敌方军官端着卡宾枪督战，大盖帽上的军徽清晰可见……

机枪副射手跃出堑壕，向枪管撒尿，枪管犹如淬火的铁器，吱吱啦啦地响着，溅起一阵烟雾。忽然，他胸前腾起一团血雾，猝然倒地。

军事顾问等字幕……

画面：……卫生队队长于阿金拣了几只钢盔，扔给女兵们。

于阿金：撒尿！

于阿金带头解腰带蹲下，其他女兵仿效。

唯有迟敏拎着钢盔一溜小跑。

于阿金(厉声)：你干什么？你给我站住，畏战！再不站住，我枪毙你！

主创人员1字幕……

画面：……山路上，炮火中急速跑动的迟敏。

团指挥所周兴政委举着望远镜……

主创人员 2 字幕……

画面:……突然,周兴屏住了呼吸……

迟敏在小树丛中解下裤子往钢盔里撒尿。

树丛里若隐若现地露出半个白晃晃的屁股。

主创人员 3 字幕……

画面:……望远镜里,迟敏美丽而又张皇的脸。

主创人员 4 字幕……

画面:……我军那挺马克沁重机枪又开始"哒哒哒"地射出子弹,像是犯了顽固性哮喘的老头,大半日咳个不停。

主创人员 5 字幕……

画面:我军阵地前,战士和敌军纠缠在一起搏杀……

主创人员 6 字幕……

画面:王坤端机枪扫射,敌人一片片倒下去,一发炮弹飞来,跟在他后面的王闽西推了王坤一把。炮弹爆炸,烟雾中王闽西一个趔趄栽倒,他右臂没了,鲜血在他身下汇成浓浓的一摊。

于阿金上来了,一把抱住王闽西,用手捂住他血肉模糊的右臂,血汩汩地从她指缝流出。他用黏糊糊的左血手摘下一只水壶递给于阿金。

王闽西(因失血过多而虚弱的声音):酒,快,去给团,团长!

主创人员 7 字幕……

画面:阵地上,在炮火和硝烟的衬托下,一株金色的小向日葵在滚落的钢盔旁尽情怒放。

1. 祠堂战地包扎所　夜　内

微弱的篝火。在寂静中,远处隐隐约约传来铁锹碰击多石的泥土,十字镐迟钝地敲打地面的声音,以及口令声和马儿喷着响鼻的声音。

担架的一小部分,被放在一侧,上面蒙着军被、白床垫。

于阿金在给一位躺在担架上已牺牲的烈士洗脸整容,迟敏端着脸盆给她当助手。于阿金替烈士拉正帽檐后,蒙上白布,用手背挥了挥,让战士抬走,又一副担架抬了过来。于阿金抄起剪刀,娴熟地剪开绷带,用毛巾拭擦他赤裸的前胸。迟敏害羞地别过脸,歪身端着脸盆。于阿金脸露愠色。

于阿金:脸盆。

迟敏把脸盆送前一点,仍不敢扭脸。于阿金洗毛巾,脸盆内的水变成红血水。于阿金不悦地用挤干的毛巾敲一下脸盆上沿。

于阿金:自己的牺牲同志有什么好怕的?

迟敏:我、我……

于阿金:你是当兵的吗?

于阿金不由分说决绝地把毛巾往迟敏手中的脸盆中一掖,用目光横了一眼迟敏,忽闪的火光映出迟敏委屈、窘迫的神情。

于阿金:迟敏同志,你的表现很不好,我要处分你!

于阿金丢下话,走向下一副担架。

篝火光中,迟敏拿毛巾的手抖瑟……

篝火光中,迟敏拿手巾的手变得利落,她吃力地给烈士更衣……

2. 祠堂外的空地上　夜　外

王坤和周兴政委来了,摘下军帽,默哀。王坤在于阿金的引领下,走向一副担架,王坤越走越慢,身躯有些摇晃,步履沉重、拖沓。他蹲下身,揭开白垫单一角,借着篝火忽闪的光凝视着王闽西那张苍白的脸,习惯地朝后伸手,他很快觉察到已没人给他递盛酒的水壶了,眼里渐渐渗出了细密的泪花。他摘下身背的水壶,把酒浸没到军帽一角,蘸到警卫员唇上,他的手在微微颤抖……

王坤：叶司令送来十坛好酒，你怎么就、就先走了，我们说好了一块喝庆功酒，干吗啊！

猛然，扬起胳膊"啪"地捆了老警员一个耳光。

两行泪水夺眶而出，他有些哽咽地对身后的张处长（25岁）说：你去找人给他做一只木头手，安上后再下葬，来世投胎好扶犁把。

3. 战地包扎所　夜　内

他们走进病房。这是一个祠堂，汽灯吱吱作响，映照如白昼。

他走到全身缠满绷带的赵连长床前，垫单上满是血，胸部绷带上也是血，血已凝结成了血块。赵连长一见王坤掀动鼻孔，可以听见他喉结"咯咯"在响，目光死缠着王坤手中的水壶。这眼风王坤太熟悉了。他会意地拔开了水壶塞，俯身给赵连长喂了一口，正欲喂第二口，站在旁的于阿金赶快阻止。她没戴帽子，假小子头。

于阿金：王坤，伤员不能喝酒。

王坤不忍心地看着赵连长那开始更快滚动的喉结，转身去探视其他伤员。

病房内皆是酒香，沁人心脾。病房内所有能动的伤员似乎都嗅到酒香，能动的伤员，或撑身，或转头，能出声的都发出了声："团长、团长……"不能动弹的，被缠满绷带，只露口鼻眼睛的伤员嚅动的嘴唇，无一例外，鼻翼都在翕动，贪婪地吸着酒香。

看着这一幕，王坤那张铜皮似的脸笑得灿烂。

王坤（心声）：他娘的，九团就是酒坛（九团），只要有酒，就有战斗力，有酒就会恢复战斗力。

他刚才被受重创后堵着的胸口"豁然开朗"，他喊道：阿金，拿三坛酒到这儿来！

于阿金：伤员不准喝酒。

王坤眼睛乌珠一翻：酒不能喝，闻闻总可以吧。酒去邪哩。

蓝岚（画外音）：队长……于队长……

她气喘喘地跑来。

于阿金（大喊）：我在这儿呢！别急……

蓝岚：于队长……

于阿金:什么事儿?

蓝岚(欣喜):……

周兴目光聚集在蓝岚身上。

周兴(怜爱):小鬼,看你急的! 慢慢说。

蓝岚:王、王团长的警卫员……还有气!

王坤僵住了。

蓝岚捂着嘴,哭了。

王坤光着膀子脚步踉跄地奔了出去。

于阿金(急切):快,快去准备手术呀!

蓝岚眼里闪着泪花和于阿金冲出门。

4. 祠堂内的戏台　日　内

松树搭成的绿色拱门,上面依稀可见"庆功会"字样。

身戴大红花的指战员有说有笑地围桌而坐,豪饮。前面的土台基上文工团团员正在助兴演唱:

淮海战役——打响了,

人民的力量——蒋匪胆寒,

我们有毛主席英明领导,

我们有兄弟部队协同作战,

我们有高度灵活机动,

我们有广大的人民支援……

台下,周兴用手在膝盖上和着拍子,目光聚焦在迟敏眉宇间的那颗红痣上。台上的迟敏察觉到周兴异样的目光,有些羞赧地投以一瞥。

王坤瞥了一眼专心致志看演出的周兴,察觉到有内容,哗哗往几个碗里注酒,先自己喝了一碗。

王坤:二号,喝酒呀。

周兴摆摆手:我不会喝酒,你们喝,你们喝。

王坤(正色):二号,你到我们团不会喝酒可不成。我们九团是酒坛,不会喝酒,你这个政委怎么和下面打成一片,怎么做思想政治工作?

王坤双手端酒。

王坤：喝！

周兴接碗抿了一口酒，呛得咳嗽。王坤等人一哄而上，硬把一碗酒给周兴灌了下去……

周兴微醺，目不转睛地盯着台上的迟敏。

王坤循着周兴的目光看去。

王坤：这个丫头呀，脸模子漂亮，打仗不怎么的。听阿金说，畏战哩，执行命令不坚决。

周兴（不以为然）：第一次上战场，何况人家一个姑娘家的……

王坤：下面可有人要求团部处分她。

周兴：一号，人家是旅部的，我们处分怕不合适吧。

王坤：总要给下面一个交代，你是政委，至少给她一次劝诫谈话吧。

周兴：就这样吧。

周兴说话间眼神飘移台上，不眨眼。

台上，迟敏和韩香玉在表演。

迟敏：枪杆诗，我来到，新鲜事，都知道。行军大家帮，打仗称英豪。大家都写枪杆诗，好人好事表一表。

韩香玉（接茬）：炸药炸药，脾气真躁；把你捆好，送上坦克，轰隆一声，乌龟炸倒！

台下一片叫好声。

王坤一条腿踩上条凳，高举双手（夸张）带头使劲鼓掌，下面鼓掌声随他手势起伏。

坐在一角落的于阿金瞥一眼王坤，又望望台上众星捧月的迟敏，鼻子哼了一声。

于阿金（轻声）：有什么了不起的。

王坤专注于台上的表演，手中的香烟结了很长的烟灰都忘记掸了。

冷不丁伸过一只胳膊肘捅了他一下，他手一抖，烟灰掉了。

[镜头从王坤角度，显现于阿金一张笑吟吟的脸。

于阿金（妒意）：好看是吧。

王坤极不自然,摸鼻子掩饰,拿起酒碗。

王坤:好酒,好酒,阿金我们干了!

两人碰碗,于阿金冲王坤使了个眼色,王坤扭头,周兴两眼热辣辣地在迟敏脸上转悠……

于阿金(咕噜):怂包蛋!

王坤:什么意思?说谁?

于阿金:你说是什么意思,就是什么意思。你说是谁就是说谁。

掌声骤起,演员谢幕。

团首长依次上台接见演员。周兴有几分酒态,步履蹒跚。众目睽睽下,他失态地握住迟敏的手不放,似乎一松手她会飞走似的。

周兴:小鬼,演得不错哟。

迟敏的目光闪着,被垂青得惶恐不安。

迟敏:谢谢首长夸奖。

她的目光与他碰撞了,她的小手本能地从他的大手中挣脱出来。

5. 卫生队宿舍　夜　内

临时搭建的卫生队宿舍,也是小型的包扎所,迟敏正在整理绷带等用品。

周兴有些酒意地撩帘进屋。

迟敏:政委……你哪儿不舒服吗?

周兴:舒服……我没有哪儿不舒服……

迟敏:那……政委有什么事吗?

周兴有些窘迫地:当然……有事,哦,没事,哦,不不,有事……

迟敏:政委,您……

周兴憋了半天:我、我是来给你训、训诫谈话的。

迟敏愣了一下,拿过一张条凳坐下。

周兴:这次阻击战,你执、执行命、命令不坚决……贻误了战、战机,要死、死多少人哪,让你脱、脱……

不胜酒力的周兴眼睛直直地盯着迟敏。

迟敏眼里瞳仁闪耀"隐私"被人窥见的羞赧神色,脸涨得通红,看上去煞是惹人怜爱。

周兴:迟敏,嫁给我,你一定要答应我。

迟敏瞧他这模样,吓了一跳,一时手足无措,眼睛看别处,呼吸无来由地急促起来。

周兴:迟敏,嫁给我吧。

迟敏:周政委……你吓住我了。

周兴:为什么?

迟敏:周政委……你是首长,你起来,我们再说好不好。

周兴:今儿你不答应,我就不起来。

迟敏轻轻叹息一声,背对周兴。

迟敏(忸怩):我出身不好,是资产阶级家庭……

周兴:你背叛反动家庭,参加革命队伍,追求光明已证明你是好姑娘了呀。

迟敏(委婉):我配不上首长,部队规定嫁团职干部必须是正式党员,我才是预备党员,不够资格。

周兴:我可以等你转正,我可以等。

迟敏转过身来,眼里噙着泪光。

迟敏(柔声):周政委,咱们慢慢说好吗?

[周多多旁白:据说,我妈妈当时按上级的安排,是要嫁给一个骁勇善战的独眼龙营长的,她私订终身,受到组织上的处分,取消了预备党员资格,她原指望通过战争考验,重新火线入党。然而,战争很快结束了,全国解放了。为了实现重新入党这一心愿,她整整付出了近半个世纪的努力。

6.团部 夜 内

墙上悬挂着大红"喜"字,喜气洋洋。两张桌子上的酒菜很简单,周兴和迟敏着簇新的军装坐在长凳上,迟敏羞怯地依偎着周兴,一脸幸福。司令部贺副参谋长(25岁上下)蓝岚夫妇、政治处宫主任(23岁)韩香玉夫妇、后勤张处长等男女军人围着他们推杯换盏……

周兴酩酊大醉,王坤也醉了,互相搀着挨个给大家敬酒,王坤脸红脖子粗。

王坤:老周,你太无组织无纪律,闹个党内严重警告处分,活该!

周兴一拍大腿,摇晃酒碗(放肆地):喝,喝。换个漂亮老婆,值!处分算什么?你当我不知道,你老王挨处分比我多,降职到当、当马夫……

王坤:老子,还、还不是凭战、战功,一步一步打上来,团、团长还、还给我……可惜,你老周犯、错误,连累人家迟敏,把预、预备党员丢、丢啦……

于阿金:迟敏,虽说你现在是政委的爱人了,但把预备党员给丢了,说明思想上还是有差距,不过不要紧,以后你跟周政委可以互帮互学,争取重新加入党组织……

迟敏(使劲地点头):大姐——

7. 外景警备区大门/办公楼 日

[字幕:1955年春末

一辆外壳布满长途跋涉泥浆的美式吉普车疾驰着。它驶过挂有"中国人民解放军婺州警备区"招牌的大门时,两侧哨兵(50式军装,以下其他军人均同)持枪立正行注目礼;吉普车在办公楼的台阶前停下。周兴戴墨镜从驾驶室跳下车,王坤等七八个等候的男女军人迎上前去。他们都是二十世纪五十年代军人装束,大盖帽,佩戴胸章。

周兴摘下墨镜,王坤迎上前去,亲昵地用拳头当胸捶了一下周兴。

王坤:老伙计,一路辛苦!

周兴:王司令,让你们久等了。

男女军人抬手向周兴敬礼。

周兴上前握手寒暄。

[镜头随周兴目光移动……于阿金牵着王援朝(5岁),贺副参谋长夫妇,官主任夫妇,张部长……在他一侧一身北方农村妇女打扮的张婶身上停住。

张婶表情有些腼腆。

周兴:哟,还都是九团老窝子里的人哩。

王坤:可不,解放婺州后,九团部队去抗美援朝了,团部机关和直属队留下来,搭起警备区的架子……

他们边走边说。

吉普车后门打开了,迟敏下车,抱下周多多(3岁),往下搬皮箱、包袱……

众女兵表情激动地张开臂膀和张婶一起迎上来。

于阿金:迟敏——

迟敏:于大姐——

两人拥抱在一起。

迟敏拍拍周多多的头,指着于阿金和王援朝。

迟敏:叫于妈妈,叫——

她将目光转向于阿金,于阿金会意。

于阿金:叫援朝哥哥吧。

周多多(大方):于妈妈、援朝哥哥。

周多多伸出友谊的小手,被生分的援朝拒绝,他躲到于阿金身后窥探。

迟敏止步,眼睛直直看援朝(一脸疑惑):大姐,你不是不能……

于阿金有些尴尬,用眼神制止迟敏发问。

众男军人簇拥着周兴向办公大楼台阶走去,王坤:我还以为我们这辈子真不能再做搭档了哩。你来就好了,我这正有一件挠头皮的事等你这个政委来处理。

周兴:是军衔评定工作吧?

王坤突然缄默,在台阶顶平台上站住了。他幽幽眺望着远处女兵们的身影。

8. 内景小会议室　日

会议桌由两张乒乓球桌拼接而成,两侧坐着十余个女军人,政治协理员左夫(30岁),他双手按着桌上的文件夹,瞧着叽叽喳喳的女兵们,神态透出意味深长的样子。

王坤和周兴一前一后进来,在空位上坐下,神情肃穆。

顿时鸦雀无声。

左夫：今天，把女同志们召集起来开个会，首长很重视，在百忙中抽时间来参加。今天会议是传达国防部的一个决定，（为难、推脱）先请首长讲话。

王坤与周兴对视一眼，都不愿意先说。

冷场。

周兴：王司令，你是一号，你先讲。

王坤：老周，还是你说吧，现在你是一号，党委书记第一把手，你说。

见军政首长失态"谦让"，下面女兵一阵哄笑。

周兴：我们欢迎王司令做指示。

说着带头鼓掌，引发一阵掌声。

王坤被逼无奈，霍然起身，帽檐往下一压。

王坤（阴着脸）：我只说一句，你们必须按三大纪律八项注意第一条办，一切行动听指挥！我的话完啦。

话音刚落，他背着手走了。

左夫用目光盯视周兴，周兴不动声色地朝他使了个眼色，左夫苦着脸，打开文件夹。

左夫（机械）：国防部《关于处理和留用妇女工作人员的决定》……

于阿金一愣，五官扭曲；

迟敏脸色大变；

韩香玉眨巴眼睛，茫然；

蓝岚眼睛睁圆，愕然……死寂。

左夫（声似蚊蚋）：……在军、师及其以下的机关、部队，除师属卫生营外，无论担任何种职务的妇女工作人员，应一律调离部队，分别按转业或复员处理，并限于——

嘤嘤嗡嗡议论声，压住了协理员的声音。

左夫（提高声调）：……期满后未处理者，停发薪金，一律停止供给。

迟敏（画外音，苏北腔）：太伤人感情了！我们犯什么错误了？处理！凭什么处理我们？！

于阿金(画外音,绍兴腔):喊,妇女工作人员?歧视妇女。打鬼子、打老蒋那会儿抢救伤员时怎么不说不要我们?现在嫌弃我们啦!

韩香玉(画外音,广东腔):哼,江山打下来了不要我们了!过河拆桥!

蓝岚(画外音,天津腔):是嘛,嫌女人累赘,那还找女人,和女人结婚干什么?

左夫握笔不动,死盯着文件夹,一筹莫展,埋头吐着烟,一声不吭地听着女兵们的数落。

[镜头停在周兴脸上。

这是政委职责,他必须面对这场比战斗动员还难的动员。王坤可溜走,他不能。

周兴(低声):大家感到委屈情有可原,可这是国防部的命令,为了建设现代化国防军,全国十一万女军人,要转业、复员十万,又不是针对你们几个,为部队建设大局,牺牲局部——

于阿金站了起来。

于阿金:凭什么要我们牺牲?歧视妇女嘛,还解放妇女,男女平等,放屁!国防部的放屁决定!

左夫(惊恐):于大姐,你这是什么话,这话犯原则。

于阿金:去你妈的!

左夫:你……你怎么能骂人?你要对自己的言行负责!

于阿金(瞪着凸出的眼珠):处理我好了,本来就受处理了。我怕什么?战场上我都死过多少回了,我是从死人堆里爬出来的人,我还怕处理不成!

周兴(息事宁人):于大姐坐下吧,有话大家坐下慢慢谈嘛。

于阿金(爆发):有什么好谈?再谈也是扒我军装!

话毕,她抄起椅子一摔,拂袖而去。一阵凳子声叮当乱响,韩香玉、蓝岚几个女军人跟随,已起身的迟敏瞥了周兴一眼,快快不乐地坐下。

9.内景　周政委卧室　夜

银色的月光洒在二十世纪五十年代的架子床上,床里侧躺着面朝墙壁背对周兴的迟敏,周兴有了求欢的要求,她礼貌又冷漠地推开那挑衅的手。

周兴：都一个礼拜了……再说这个事不赖我，这是国防部的命令，我只是一个贯彻者。

迟敏不语，她再一次推开周兴那只伸过来不怀好意的手，动作坚决。

周兴有了挫败感（柔声地）：敏，咱们别闹了好吗？我给你讲了多少次了，你有文化应该懂这个道理，你跟着闹，有损我这个政委的威信，让我怎么做工作？也损害你自己的形象嘛。这么闹，能解决问题？就能不复员啦？上级命令，抗命没用处呀，还怎么着？你有义务维护我的威信……

周政委伸出一只手挽住了她的脖颈，她从激烈抵抗转向半推半就。

10. 内景　机关托儿所　晨

迟敏着军装从托儿所出来，她的帽上没军徽，上衣左上方那块胸符也去掉了，她见王坤牵着小援朝停步招呼：王司令早。

援朝一只手被王坤牵着，另一只手揉着眼睛，头发翘着，裤腿一只高一只短，样子邋遢。

王坤（骂骂咧咧）：我家那婆娘不理家政，不烧饭就算了，晚上孩子尿床也不管，我这老爷们尽干些婆婆妈妈事，这些天就没睡过囫囵觉……哟，来不及了，迟敏，你替我送一下孩子。

望着王坤急速小跑的背影，迟敏蹲下身替援朝整理。

援朝：迟妈妈，我妈妈不喜欢我和爸爸了。

迟敏：你胡说什么！

11. 内景　王坤家　日

于阿金和韩香玉、蓝岚围坐在一起，她们的装束和迟敏一样。

韩香玉：我和老头子整日不说话，十多天了就不准他碰我身子，看他们离了女人怎么过日子，谁让我们是处理人员。

蓝岚：我当甩手掌柜，我家两个"小光头"白天好办，托儿所管着，晚上就不好办了，老贺刚哄睡了这个，那个又闹腾，老贺被弄得焦头烂额，支持不住了，参加军训会议竟耷拉着脑袋打瞌睡，挨你们王司令一顿骂。嘻嘻。

蓝岚：医务室的小金才厉害哩，把吃奶的孩子丢给了保姆，兀自回老家探亲去……

于阿金：姐妹们，今天中饭咱们冷灶，一块下馆子去……

迟敏来了：于大姐，闹也闹了，军装也扒了，这件事是国防部的命令，下面是贯彻，执行命令是军人的天职……

于阿金（讥嘲）：你怎么说得和周政委一样。

蓝岚：夫唱妇随呗。

迟敏尴尬。

12. 外景　警备区大礼堂　日

[字幕：1955年国庆节，军区在警备区举行授衔授勋仪式。

穿着笔挺海蓝色礼服，扎武装带，胸挂叮当作响勋章，肩扛金星肩章的军人，气宇轩昂地踏着咯吱咯吱的将校硬底皮鞋步出礼堂。

门阶一隅，于阿金军帽军衣军裤解放鞋尽染黑色，立在出口"示众"。军人们一脸诧异，驻足瞄一眼即走，无人围观。

周政委和王司令有说有笑步出礼堂时看到这一幕，周政委大惊失色，王司令那笑凝住，变成了无奈的苦笑。

王坤：老周，我……这也太不像话了，你来收拾吧。说完，装作没看见，扬长而去。

周政委一把拽住老于阿姨的手，拉她到一侧：你这是干什么？

于阿金：黑人。

周兴：捣乱！（压低声音）可你要考虑老王的影响，你这样闹，以后他怎么带兵？

13. 内景　王坤办公室　日

肩扛大尉军衔（55式军装，以下军人军服同）的左夫一脸委屈地从办公室走出来。

肩扛少校军衔的王闽西进来了：老团长，我有事请你帮忙。

王坤（略感意外）：刚批评走一个，又来一个，你也嫌军衔评低了？

王坤见茶杯里没水了,起身拿热水瓶倒水:你职务限制,只能给少校,凭你的资历是委屈点,组织上承认你的贡献,不是给了你三枚勋章……

不见回音,他转身,目光从王闽西那空荡荡的右袖管移向胸前的三枚勋章,停落在他肩章的那颗星上。

王闽西:我想好了,革命胜利了,我要复员,回乡建设新中国。喏,这是报告。

王闽西递上一张香烟壳,郑重其事地举起左手敬了个军礼。

王坤连瓶塞都忘了盖,接过那张报告:开什么玩笑,乱弹琴!

王闽西:不是开玩笑,革命就是为了过好日子,老团长,我想好了,我要回家当农民,过好日子。

王坤(反诘):你流血拼命,就为了三分耕田一头牛?农民意识!你这是革命意志衰退!

王闽西:老团长,我右手没了,残疾人给组织添麻烦哩,再说我本来就是农民,不种田还能干啥?

王坤(恼火):台湾还没解放!这报告收回去就算了,否则,开除党籍、军籍!

王闽西:开除就开除,你总不能枪毙我吧。

王坤拍了桌子,把那张报告撕了揉成一团,摔到他脸上:混账!你要是走,老子再也没你这个战友,不见,十年不见,三十年不见,四十年不见!不见!不见!

王闽西(火爆):不见就不见!

他晃着右臂下那截空袖管摔门就走。

王坤惊愕的脸抽搐。

那没上塞的热水瓶被摔得粉身碎骨。

14. 内景　王坤司令家　傍晚

于阿金坐在饭桌前喝闷酒,王坤牵援朝进屋,她不搭理。

王坤:你闹够了没有?你不想想,比起牺牲的同志,我们赚了。(痛楚地自言自语)宝山狙击战,……上去时我们九团齐齐整整,回来时稀稀落落。一天的工夫,撤回时连枪都没人扛了,像木棍一样捆着挑回来……牺牲的同志为我们有今天才折了阳寿……

于阿金有所触动,拿酒杯的手颤抖。

王坤:对了,我差点忘了。

他从衣架口袋里掏出一个包,笑眯眯地往桌上一放。

王坤:你不去领,我替你领了,你够不上领勋章,奖章还是有的,组织上肯定你的功劳了嘛。

于阿金:谁让你去领啦?!军装都扒了,还要这个干啥?

话这么说,王坤一转身,她急不可耐地打开包。

红布上"独立自由""解放"两枚奖章熠熠生辉。

15. 王坤办公室　日　内

张部长(上校军衔)来了,张部长把小酒坛往桌上一放,抄椅子坐下:出差去上虞,给你捎上当地名酒女儿红尝尝。

王坤也不客气:叫你嫂子做两个好菜,下班到我家喝酒,好好喝两盅。

张部长(伤感):咱们喝酒的伙计又要少一个啰。

王坤不解。

张部长:王闽西复员不是批准了?

王坤(不以为然):我没同意。

张部长:听说周政委做主,让政治部把报告送上去,上头也同意了。

王坤(作色):什么?!

他撇下张部长,一声不吭地背手走了,张部长愣住。

16. 内景　周兴政委家　晚上

迟敏坐在沙发上打毛衣,周兴戴着墨镜在看文件。

王坤进屋,周兴一瞧他的神情,心里不免也有些发怵。

迟敏麻利地给王司令奉上茶杯:王司令,喝茶。

王坤(命令式口吻):老周,你把那破玩意摘下,又不是算命先生。

周政委一愣,摘下了墨镜,一脸讪讪的神情暴露无遗。

232

迟敏(解释):王司令,我家老周不是摆架子,他视力不好,你知道的,淮海战役他的眼睛被敌人的凝固汽油弹烧伤了。

王坤(没好气):我和政委说事,你老娘们插什么嘴!是周兴当政委还是你当政委?保密纪律你懂吗,不该知道的不能知道,不该听的不能听——你,你给我给我到一边去!

迟敏悻悻地丢下毛线活起身了,她进卧室掩上门。

王坤:老周,你要注意哩,管好你这个婆娘,下面反映可大了,插手军务。

周兴很难堪。

王坤:听说你批准王闽西复员啦,他一条胳膊到地方上咋整……

周兴:党委会上不是有决议?让他干地方,也是组织照顾。

王坤:我没同意。

周兴:少数服从多数,我只是执行党委决议。

王坤脸红脖子粗,喘粗气。

周兴:王司令,你脾气也该改改啦,过去打仗比较单一,一切由军事首长当机立断说了算,现在不同了,条令条例都有了,要照规矩办,要尊重集体领导。我私下与你没少说,在党委民主生活会上也给你提过意见。现在我们要与方方面面打交道,要与水平能力参差不齐、性格特点不同的人一道工作,天天要处理各种各样的矛盾,解决各种问题,你可要注意工作方法。你揽事太多,太有主见,常常听不进别人的意见,这不好……

王坤(挖苦):呦,难怪你弄个算命先生的破玩意戴着,藏着掖着。你这个周兴,变了,现在说每一句话,都要在肚子里消化过后,才会吐出来。

周兴被噎住了。王坤起身,他一支烟吸光,摸出烟盒,见没烟了,将空烟盒揉瘪一扔,伸手从周兴口袋里掏出一盒烟,抽出一支点着,把烟盒丢到茶几上,喷出短促密集的烟云。

周兴(正色):老王,这个事,按党委分工归我政委分管——

王坤:你说我越权?我、我不同意王闽西复员,要不这个司令你来干!

王坤摔门而去。

迟敏出来了,拿起茶几上文件晃着。

迟敏(愤愤然):你呀,真窝囊!他训你就像训小兵,你好歹也是个和他平起平坐的政委,他正师级,你也正师级,哼!凭什么?

周兴(咆哮):你有什么资格这样说王司令,他是老红军!战友情你懂么?王司令和王闽西是彼此可以用身体为对方挡子弹的兄弟!迟敏,我可警告你,我最烦你干政!

周兴一把夺下迟敏手中的文件。

周兴:今后,我的文件不许你随便翻!

见周兴真生气了,迟敏软了。

迟敏:好好,我的政委同志,就按你说的办,床上是夫妻,床下是同志。开饭。

[周多多旁白:王闽西叔叔最后还是不辞而别了。王司令丢下狠话四十年不见!没想到这句话一语成谶……一对生死与共的战友"犟"到四十年后相见时,已经阴阳相隔了。

17. 内/外景　警备区大院　早晨

广播响起军号声。

首长们走向办公大楼,军衔低的军官率先向军衔高的军官敬礼、还礼……走廊里胳肢窝夹文件夹的尉级军官走进走出,硬底皮鞋踩地板嘎吱嘎吱响……电话铃声此起彼落……

家属院内的家属有的挎菜篮子结伴上菜场,有的送孩子上托儿所、幼儿园……她们迈着从容的步子,互相照面打招呼……

[周多多旁白:急促的冲锋号声已远去,枪声炮声厮杀声没了,首长们按部就班地上班。家属们不用再为牵挂丈夫的生死而提心吊胆了。闲来无事的首长夫人们喜欢去于妈妈家里串门聊天,我妈妈拉不上话,显得孤立,又要强,不服软。于是,我妈妈和于妈妈有了芥蒂。

18. 内景　周政委家　傍晚

周政委皱着眉头在看一份"录取通知书",看毕,他几下撕碎,揉成一团丢地上。

周兴:还读什么书？中学文化,够用一辈子了哩。

迟敏:我读夜大学文化,为参加工作。你,你不尊重我!

迟敏在地上拼凑"录取通知书"的碎片,急赤白脸地抗议。

周兴:尊重？我要的是老婆,要的是孩子她妈。

迟敏:我是人,有人格,应该有自己的追求。亏你还是政委,满脑子封建,尊重妇女你懂么？你在外面做报告是怎么讲的……

迟敏才不管立在一侧进也不是退也不是的警卫员在场,训斥起周政委。在她眼里,周政委在外人眼里是首长,在家她是首长,他是她老公。

周政委大概也觉察到某种不妥,冲她使了个眼风。

周兴:好了,我的大知识分子,你的文化墨水比我们当司令政委的都高,够了。你出去学文化,这孩子谁带？还让我上班带办公室去？

周政委挂免战牌了。

迟敏心领神会周政委的眼风,溜了一眼警卫员,破涕为笑。她在场合上必须维护周政委的威望。

19. 内景　　王坤司令员家　　日

蓝岚:抗战那会儿,我们在前方打仗,头发都剃光了,哪分得出男女,到宿营地同居一室,不管男女倒头就睡,啧啧……

韩香玉:几个月不来"红"是常有的事,咳,我们家老宫嫌我不会给他生孩子……

她哽咽了,眼圈红了,眼里闪出了泪光。

张婶:我听顾副司令老婆说,她家老顾骑马带着战斗部队往前赶,撂下家属在后面。她背着孩子,颠着小脚跋山涉水,到了宿营点,哄孩子睡了,然后挑脚泡,穿上马尾毛……我看过她的三寸金莲,脚底板的老茧足有铜板厚。

她边说边用拇指和食指比划。

蓝岚:是嘛,全国解放了,不要我们女兵啦。

提起这个,这些曾经出生入死的女兵,来情绪了,眼里闪动着一样的神色,唏嘘不已。

于阿金：当女人难，当女兵更不容易。咱们有今天，都是前方拼命得来的，不像有的人，靠一张漂亮的脸蛋，在文工团蹦蹦跳跳，嫁了个大干部，老公拼命换来的东西，她一结婚都得到了。

于阿金正讲得起劲时，迟敏一只脚已跨进门槛。她听出是在说她，僵在那儿，脸一阵红一阵青，但于阿金背对着门，没看见。

蓝岚瞧见迟敏，对于阿金挤眼睛。

于阿金没注意。

于阿金：哼，你老公有功劳，又不是你有功劳，有文化就了不起啦，看不起工农分子……

蓝岚：哎，老迟来啦，坐坐。

蓝岚高声一喊，起身来拉迟敏。

于阿金扭头，一脸尴尬，起身。

于阿金：哦，迟敏。

迟敏挣脱了蓝岚的手，逼视于阿金。

迟敏：你怎么可以这样背后议论人，你们欺侮人！

迟敏扭身，头昂昂地走了。

20. 内/外景　警备区礼堂　夜

礼堂里留声机传来苏联歌曲《祝酒歌》浑厚、激扬的歌声：

> 同志们来吧，
> 让我们举起杯，
> 唱一支饮酒的歌，
> 让我们回忆起，
> 最珍贵的一天，
> 唱起了愉快的歌。
> 为强大的陆军为光荣的海军，
> 我们来干一杯……

于阿金和她的"同党们"趴在礼堂窗玻璃外朝里窥探。

〔镜头随她目光移动。

舞池里，苏联顾问穿着时髦的吊带裤、白衬衣，拉着舞伴迟敏跳"快三"，一招一式是那样标准，节拍和音乐旋律严丝合缝。迟敏一袭白色"布拉吉"(连衣裙)，像一只白蝴蝶飞来飞去……

韩香玉(埋怨的画外音)：我们家老宫嫌我不会跳，不会配合，抱着凳子练习。今天刚一下班，就刮胡子，擦皮鞋准备来跳舞。

蓝岚(画外音)：你瞧瞧，这些文工团团员，个个水灵灵的，年轻漂亮，有文化，这个气质，啧啧，难怪老贺不肯带我来跳舞。

于阿金(画外音)：嘁，在前方打仗，这怕难为情那要面子，现在和洋人勾肩搭背就不怕难为情？搂搂抱抱成何体统！

张婶则目不转睛地看新奇。

张婶(不解)：嗨，可惜啰，有力气不会去种庄稼，搞什么名堂？

于阿金不由溜了张婶一眼，又瞄向舞池。

一曲终了，迟敏到留声机边换唱片，三四个年轻军官紧随其后，一副争先恐后欲邀迟敏舞上一曲的姿态。

于阿金：神气什么。我最讨厌花花肠子那一套！ 都过来，(一脸坏笑)有任务。

于阿金手一招，几个脑袋碰到了一起。

礼堂里，手风琴响起《三套车》忧郁的歌声。

礼堂门口，大院的孩子们在玩耍。王援朝将手到处给别人闻。

王援朝：多多妈妈的手擦过雪花膏，好香啊！

周多多则学着苏联顾问的样子，向进出的人打招呼。

周多多：哈拉绍(俄语你好)……

其余孩子参差不齐地扯着喉咙唱着歌谣：

> 苏联老大哥，
>
> 穿皮鞋，戴手表，
>
> 领着阿姨满街跑……

舞会已进入高潮，所有人都在翩翩起舞。舞池上空荡漾着明快的《真是乐死人》歌声：

欢迎的晚会上，

我拉起手风琴，

同志们手挽手，

激动我的心……

灯光下，迟敏如痴如醉的面庞。

突然，一阵嘈杂声，人群自行让出一条夹道。

苏联顾问停止了舞步，搭到迟敏腰上的手放下，一副饶有兴趣的样子。

［镜头随迟敏讶异的眼睛推移。

于阿金带了一群家属，腰扎红绸带，嘴里唱着"嗦啦嗦啦哆啦多，嗦哆啦嗦来咪……"扭着秧歌进来。

于阿金扭到迟敏面前，随着节拍晃头摇脑，目光直定定地向迟敏扫射，颇有挑衅的意味。迟敏眼里闪过一丝对"冲场搅局"的恼怒，宛如墙角探头的老鼠，稍纵即逝，立马恢复了矜持。

那些伴舞的女文工团团员也顺应着扭起了秧歌。

苏联顾问和一个年轻的军官（翻译）叽里咕噜说了一番。年轻军官斜瞥了一眼迟敏，迟敏意会。

迟敏（友好）：告诉顾问，这是中国式的交谊舞。

听了翻译的苏联顾问也学起扭秧歌，样子滑稽。迟敏当然也不会让自个成"另类"，融入了舞群。她狠狠地"挖"了于阿金一眼。

迟敏（心声）：没教养！没礼貌！

21. 内景/外景　小会议室　日

还是那间小会议室。乒乓球台已换成长条会议桌，上铺墨绿色台布。墙上挂着横幅：家属委员会成立大会。

原主席座位后二十世纪五十年代毛主席、朱总司令画像已换上毛、刘、朱、周、林、陈、邓七领袖画像，墙壁上贴着"突出政治"之类的标语。

家属挤挤挨挨地坐着、站着，有敞怀奶孩子的，有打毛线的，有嗑花生、瓜子……

政治协理员左夫(已佩戴少校领章):同志们,我们大院的家属不断增多,根据这一实际情况,党委决定成立家属委员会。

与会人员互相点着头。

于阿金坦然的样子。

迟敏忐忑不安的样子。

协理员:家属委员会主任人选,政治觉悟要高,工作能力要强,要有一定的文化。

坐在后排的迟敏眼睛闪光。

协理员:但最重要的条件,必须是中共正式党员。

与会人员一阵骚动后,又归于平静,迟敏有些不自在。

左夫:我提议,由家属党支部书记于阿金同志担任家属委员会主任,同意的请举手。

众家属举手,迟敏迟疑了一下,举手,动作慢半拍,且举得不直。

左夫:一致通过。

与会家属报以热烈的掌声。

于阿金在掌声中站起来。

于阿金:谢谢组织,谢谢同志们的信任和支持,家属委员会,顾名思义是要为家属们做好服务……我就这些话,大家看我行动。

迟敏有些落寞,强颜欢笑。

左夫:党员留下,有文件传达,散会。

在众人复杂的眼神下,迟敏等人被"请"离会场,颇有受辱的意味。

22. 内景　王坤司令员家　日

迟敏:于大姐,这是我的入党申请,我想早日成为组织同志。

于阿金:好啊。

迟敏望着追逐玩耍的援朝、多多,眼睛有些湿润,叹息一声。

迟敏:孩子都这么大了,(学当年于阿金口气)再争取嘛。

于阿金(感慨):是啊,一晃十多年啦。唉,(话锋一转)迟敏啊,不是大姐说你,你我都是首长的家属,要守本分。你既然提交申请书了,我也给你提个醒,你可不许干预军务,这方面同志们有反映啊。战争年代干扰首长决定是要打败仗的,要死人的。

迟敏(悻然):是我干扰军务,还是军务干扰我?我家老周下班了,人家找他请示汇报问话,我有什么办法?我还装聋子、哑巴、瞎子不成。

于阿金:回避呀,不该听的不听,不该看的不看,不该说的不说。

迟敏:回避?我是人啊,在我的家呀,还让我和老周离了不成。(反诘)对了,于大姐,你不也和我一样,这么说,不也是在干扰军务呀。

于阿金:我和你不一样,不用回避。

迟敏(不服):为什么?

于阿金(自得):我是党内同志。

迟敏一脸沮丧。

23. 内景　周兴家卧室　夜

周兴、迟敏和衣躺在床上。

台式熊猫收音机正在播放婺剧唱腔。

迟敏(撒娇):老周,我入党的事你过问一下嘛。

周兴:过问?让我为老婆组织问题?我开不了口,我看凭这点,你动机就有问题。

迟敏:你帮别人欺负老婆,我是你老婆。跟你生活十多年了,政治上还不可靠?

周兴:这是一级组织研究的事,我怎么能插手?违反党章规定的事不能做。

迟敏:都怨你,不是你,我会受取消预备党员资格的处分吗?你害我,你赔我……

迟敏饮泣,周兴一脸无奈。

突然,迟敏抱了被子到客厅沙发铺床,周兴追出。

周兴:你干什么！什么意思？你要逼我再犯错误啊,我犯错误对你有什么好处?

24.军营/家属大院　　晨　外景

[周多多旁白:春燕秋雁,很快我们大院的孩子都到了最淘气的年龄段,我们在大院里闯祸,惹得鸡飞狗跳,但是,妈妈、阿姨们对我们总是很宽容。

喇叭里播放起床号。住家属大院的首长们(着65式军装)纷纷从各自家出来,脚步急促,有的边走边扣风纪扣,有的边走边扣武装带,有的边走边戴军帽……雾障中道路密林影影绰绰,传来出早操的跑步声,整齐划一,"一二一"的口令声和"提高警惕,保卫祖国"的吼声此起彼落……

[镜头缓缓往操场远处小山峦。

一群大院孩子(10~12岁)在气喘吁吁地集结。镜头从他们身上经过,他们大部分穿改小的发白旧军装,膝处、屁股处缀补丁,有的戴着在头上可打转的旧军帽。"武器"毫无例外都是木手枪、长枪,带锈的三八式刺刀……径直推向队列前的王援朝——他喘息着,一身发白的旧军装,旧军帽上扎着柳条编伪装圈,似打足气的皮球的肚子上,那皮带扎头扣在最里扣眼上,一截长长皮带尾巴垂下。他神气活现,手抚着皮带上那把左轮手枪。

[周多多旁白:我和王司令的儿子王援朝是同学,也是撒尿玩泥巴的赤膊兄弟。大院的孩子从小喜欢弄刀舞枪,玩军事游戏,别家孩子玩木头手枪,王司令则让援朝玩退了子弹的真左轮佩枪,让我们羡慕不已。

25.警备区大门/通往家属大院路上　　日　外景

警备区大门外电线杆上那只灰色的大喇叭,播放着歌曲:全国人民一条心,学习那英雄的解放军,解放军思想好……王援朝和周多多背着书包,一蹦一跳进入警备区大门,他俩有说有笑,不知在说什么。

随着他们脚步临近,歌曲声渐弱。

周多多从路边逮住一只猫,王援朝一脸坏笑,从口袋里掏出一挂鞭炮,举了举,朝周多多努了努嘴。顺着他的视线望去,家属大院一幢幢平房尽头,有一个大樟树掩映的独立院落。

周多多:我听妈妈他们说,刘参谋长讨第二个老婆,叫殷什么,是个民兵。

王援朝:管她民兵不民兵,你干不干?

周多多:干!

26. 外景　殷山红阿姨家　日

高大围墙内的这院落像个古老的村落,一排排菜畦,竹支架上挂着豆角、西红柿,扇形的金鱼池长满了水葫芦,玻璃瓦花房改建成了鸡鸭圈。几只鸭子摇摆着颟顸的身子肆无忌惮地"嘎嘎"叫着,几只鸡扑闪着翅膀在棚架间追逐嬉戏。

骤然,一阵爆响,一只尾巴上绑着一挂点燃鞭炮的猫闯了院内,硝烟弥漫,受惊的猫到处蹦蹿,鸡鸭四下逃命,一片狼藉。

王援朝和周多多在门缝里窥探,捂嘴叽叽咕咕地笑着。豁然光亮一闪,大门洞开,他俩一激灵,瞪大了惶然的眼睛。

殷山红提着枪愠怒地看着他俩。

王援朝(满不在乎):陆军大校、警备区司令王坤之子,王、援、朝!

殷山红还没开口,突然一阵"扑哧扑哧"声响,一只惊惶的白鹅扑棱着翅膀一头飞上了樟树。

周多多(恍惚而惊恐):殷阿姨,我……我们不是故意的。

殷山红看了他们一眼,没有说话,她迅捷返身进屋,从子弹袋里掏出一颗子弹上膛,单臂举枪射击。

大白鹅应声一头栽入地。

王援朝和周多多惊呆了。

周多多(崇拜):殷阿姨你真厉害,真是神枪手!

王援朝:殷阿姨真了不起,你能教我们成神枪手吗?求求你啦。

这时,门外传来纷乱的脚步声。

画外音:你有没有听错? 我听得很清楚,枪声就是在这儿发出的……咦,怪了。

殷山红用食指竖在嘴上,示意王援朝和周多多噤声,提着枪走出大门,顺手掩上门。

三个战士弓着腰,端着枪,一副敌情顾虑的样子。

殷山红(若无其事、大声):我擦枪,不小心走火啦。

她朝战士们举了举手中的枪,战士们如释重负地扛枪上肩走了。

〔镜头推向蹲在地上的殷山红,直至推至她手上那支被她擦得赛镜子的枪身上。

放光的金属部位都静静地显现她变形的鼻子,她娴熟地取出装有十发教练子弹的弹夹,拉开枪栓,把弹夹朝弹槽一插食指一压,"嚓",一眨眼工夫,随空弹夹抽出,枪栓复原,十发教练弹已扎扎实实喂进了弹仓。

王援朝和周多多屏息静气,嘴、眼呈三个圆圈。

然后,她又打开弹仓,取出子弹压进弹夹,装弹卸弹如此反复……

〔周多多旁白:刘参谋长的第二任妻子神枪手殷山红,是 1964 年民兵大比武的尖子,上北京比武,毛主席亲手奖给她一支 56 式步枪,她视那杆给她带来荣誉的枪为生命,由于她不是当兵出身,有一股乡下气,让大院里的妈妈、阿姨们都有些瞧不起她。

27. 内景　学校　日

下课铃声响,学生从教室鱼贯而出。

王援朝和一群男同学朝乒乓球桌奔跑,他一边跑,一边拔出插在背后的乒乓球拍。几乎和王援朝同时到达乒乓球桌的"大块头"同学与王援朝发生争执。

王援朝用肩膀拱站在桌中央的大块头,大块头一个趔趄。

大块头:你不讲理,我告诉老师去。

王援朝(不示弱):就不讲理,怎么样!

大块头推了王援朝一把,王援朝抡起球拍朝大块头脸上劈去,两人扭成了一团,大块头那拨人一拥而上。

王援朝死缠大块头,用球拍左右开弓扇耳光,周多多抱头招架……

上课铃声响,学生一哄而散。

衣冠不整的王援朝和周多多对视。

周多多(低声):上课去吧。

王援朝余怒未消拔腿就走。

周多多望着他的背影一脸茫然,转身向教室跑。

28.内景　教室　日

语文老师望了一眼周多多身旁的空座位一眼,喉头蠕动一下,终于什么也没说。用粉笔在黑板上板书:记金华的两个岩洞。转身。

语文老师:同学们,请打开课本,跟我先朗读一遍。

语文老师声情并茂地朗读一句,同学们齐声朗诵一句……突然王援朝汗涔涔地闯入,杀气腾腾地径直走到坐在后排的大块头课桌前,"啪"一支左轮手枪显现。

王援朝:老子枪毙你!

课堂乱成一团。

29.外景　学校操场　日

大块头抱着头奔命,王援朝拎着左轮手枪追击。

闻讯赶来的校长(厉色):王援朝!

30.内景　王坤司令员家　傍晚

王坤的家很简单,床、桌椅、书柜和木制脸盆架,都是部队配给的营具。这些物件上都可见上面印有"营具字××号"的白漆小字。墙上悬挂着一帧大镜框,嵌着王坤夫妇的照片。王坤一身戎装,戴着大檐帽,胸前缀着中国人民解放军胸章,和同样装束的于阿金拥在一起。

王援朝不安地坐在饭桌前。

桌上筷子和汤匙已摆好,三个热菜,蘑菇炖肉、肉丝豆角和西红柿炒鸡蛋,热气在他脸前升腾……

于阿金一手拎着酒瓶一手拿着酒杯,放到桌上:又和人打架了。

沉默。

于阿金:你这个闯祸祖宗,你说说,大院里还有哪家孩子没和你打过架?! 老是欺负人家,让我和你爸爸都难为情。

沉默。

于阿金(恼火了):你说话呀! 这次你又欺负谁啦?

王援朝(瓮声瓮气):他们先动手……

"咣"一声,门被推开,王坤气呼呼地进来,与儿子目光相视,王坤的眼珠子快瞪出来了。

于阿金给酒杯倒上酒,王坤将酒杯蹾放在桌上,酒洒一桌。

王坤:你干的好事! 校长告状电话都打到我办公室啦!

王援朝两眼含着两泡泪水。

于阿金:啧,没出息的东西。哭什么,当兵的流血不流泪! 你说呀,什么事?

王援朝用袖口抹去泪珠。

王援朝(委屈、抽噎):他们仗着人多,我打不过他们……

31. 内景　周兴政委家　傍晚

迟敏在忙晚饭,厨房间传来刀切菜的嚓嚓声,油锅的吱啦声……
周多多心神不定的样子,他不时听听隔壁的动静……

32. 内景　王坤司令员家　傍晚

于阿金:……我和你爸爸说过多少次了,我们解放军的枪是对付敌人的,怎么能把枪口对老百姓的孩子。

王坤:你知道你这次犯的错误性质极其恶劣,影响极坏,破坏军民关系。

王援朝(振振有词):人不犯我,我不犯人;人若犯我,我必犯人。

于阿金(有些生气):你还犟嘴。

王坤:你小子还反了不成,看老子怎么收拾你!

王坤勃然大怒,起身找寻揍人的家什,终于找到一把鸡毛掸子,向王援朝逼来。

王援朝(歪着头怒视)唱起《三大纪律八项注意》歌:第五不许打人和骂人,军阀作风坚决克服掉! 你敢打,我上北京找毛主席和朱总司令告你!

王坤举起鸡毛掸子欲打援朝,可举到半空僵住了。于阿金一把夺过鸡毛掸子。

于阿金:老娘军装早扒了,揍你怎么样啦! 你去告告看!

她拎起援朝耳朵就打……

33. 内景　周兴政委家　傍晚

周多多在一墙之隔的院内倾听王援朝的号叫声,一副兔死狐悲的神情。

周多多(央求):妈妈,你快去救救援朝吧,求求你啦。

迟敏:你也不是个好东西。

她解下围裙,洗手。

34. 内景　王坤司令员家　夜

王坤表情复杂,嘴上咬肌抽搐,坐在桌前仰脖喝闷酒。

迟敏来了,快步走到王援朝身边,蹲下身:老于啊,怎么能打孩子,孩子还小不懂事哩,犯了错误要给他讲道理嘛。

受了同情的王援朝憋屈的泪水夺眶而出。

迟敏:孩子莫哭、莫哭……

于阿金白了迟敏一眼,来气了。

于阿金(没好气):我教训儿子,关你屁事。

于阿金举手欲打,迟敏护着王援朝往门外拉。

于阿金:你小子有种就别回家来!

〔周多多旁白:这件事经我妈妈推波助澜,害得王司令在我爸爸主持的党委会上检讨三次才过关,于妈妈在家属党支部会议上挨了批评……

35.内景　王坤司令员家　日

会议进行了好一会了。

于阿金:今天,我要向大家作点自我批评哩,我没教育好孩子,更不该打骂孩子,我恳切地请同志们对我开展批评。(对迟敏)迟敏同志,你还没发过言,该你说说了,虽然你还不是党员,但是入党积极分子,也有发言权,有啥说啥。

迟敏:感谢组织给我机会……我承认,虽然我参加革命后,没和家里通过一次信,但是资产阶级家庭对我还是有影响,在穿着打扮上,我一定改正,认真改造自己……

夫人甲:迟敏同志,你要成为光荣的共产党员,你的资产阶级生活方式真该下决心改改啦,要和资产阶级家庭影响彻底决裂,还有你哥哥当过伪军官,你必须划清界限……

韩香玉:是嘛,上次机关每家发一筐梨,你让公务员帮你搬,你自己搬不动可以分批搬,这就是剥削阶级思想。

家属甲:公务员战士津贴费是公家发的,你这是占公家便宜。

蓝岚(缓和气氛):迟敏同志,出身不能选择,革命道路是可以选择的。机关首长夫人中,只有你一个人烫发,对周政委影响也不好,他是做思想政治工作的,你要注意哩。

殷山红(打圆场):迟敏同志还是有进步的。听说过去擦口红,抹指甲油,现在改了,还要继续努力,认真学习《论共产党员修养》,争取早日入党……

于阿金不悦地"白"了殷山红一眼,殷山红住口。

36. 内景 /外景　王坤司令员家门外　日

放学回家的王援朝背着书包在门口驻足偷听。

迟敏(画外音):我也给于阿金同志提一点意见。平日不注意对孩子管教,首长的手枪怎么能随便给孩子玩,如有子弹伤了人怎么办? 出了事,用棍棒教育方式更不好,下手忒狠,孩子被打得一瘸一拐去上学,看了让人心痛,就因为不是你亲生的孩子……

于阿金(画外音):混账……

……王援朝一脸诧异。

37. 内景　王坤司令员家　日

"啪"于阿金拍案而起,打断了迟敏的话,用手指着迟敏。

于阿金(敏感神经触动,声音颤抖):你,你胡说八道什么? 我、我恨不得枪毙了你!

面面相觑,噤声。

迟敏:党内会议上嘛,有啥说啥。你还让不让人说话?

张婶斜瞥了迟敏一眼制止。

张婶:于书记,这是党的组织会议,不是家长会。我以党小组组长的名义,请你坐下。

于阿金意识到自己失态,坐下,直喘粗气。

张婶:今天党小组会议开到这里,散会。

38. 内景　王援朝卧室　夜

王援朝躺在床上,用毯子蒙头大睡。

于阿金端着饭碗进来,饭上压着菜。

于阿金:援朝,吃饭。

王援朝不动弹。

于阿金扯开毯子。

于阿金:起来吃饭。还生妈妈气呀,妈妈不是给你道歉过了?

王援朝扯过毯子,复蒙住头。

于阿金:你这孩子,这是怎么了?

王坤(画外音):老于,不吃就不吃,别管他。还反了不成,饿不死!

王援朝(在毯子里):饿死了好,反正我不是你们亲生的。

于阿金闻言大惊失色,饭碗"当"落地,饭菜洒一地。

于阿金(急切):谁说的?

王援朝:多多妈妈说的,我都听到了。

于阿金僵住了,面色凝重。

39. 内景　周兴政委家　傍晚

周多多在饭桌咬着铅笔头做作业。

厨房里迟敏在淘米,嘴里哼着歌:红岩上红梅开……

〔周多多旁白:我妈妈出了一口恶气,颇为得意,殊不知险些酿成与我爸爸离婚的大祸。

40. 内景　王坤家餐厅　傍晚

王坤和于阿金坐在饭桌前吃饭。于阿金心绪不宁地放下筷子,朝王援朝卧室张望一下,又走回饭桌。

于阿金:这孩子怎么现在还没回家,我去隔壁看看,问问周多多。

不一会,于阿金急急跑回餐厅。

于阿金:老王,不好了,多多说援朝下午就不见了。

王坤(瞪眼):你慌什么慌,还是当过兵的人。

王坤戴帽,穿衣。不知为什么,衣袖套了好一会,才套进。

41. 外景　铁路　雨夜

雷鸣电闪,大雨瓢泼。王援朝在铁轨边上行走,雨水劈头盖脸地浇泼在他身上。

42. 外景　警备区大院　雨夜

家属们打着雨伞,穿着军用雨衣,打着手电。

呼唤声此起彼伏:援朝,援朝……

电闪中现出迟敏那张焦急的脸庞。

43. 内景　王坤司令员办公室　雨夜

屋内没开灯,王坤背着手不安地在办公桌前踱步,几次欲打电话,终于没有打。

"啪"周政委拉亮电灯,赫然可见一面墙的作战地图。

周兴:老王,你没事吧。

王坤:没事。

周兴:我看调警卫连出动找吧,这大雨的,孩子万一……

王坤停止踱步,摆摆手。

王坤:乱弹琴,怎么可以动用部队找孩子? 不行!

周兴摇电话柄,拿起话筒。

周兴:总机,接警卫连。

王坤按下座机键。

王坤:不行,不许动部队。

周兴:你不要有情绪嘛,你把武器给孩子玩犯原则错误,让你在党委会上检讨……唉,你呀……相忍为党嘛。

王坤:我闹什么情绪? 找孩子是私事,怎么能让公家——

周兴:没情绪就好。这个事我负责,就是老百姓孩子也要找的,人命关天。

王坤:我是司令员,没有我的命令,不准调动部队。

周兴:我是政委,老王,总不至于召开党委会来决定吧。

王坤捂住电话,不让周兴打电话,周兴走出。

周兴(画外音):警卫员、警卫员,你叫警卫连嵇连长立即跑步到我这来!

44. 外景 王坤司令员家 深夜

大雨滂沱,迟敏浑身湿透。

迟敏拍打着院门。

迟敏:老于,你开门呀,我有话跟你说。

于阿金不肯开门。

迟敏在门缝里张望,拍门,门口昏黄的路灯下,她懊丧的脸上分辨不出雨水和泪水。

45. 内景 王坤司令员家 夜

院外雨声哗哗。

于阿金坐在饭桌前,目光呆滞,无声淌泪,耳畔响起王援朝的声音。

王援朝(画外音):我上北京找毛主席和朱总司令告你!

她眼前出现一幕幕往事——

46. (闪回) 外景 朝鲜战场 日

冰天雪地。敌机俯冲扫射,尖啸声伴随志愿军战士冲击的脚步声,镜头摇晃。

巨大爆炸声,硝烟弥漫。黑场淡入。

[字幕:1950年11月志愿军第九兵团第20军60师,在黄草岭与美军激战中,俩子夫妇双双阵亡。

47. (闪回) 内景 20军留守处 晨

王坤夫妇走向一个院子,门口上悬挂着牌子——0080部队留守处托儿所。

军人装束的所长手里拿着文件陪着王坤夫妇走。

院内都是2～5岁不等的孩子,拍着手,跟保育员唱歌:咳啦啦咳啦,天空出彩霞,地上开红花呀,中朝人民力量大,打败美国佬呀……

所长(呜咽):这里孩子大多数父母都不在了。

王坤沉着脸不吭声,于阿金神情忧悒。

王援朝见王坤夫妇,"骨碌"从小板凳爬起,伸着小手臂扑了过来。

王援朝:爸爸、妈妈……

见戴着大盖帽,扎皮带,打绑腿,服装宽大着装的男女军人,其他孩子都扑了过来。

孩子们(参差不齐)呼:爸爸、妈妈……

王坤张着双臂蹲在那迎抱王援朝,亲吻。

王坤(强作欢颜):爸爸妈妈接你回家去。

于阿金从王坤手里接过王援朝,脸贴脸无声流泪。

年岁稍大的一男孩,抻着王坤衣角,一双乞求的眼睛。

男孩:叔叔,你知道我爸爸吗,八团的参谋长,叫沈福堂,他怎么还不来接我回家呀?!

一女孩就地蹬腿,双手抹泪。

女孩:我要爸爸,我要妈妈……

受了传染的孩子们哭闹声:我要妈妈,我要妈妈……童稚的哭声在上空飘荡。

所长、保育员蹲下身子安抚哄孩子。

所长:不哭,乖,叔叔和阿姨就是你们的爸爸妈妈……

保育员:来,我们唱歌,唱完歌我们分饼干。预备——齐,好阿姨好阿姨,阿姨像妈妈……

孩子咿咿呀呀哭,保育员抱孩子号啕大哭。

王坤帽檐住下一拉,伸手摸口袋,摸出几粒水果糖,往保育员手中塞。

王坤(脸色铁青):给孩子。

说完扭头逃似的就走。于阿金紧随,掩面而泣离去。

48. 内景　周兴政委家　晨

周兴满脸倦容回家。迟敏端上包子、稀饭,她不敢正视周兴的目光。

迟敏(小心拘谨):多多上学去了。来,老周,吃早饭。吃过饭好好补睡一觉。

周兴(突然发作):吃,吃,气都气饱了,他才是个孩子,怎么承受得住!

迟敏沉默。

周兴:你戳了王坤家的心窝子啦?于阿金容易吗?一个女同志和男人一起行军打仗,爬冰卧雪,因为战争才不会生孩子的。你也是女人,一个女人不会生孩子是多痛苦的事,你竟然把他们家的最高机密给泄漏了……

迟敏(低声):我真不是故意的。

周兴:我给你说过多少次了,要夹着尾巴做人。都是部队上的人,人家于阿金文化不高,但是是战斗英雄,不值得你学习、尊重吗?人家说你没错,你这小资产阶级的毛病得痛下决心改改。

迟敏(不服):孩子长大了,迟早的事。

周兴:你到现在还不承认错误……

迟敏(辩解):这终归是事实。

周兴(爆发):你真是油盐不进! 这日子没法过了。

迟敏(冷冷):该怎么过还怎么过。

周兴手一摆:离婚!

迟敏(不示弱):离就离!

周兴摔门而去。

49. 内景　周兴政委家周多多卧室　夜

周兴卷着毯子上周多多床上就寝。

周多多:爸爸,你不和妈妈好啦?

周兴:少啰唆,爸爸和你睡。

周兴脱衣,剩背心裤衩,露出腿、胳膊上铜钱大发亮的伤疤。

周多多(好奇):爸爸,这个伤疤怎么来的呀?

周兴:车桥战役鬼子子弹打的。

周多多:这个呐?

周兴:郭村战斗顽固派的手榴弹片。

周多多:这么多呀!

周兴:多啥?你王伯伯身上的伤疤才多哩。

周多多:爸爸,什么叫顽固派?

周兴:明天给你说。睡觉。

周兴拉灭台灯。

隔壁卧室门缝漏出一缕光,传出迟敏压抑的啜泣声。

50. 内景　周政委办公室内/外　日

周兴办公桌上堆积如山的文件,一群家属冲了进来。

周兴(故作轻松、玩笑):哟,今天我办公室老娘们丰收啦。

于阿金(严肃):周兴政委,今天我们家属委员会要给你理论理论。

警卫员提水壶进来,周兴手一挥示意退出。

于阿金:周政委,听说你和迟敏在闹离婚,你是政治委员,影响多不好。

家属们群起攻之。

张婶:嫌她老了? 迟敏可是我们中间脸模子最漂亮的一个。

蓝岚:俗话说,糟糠之妻不可抛!

家属甲:迟敏又没犯作风问题,凭什么休她。

殷山红:人家为你老周家生儿育女,说不要就不要。

周兴挂不住脸了,起身去掩门。

走道上几个正在"听壁角"、吐舌头、挤眼睛的年轻军官身影一闪。

于阿金一把拉开门。

于阿金：你怕什么，让大家评评理。你现在怕影响不好了……

周兴（有点恼怒）：你们胡闹！我什么时候说要离婚？你们看到我打离婚报告了吗？

于阿金：没有就好，我们给你提个醒，迟敏整天哭作拉鸣，影响你威信哩。

老娘们扬长而去。

51. 内景　周兴政委家　日

殷山红拎着几株带叶带土的萝卜进屋。

殷山红：迟大姐，看，我刚从地里拔出来，给你们尝尝鲜。

迟敏急切地拉住她的手。

迟敏：今天开党支部会了？

殷山红眼神中不可捉摸的东西闪过。

迟敏：研究组织发展的事了吗？我的入党申请……

殷山红：我说了，你可别不高兴。

迟敏似乎猜到结果，又不甘心，抱有侥幸的心理。

迟敏：又不是第一回了，还是说我老毛病，通不过吧。

殷山红点点头，犹豫了一下。

殷山红（压低声音）：迟大姐，又多了一条，说你揣出王援朝身世，意识不好。我在会上为你解释了，你绝对不是故意的。唉，她们是多数，我一个人说不过她们。

迟敏掩饰内心的失望，缄口。

殷山红：大姐，这些你可不要对外说，党内秘密哩，不然又要批我自由主义了。

迟敏：我和你是最要好的朋友，我俩穿一个裤管都嫌肥哩，怎么会出卖你？保密！

[周多多旁白：于妈妈、阿姨们挽救了我妈的婚姻危机。可是这件事确实伤了于妈妈的心，她不肯原谅我妈妈。

不久,我爸爸成了当地的军管会主任、革委会主任。那段时光是我妈妈最春风得意的时候。

52. 团驻地　日　外

掩映在绿树中的一排排苏式营房,队列整齐的战士走向操场,隐约可听见打靶的枪声。

一辆绿色吉普车在部队林荫道上行驶。迟敏和王援朝、周多多坐在车上。

迟敏:180团可是我们的老部队老九团,你们去了不准搞特殊化、不许有优越感。不能给我们丢脸,别以为团首长都是你们父亲的战友,你们表现不好,我照样让叔叔们惩罚你们。王援朝和周多多吞咽着馒头,点头。

迟敏:如果打仗,你们一定要争取上最前线,为人民立新功! 打仗,不能当孬种! 子弹就找怕死鬼!

周多多(不耐烦):妈妈这一路讲了多少遍了,我耳朵都长茧子啦。

迟敏顺手揪了揪周多多的耳朵:我就怕你记不牢。援朝就比你虚心,将来肯定比你有出息。

王援朝不好意思地:阿姨……

迟敏:如果打仗,你们一定要争取上最前线,为人民立新功! 打仗,不能当孬种! 子弹就找怕死鬼!

王援朝和周多多不约而同地:是,首长夫人同志。

53. 内景　团部走廊/团长办公室　日

李飞团长(高个,40岁):这么快呀! 嫂子,你来前也不打个电话,我好派车去车站接你们。

迟敏:我们都是革命部队的,没那么多讲究。

迟敏后闪出周多多:小李子叔叔……

迟敏(呵斥):多多,不像话! 他现在是你们团的一号首长,不是你爸爸当年的警卫员……

李团长注意到王援朝。

李团长：这是老团长的儿子王援朝吧，忘了吧，你小时候骑在我脖颈上，那尿灌了我一脖子。

王援朝腼腆地点点头，羞赧地垂下眼皮。

李团长：迟大姐，孩子年龄还太小，和帝修反打仗，子弹不长眼，万一送命，我怎么给老首长们交代？

迟敏：周多多你给我放到最艰苦的连队去！王坤的孩子就放团部特务连，（使眼色）孩子交给你了，你就给我带好！

李团长（困惑地）：迟大姐，都是老九团的骨血，怎么？

迟敏（诡异）：小李子，我告诉你，你嘴上可给我站个哨兵，只有你一人知道，杀头都不许说。

迟敏（画外音），很弱，隐约可听见王伢子团长……妮子……片言只语。

李团长面色凝重。

电话骤然响起，李团长利索地拿起话筒。

李团长：嗯，我是一号，嗯，找你。

他把话筒递给迟敏。

对方声音：你把我儿子拐走了，我就知道准去了老九团。

迟敏：老于，你听我说，小东西我已把他和多多一起送到老九团当兵，你不愿意？不是开玩笑。

对方声音：你总该给我们说一下，连老周都不知道。

迟敏：小家伙军装、给养卡都发了，放心……王司令怪罪下来我当着！

放下电话，她摸着援朝的脑袋，一脸的慈爱。

54. 内景　军管会周兴办公室　日

周兴：听了你的汇报，你们报社工作比过去有进步，但是与兄弟报纸相比还要跑步。一定要把握好关口，按上头报纸口径宣传，有吃不准的问题要及时请示,可不能出差错。

叶主任急速记录的笔停了,合上笔记本:首长的指示我回去一定及时传达。

周兴起身摆出送客的姿态。

叶主任(讨欢心):对了,还有一件事要向首长报告,就是你的爱人迟敏同志的入党问题。

周兴复坐下,呷了一口茶水,一副饶有兴致的样子。

叶主任:迟敏同志向报社党组织提交了入党申请,我们研究认为,她作为知识分子能主动与贫下中农打成一片,努力改造自己,表现很好。

他看着周兴的脸,突然缄口,目光随之茫然起来。

周兴:你汇报得很好嘛。

叶主任不解地眨巴眼睛,是说他汇报得好?还是迟敏表现得好?他期待周兴表态,忙摸出小本和水笔,左手把小本托到胸前,很认真的样子。

周兴:她到报社多少时间了?

叶主任(不知是套):一年多些。

周兴:才一年?是你们了解她还是我了解她?

叶主任:也是为工作方便嘛。

周兴(正色):嘁,还不是看我这张面孔?迟敏自由主义思想严重,还有颐指气使的老毛病,你们了解吗?她恐怕还不够党员水平。(提高声调)正因为是我爱人,才更要对她要求严格一些。当然我无权干预你们一级党组织工作,仅以一个老党员的身份提个意见。

叶主任(唯唯诺诺):我们再考验一段时间吧。

55. 外景　盘山路　冬天拂晓

一辆客车行驶在一条有无数弯道的盘山公路上。

车厢里十分拥挤,迟敏睡眼惺忪地坐在车里。

258

56.外景　公社大院　日

院门口站着七八个等候的人,有穿灰蓝"毛式中山装"、黄军装的区、公社的干部,也有穿对襟土布衫的大队干部,还有迟敏。北京吉普车停住,警卫员跳下车,打开车门,周兴披将校呢大衣下车。

走在最头的区革委会主任迎上去握手,他脸腮处有一个黑痦,他自我介绍。

痦子:我是区革委会主任吴华夺。

寒暄。痦子向周兴介绍身边干部。

区主任:首长,就去东山村大队吧。

周兴点点头。一边的迟敏举照相机拍照。

一行人前呼后拥沿土路前行。

57.外景　大队晒谷场　日

会场显然是临时布置的,稻桶搭建的主席台,毛竹搭建的架子上挂着会标:批斗大会。

台下大多数人缩着脖子,双手放在袖管里,眼光漠然,有妇女在纳鞋底,几个孩子在人群中钻进钻出追逐。

区主任(画外音):这东山村大队,过去不抓阶级斗争吃苦头,换了领导班子,抓了阶级斗争,实行无产阶级全面专政,激发了广大社员群众大干社会主义的积极性⋯⋯

众人簇拥着周兴走上主席台,区主任边走边介绍情况。

坐定。

区主任:把专政敌人押上来!

区主任手一挥,在持枪民兵的押送下,十余个衣衫褴褛、被摁着头的人站到台前,弓背弯腰,他们胸前都挂着各自的"罪孽"称号,姓名上画着红叉。

王闽西也在其中,他胸前的牌子:逃兵王闽西。

坐在台上的周兴似遭雷击一样,似乎有所意识。

……迟敏表情愕然,她不敢相信是真的,肩膀强烈战栗,脸都扭曲。

周兴蓦地站了起来,急切冲下台。

低头的王闽西猛见面前一双解放鞋,下意识抬头(用目光问):你是……

周兴:我是周兴,想不起来?

王闽西眼里噙满苦涩的泪水,哆嗦着嘴唇一时说不出话。

静场。

王闽西:周政委——

这一声悲凉、凄厉的叫声,让人黯然神伤。

区主任觉得蹊跷,惴惴不安地趋前。

周兴铁青着脸一把摘了牌子弃之地下,大声呵斥区主任:胡闹!我了解他,他不是逃兵,是功臣,论他33年老红军的资历,当你们的地委书记都委屈!你们谁再敢埋汰他,老子的枪可不是吃素的!

区主任(卑恭):实在对不起、对不起。

周兴拉起王闽西的手就走。

会场一阵混乱,嘈杂声起。所有的目光都聚集在他俩的背影上。

众干部互望,跟也不是,不跟又不是。

迟敏迟疑一下,追去。警卫员紧随。见状,众干部也赶上来,警卫员止步,转身。

警卫员(呵斥):你们跟着干什么!

众干部止步。

58. 外景　林间山道　日

周兴和王闽西在前面疾走,迟敏跟着,警卫员始终保持十余米在后。他们从羊群中穿过,走过小桥,拐入山道,他们的身影在树林中时隐时现。

周兴(画外音):你那年档案、复员证什么手续都不办,连复员费也不领就走……你不是回闽西长汀老家了?我都让政治部办了,寄过去了,怎么你没收到?

王闽西(画外音):我是回家过,只待了一天就回来了。我算是真正体会到王坤为什么不肯回老家,他是怕他动员出来当红军的儿童团员的亲属问他要人哪!我回去,我家没了,刚到我远房堂弟家,他们都来看我——

59.(闪回)　内/景　闽西山区王家巷　日

到处都是残墙断垣,火烟熏过的墙依稀可辨当年的标语:创造十万红军!

屋内,王闽西刚端饭碗,王伢子的母亲来了。她抖嗦着枯叶似的两片嘴唇,拉住王闽西的手就不放。只有无奈无助的目光望着,无声地交流。

王闽西(画外音、哽咽):她作为红军家属能幸存下来,不容易啊。可是她的儿子已不在啦。

60.(闪回)　内景　王闽西堂弟家　夜

松明子灯火忽闪,把聚在屋内的十余人(多数老人、客家人装束)的脸照得忽明忽暗,有的老泪纵横,有的目光呆滞……屋内没一点声音。

王闽西(画外音):他们都是当年"闹红"和我们一起外出当红军的伙伴们的亲属,他们向我打听自己亲人的下落。他们来看我,是来寻些寄托。有的人,就想来找些线索,还有盼头。我不能说,难啊!他们不肯走……

61.外景　林间山道　日

松林汹涌,涛声阵阵,呼应着王闽西那难以诉说的哀伤。

警卫员接过周兴脱下的大衣,他眼圈红红的。

王闽西:我无法面对他们呀!连夜跑了。

周兴:你怎么想到躲在这深山老林来的?可以来找组织,找我们……

王闽西：在这里当山林守护员蛮好，至少还能吃上白米饭。另外，这里离你们又不远，要是打仗，我能早点赶上，还给王坤当警卫员。

周兴（感慨）：这么多年，你怎么不和老王联系。

王闽西（闪烁其词）：周政委，快到我家了，还不到半里路。

他加快脚步。

62. 内 /外景　王闽西家　日

王闽西住在一个杉树皮搭顶的家，屋内黑黑，一张铺稻草、毛竹支的单人床，床上铺草席，席上零乱堆一条千疮百孔的棉絮……

周兴盯视着一角用石块支起的锅：你还是独身？

王闽西：我一个外乡人，谁肯跟我！（故作轻松）也好，一人吃饱全家不饿，不拖家带口，打起仗来，无牵无挂，心里不慌。

周兴当着警卫员面竭力克制，眼睛却泪光闪闪：不应该，不应该呀！王闽西，走，你跟我回警备区去，我们部队每人省半口饭都养得起你……

他兀地上前去拉王闽西，抓到的是那只空袖管。

迟敏痛哭失声。她的哭声催出了周兴的泪水。

周兴：走。

王闽西：我不走！

周兴：我命令马上跟我下山！

王闽西：周政委，你听我给你说——

63.（闪回）　内景　王坤办公室　日

王坤（恼火）：台湾还没解放！报告收回去就算了，否则，开除党籍、军籍！

王闽西满不在乎，咧着嘴打哈哈。

王闽西：开除就开除，你总不能枪毙我吧。

王坤拍了桌子，把那张报告撕了揉成一团，摔到他脸上。

王坤:混账,你要是走,老子再也没你这个战友,不见,十年不见,三十年不见,四十年不见! 不见! 不见!

王闽西(火爆):不见就不见!

64.外景　王闽西家　日

周兴:你怎么和王坤一个德性,一对犟驴。不行,跟我下山!

王闽西:不下,除非你毙了我,说四十年不见,老子就是四十年不见!

周兴拗不过,叹息一声,看了一下天色,瞄了一下腕上的手表,朝警卫员打手势。他接过大衣,披在王闽西身上,又摘下手表。

与此同时,一边的迟敏翻兜倒袋……

周兴双手捧着钞票(夹有毛票、一分、两分、五分不等钢币),两只旧表,递交王闽西。

周兴:拿去。不收是吗? 行,那就和我下山,我让警卫员绑你下山!

王闽西:周政委,我收我收,不过,我有个要求。

周兴:说。

王闽西:我在这里,不要让王坤司令知道。

周兴:行。

王闽西有些不放心,望了望警卫员。但没逃过周兴的眼睛。

周兴:他跟我就如你和王坤,你绝对放心,他口风紧着哩! 我给你保证,除在场的,不会有任何人知道。(提高声调)谁说出去,老子就枪毙了他!

他充满意味地瞥了迟敏一眼。

65.内景　周政委家　夜

迟敏端着一木盆热气腾腾的水从厨房出来。

两双脚浸在木盆里,热气在迟敏脸前升腾,她的目光还沉浸在忧伤之中。周兴用右脚一下一下地搓着左脚背。

周兴（感叹）：老啰,爬半天就累了,换十年前……

迟敏：早些睡吧。

周兴：睡不着呀,想想挺难过的。迟敏,我想,从下个月起,发工资除按月给我老家寄钱,我们按月也给王闽西寄二十块钱吧。

迟敏：寄三十块吧,等于工厂三级工的工资。

周兴：行,你办吧。

迟敏：一想到王闽西说的闽西革命老区的老百姓连地瓜都吃不上,我心里就堵得难受。解放这么多年了呀,当初闽西老区可占中央苏区的一半……

周兴（感叹）：现在国家财力不足,支援也有限,老区人民牺牲最大呵……

迟敏：你就不能想想办法,给王司令老家人民一点实际帮助……

四目对视。热气冉冉升腾。

[周多多旁白：我爸爸下令张婶的丈夫……后勤部张部长将当年警备区部队换新交旧的尚能使用的旧军装、胶鞋、被服支援闽西老区。于是就有了我爸爸犯错误,以致已打印盖章晋升职务的命令文件作废。我爸爸被宣布离职休养……不久,郁郁寡欢的父亲中风了,我妈辞了工作,回家照顾爸爸。

66. 内景　干休所迟敏家　日

屋内周兴的遗像被黑纱披着,黑纱上沾了一层薄薄的灰尘。

迟敏和殷山红聊天,她手握遥控器漫无边际地选台。

殷山红把一个削了皮的苹果递给迟敏：迟大姐,听说你家多多当上团政治处主任啦,你该高兴啦。

迟敏一脸慰藉：怎么能不高兴?爹骨娘血的,谁不喜欢自己孩子进步快。

殷山红：这下超过王坤家的援朝了,她家援朝还在营长位置上原地踏步,你记得吧,那年援朝提了营长,老于碰到人就说,恨不得上广播上去说。

迟敏:我记不得了。

殷山红愕然。

67. 内/外景　干休所门口/迟敏家　春节前日

干休所门前,几个战士正在悬挂"欢度春节"的红灯笼。

院内已有过节气氛,有离休干部子女开小车或推自行车带着年货回家,有杀鸡宰鸭声,性急的孩童在放鞭炮。两个战士拉三轮车挨家挨户往老干部家送苹果,按惯例每家分四箱,首长遗孀家减半发两箱。迟敏见他们往隔壁王坤家门口放下四箱……

战士将剩下最后两箱苹果放在迟敏家门口,迟敏火便窜了上来,又着腰。

迟敏:拿回去,我不吃苹果。

战士进也不是,退也不是。

迟敏:听见没? 拿回去!

战士(为难):迟、迟奶奶,这……

迟敏(颐指气使):去,叫你们所长来。

所长赶到了。

迟敏:要是我们老周在,你们敢欺侮我?! ……

迟敏字字血声声泪地控诉,招来许多老娘们的目光,她们小声议论,还有用手指指戳戳,迟敏来劲了。

迟敏:谁都有当寡妇的时候,今天这样对待我,指不定哪天会对谁哩? 有这样欺侮人的吗? 大伙给评个理……

所长垂眼不吭声。

迟敏:我呸,不就是几个烂苹果,谁稀罕! 拉回去。

所长挥挥手,示意战士拉回苹果走。她朝所长远去的背影哼了一声。

王坤家探出于阿金那张脸,满面怒容。

68. 内景　干休所办公室　日

于阿金怒气冲冲地闯进挂有政委办公室字样的门。

于阿金：你们这样分东西不公平！伤了失去老伴的同志的尊严哩，歧视人！

政委：于阿姨，这是地方慰问干休所老干部的，减半发遗属，已照顾到……

于阿金：呦，你们以为多分给健在的老同志，他们高兴了不是？不，也在伤健在的老同志的心，他们会怎么想，如果他们死了，这样对待他老婆，心寒呀！

政委：于阿姨，这是待遇，是规定。

于阿金：规定不对，就要改！

政委：这是给离休老干部享受的待遇，家属是家属……

政委的话捅到了阿金的软肋。

于阿金眯着眼靠近政委看，模样怪怪，冷不丁地伸出手来掴了他一个耳光，挨了耳光的政委还没反应过来，她掉头就走。

于阿金（骂骂咧咧）：家属，你当我愿意当家属。哼！

政委：怎么能动手？！我、我……

恰好所长闻讯赶来，所长（责怪）：谁让你不会说话。有什么好计较的？就当奶奶打孙子吧。（压低声音）她可是当年的华东一级战斗英雄……

69. 外景　干休所迟敏家门口　日

迟敏在前走，后面一辆拉十余箱苹果的小三轮招摇地开进了迟敏的家门，卸下小半院子的苹果，让干休所的老娘们愣愣怔怔地唏嘘。

迟敏会钞。

迟敏（故意大声）：这点苹果我还买得起……

刚从干休所办公楼回来的于阿金绷着脸，她的目光与迟敏碰撞。于阿金没好脸横了迟敏一眼。

于阿金：哼，丢人现眼！

迟敏装作没听见，回报"哐当"的关门声。

70. 外景　干休所告示牌栏　日

﹝镜头从驻足的老军人、老太太笑脸移向告示牌栏,赫然醒目:经研究决定,即日起本所分物品,均以户为单位分配……

(画外音):多亏于阿金的仗义执言……

(画外音):啧啧,这个老于啊,还是老脾气……

闻言的迟敏表情复杂。

71. 内景　干休所迟敏家　清晨

春光明媚。

﹝镜头对着桌上夺目鎏金请柬,移向大衣镜。

镜中迟敏穿上那件发黄的五十年代的双排扣女式军装,头发修剪成五十年代流行的齐耳短发。摆姿势。她心绪极佳,嘴里哼着《喀秋莎》的旋律。

她在室内试走了几步。她对镜,胸前那一粒"解放",嫌太少,总缺点儿什么。她灵机一动,翻箱倒柜,找出周政委生前留下那两枚"独立""解放"勋章,缀在了胸前,这才满意地笑了。

外面传来汽车喇叭的催促声。

72. 内景　妇联会议室　日

会标:三八妇女节老同志座谈会

座谈会会场不大,桌上摆放鲜花、水果。参加者和妇联领导20人上下,区别在受邀者满头鹤发,无例外胸前或多或少都缀奖章、军功章、纪念章。迟敏到会的时候,座谈会已经开始了。

于阿金正在发言:我们参加革命,期望是过好人世界,那会儿,共产党员带头作用看得见,摸得着。冲锋在前,退却在后,第一条是不怕死。平时,行军多背一条枪,到宿营地烧火做饭,给大家打洗脚水,饿了把干粮让给别人,冷了把自己的衣服或被子披在别人身上……

迟敏迟到了,她款款地走向标有她姓名的座位,含笑四顾,向四周的人点头示意。

正在说话的于阿金迅速斜视她一眼,忽闪了一下,旋即眉毛拧了起来。

迟敏别过头,坐下,若无其事地拿起茶杯,掀开杯盖,轻轻吹着杯中漂浮的茶叶。

大概是迟敏胸前的勋章起的作用,一位妇联干部在迟敏身边耳语,迟敏点头,起身。

于阿金发言结束,激起一阵掌声,另一个发言者发言。

扛摄像机的记者将迟敏引向会场一侧。

主持人:阿姨,您能接受我们的采访吗?

迟敏矜持地点点头,陶醉的迟敏摆好姿势,准备接受电视台那位漂亮的女主持的采访。

冷不丁,斜刺伸过来一只青筋凸现的手,一把扯掉了她胸前的勋章。

是于阿金。

于阿金:你出什么洋相! 勋章是给大功臣的,老子南征北战,拼了老命,不过才得几个奖章! 这勋章是给周政委的,你凭什么资格佩戴它! 在前方你打过一枪吗? 你……

众目睽睽之下,满脸通红的迟敏捂面逃出了会场。

73. 内景　干休所王坤家　傍晚

于阿金从厨房里捧出一碗碗热腾腾的饭菜,又取来两只酒杯,刚摆好,王坤从外面回来了。

于阿金(笑眯眯):老头子,晚上你喝黄酒还是白酒?

没有反应。于阿金不由得抬起头来,只见王坤虎着脸,一副怒气冲冲的样子。

于阿金(关切):老头子,谁惹了你啦?

王坤本就不怒自威,真的发怒了,那气势果然吓人:今天的座谈上,你怎么能那么干?

于阿金:喔,我当什么事。迟敏怎么能把老周的勋章拿去戴?犯虚荣心毛病,出洋相嘛。

王坤激动地拍着桌子。

王坤:胡闹! 你这是当众撕人家的脸皮! 你还有理,乱弹琴!

于阿金:谁叫她弄虚作假。

王坤:什么弄虚作假! 是老周的,那不是捡来的,不是偷来的,假什么假! 就算她要沾沾老周的光,难道你就一点都不沾我的光?

于阿金一时语塞,眉头一皱。

于阿金(不服):这是老娘睡床上,一手搂老公,一手搂儿子,两档子事!

王坤掏出香烟,点起来深深地吸了一口,脸色缓和了些。

王坤(动情):都是老窝子里的人了,容易嘛。你呀,总是仗着自己有战功看不起人家迟敏,你就没有毛病? 前半夜为自己想想,后半夜为别人想想。人家迟敏容易么? 唉,老周走了,我们要多关心她、照顾她,看在老周你我战友一场。你今天这么做,让我心里不安哪。(动情)阿金啊,在前方打仗,战友握手余温还在,眨眼间人就没了,幸存几人回? 他们都没领到勋章、奖章哇! 如活着,都可以当战斗英雄哩,我们活的人,都是代他们领了荣誉。如今,老同志不多了,陈伤复发的,病的病,走的走……要珍惜哪……

王坤老泪纵横。

于阿金默然……

74.外景　干休所迟敏家门外甬道　早晨

迟敏拎着菜篮欲出门。

于阿金拎着菜篮目光落在迟敏身上,口角不禁迟慢。

于阿金:迟敏。

于阿金追着叫唤迟敏,迟敏不回头。

于阿金(提高声调):老迟,一块走。

迟敏故作没听见,加快了脚步。

[周多多旁白:我妈妈认为我于妈妈让她遭受了平生奇耻大辱,这下,轮到她不肯原谅我于妈妈。不久,王坤伯伯病了,组织上特意将在野战部队当团长的王援朝调回当地人武部当部长,以便他照顾年迈的父亲。

75.内景　迟敏家　日

肩扛上校军衔的王援朝愁眉不展地进来。

迟敏:援朝,干吗哭丧着脸?

王援朝和小时候一样,端起迟敏放桌上的茶杯喝了口水。

王援朝:迟妈妈,学剃头碰到络腮胡,遇到难题了!

迟敏:啥事?

王援朝:上级规定枪支由当地区人民武装部统一保管,红军巷干休所这一块由我负责,干休所老同志在离休时佩枪都交了,可是,唉……

迟敏立即意会到他所指。

迟敏:是殷阿姨那支56式步枪吧。

王援朝点点头。

76.(闪回)　内景　干休所殷山红家　日

殷山红家的客厅里挂了两件东西,格外抢眼。一个是侧墙的壁上挂这支56式半自动步枪,另一个就是这幅相片,她肩扛56式半自动步枪,枪刺熠熠闪光,她脸上雄性的刚烈抹尽女性的妩媚和俏丽。

殷山红蜷缩在沙发里,望着这两个物件发愣。

她听见了脚步声,欠身安详打量来客。

王援朝:殷阿姨,我刚调到人武部工作。

殷山红:听说你爸爸住院了。

王援朝:住院检查,肝有些问题。

殷山红(伤感):要注意哩。你刘伯伯就是不当心,唉,走了快三年……

沉默。

王援朝望着墙上的那两个物件,一副欲言又止的神色,他无法向这位他从小就崇拜的英雄开口。

王援朝(小心翼翼地):殷阿姨,你这 56 式半自动步枪……

不知是她耳虽有些背,但提起这支 56 式半自动步枪,马上听清了,还是她从王援朝眼中、口形中领会到意思。她颠颠地摘下枪,神采里显出几分兴奋,在沙发上挪挪位置,迅捷地将头发在脑后打了一个圆髻,盘在颈背上,动作突然敏捷了起来,随即手掌撑直,有力示范子弹入槽动作,随即半起身做单臂射击状,似乎只要拿起枪,就能找到曾经的力量和威风。

王援朝似乎下了决心,双手做喇叭状,一副不忍落的神态。

王援朝:殷阿姨,上级有命令,您这支枪要上交人武部。

殷山红脸一下绷起。

殷山红(诘问)毛主席亲手奖给我的枪,你们凭什么要我缴枪?

王援朝:是这样的,不是缴你枪,是上交统一保管……

殷山红:说得好听,我自己不会保管?

王援朝:公家保管也比放家里安全!

殷山红:我保管了这么多年,出过什么问题?

殷山红死死怀抱枪,似乎一松手枪就会消失似的,她的眼睛红了。

王援朝告辞时,她一句话也不说,连起身送客的姿态都没有。

77. 内景　迟敏家　日

王援朝:经过就是这样,她死活不肯。

迟敏沉吟了一会。

迟敏:你这样直杵杵地讲怎么行!你知道吗?这支枪是 1964 年

她上北京参加民兵大比武,毛主席亲手奖给她的,意义非凡,她视为生命的东西。还有,你知道啵,这支枪还是她和你刘叔叔爱情的信物哩。让她上交,有些难呦。咦,你怎么不让你妈去说,你妈是支部书记,她是党员,会听你妈的。

王援朝双手一摊。

王援朝:说了,她说找迟妈妈准灵光!

迟敏不语。

王援朝如同小时候的模样央求,亲昵地摇起迟敏袖子。

王援朝:迟妈妈……我这是任务,她不属于部队系统,我不好用命令强制……

迟敏(嗔责):都当部长的人了……你妈真说找我?

王援朝(认真地):当然。

迟敏:那,我试试……,你等着,我给你取枪去。

王援朝(不放心地):迟妈妈……

迟敏:放心!你从小到现在,我答应过你的事,有食言吗?!

王援朝:没有。

迟敏:那不就结啦!

她心急火燎地出门。

78. 内景　干休所迟敏家　日

[周多多旁白:让我妈妈没有想到的是,她多年执着追求的入党理想终于实现了,入党介绍人是我于妈妈和殷山红阿姨。我记得很清楚,那年部队重新实行军衔制,我携媳妇郦和平和儿子周勇回家探亲。

佩戴大校军衔的周多多(40多岁)和佩戴中校军衔的媳妇(37岁)向迟敏敬礼,身后闪出了周勇(20岁)。

周勇:奶奶,奶奶。

周勇双手扣住迟敏脖颈,亲热无比,迟敏满脸皱纹笑成一朵菊花。

迟敏(嗔怪):哟,你把奶奶这把老骨头弄散了。

迟敏拉着孙子在沙发上,爱抚孙子的头。

迟敏:读大几啦?

周勇:读大二。

迟敏(不无遗憾):怎么不考军队学校呀。

……他们进行祖孙式聊天。

媳妇拖着旅行箱去拾掇房间,周多多则去了母亲卧室,伫立在老式五斗柜上父亲的遗像前良久。

周多多(不无遗憾):爸爸,我也大校了,你能看到就好了。

迟敏(冷冷地):有什么稀罕的? 四十来岁才大校军分区政委,哼,你老爷子三十啷当岁就当大校政委了,是打胜仗打出来的,你打过几仗?

周多多扭头,迟敏不知什么时候站在后面。

周多多(嘟哝):战争年代嘛,一仗下来,战士顶缺指挥,当连长的都有,当然升得快!

迟敏:屁话! 那是接烈士的班,你以为那时候升官像你们现在是喜事呀? 当官就要冲锋在前,死在别人前头! 这些,别人可能不知道,连你也不知道? 也忘了?

周多多哑口无言。

79. 内景 干休所迟敏家 夜

墙上的电子钟报时:现在是晚上十二点钟。

迟敏坐在卧室写字台前,架着老花镜专心填写"入党志愿书"。周多多拿着一件衣服站在门口,望着妈妈满头干涩的白发,在台灯光下格外晃眼,他心里酸酸的,喉结艰难蠕动。

周多多:妈妈,时候不早了。

迟敏:快填好了,明天要交上去的,你们先睡。

开门声,周勇一头闯了进来。

郦和平:小勇,这么晚了,你怎么现在才回来?

周勇：奶奶家没电脑，我上街去玩电脑了，奶奶。

周勇看了一眼桌上的"入党申请书"，一脸不屑。

周勇：奶奶，我真服你了，现在都什么时代……

迟敏（正色）：你说什么？

周勇（轻佻）：你这是心灵鸡汤。

迟敏：心灵鸡汤？

她的眼内茫然，转而霍霍冒火，终于明白孙子的意思。

迟敏：你再说一遍。

周多多朝周勇使眼色。

周勇（不理会）：追求这个是你们上几辈人的事……都七老八十的人，图什么呀！

迟敏气极，似乎亵渎了她。她抓起水晶镇纸石，举起。周勇惊呆了，知道惹恼奶奶了。她没有砸向孙子，重重砸到桌上，似惊堂木。

迟敏：图什么？图理想！孙子，我告诉你，让你明白，做人要有信念！

郦和平赶来，大惊失色。

周多多：妈，你血压高，别生气了。

迟敏（气咻咻）：你们得好好管教他，不要成了我们的叛徒！

80. 内景　干休所会议室　日

会议室布置较现代化，墙上挂着党旗。

会议显然开了很久，家属党员们神情肃穆。她们多数头发花白，脸上沟壑纵横，她们穿着很时髦，倒是迟敏穿着逊色，五十年代的旧军衣，白发梳理得纹丝不乱。

于阿金穿大红马甲，衬得脸红红的，显得年轻。

迟敏：刚才同志们对我提出了很多意见，我表个态，我诚恳接受。确实，我确实感到，我可能还不合格。支部大会如果通过我的入党申请，我将根据同志们的意见改正不足，做一个合格的党员；如通不过，我继续努力争取。

于阿金:刚才,同志们对迟敏同志的一些做派,诸如放不下首长夫人架子,使小性子,提出意见,我同意,她确实存在这些毛病,但是有些我不同意……

于阿金打着手势,指着自己手指上的金戒指,目光扫视会场。

于阿金:都是女同志,谁不喜欢打扮?在座的谁不戴金戒指,挂银链指,谁不穿红戴绿,谁能说自己是无产阶级?这样要求说,首先我这个党支部书记就不够格。

一阵笑声。

于阿金:我们的观念也要与时俱进么,我作为迟敏同志的入党介绍人,我要强调的是迟敏同志这么多年对党的执着追求,不弃不舍。当了这么多年军属,为军队培养出新一代军官,50年啦,青春年华都搭进去了,不容易,50年都看不清楚一个人,我们这些共产党员就太没眼光……

于阿金的话引起共鸣,一阵附和声:

对呀,一个大院生活,知根知底,也考验这么多年了,谁没毛病?

按如今眼光,当初她不出来革命,早荣华富贵了,她娘家有的是钱,嫁了也是"高干媳妇",她图什么?为革命信仰!

可不,人家迟敏文化水平比我们高,知识分子哩,早可以出去工作,为了让老公安心工作,和我们一样当家属相夫教子,牺牲了青春,不容易。

要是她当初扒军装后参加地方工作,混到现在最不济也是县级干部,也不会中断工龄……

…………

散会后,迟敏泪痕未干,望着于阿金的背影。

迟敏(羞怯):于大姐。

于阿金在人流中回身,但站不住脚,也不想站住,说了声什么,听不清。

[周多多旁白:党支部大会以微弱多数通过了接受迟敏为中共党员决议,我妈妈终于如愿以偿。我妈妈好面子,于妈妈也好面

子,她们或许是内疚使然,抑或是抹不下脸,心情复杂错过几次修好的机会。

81. 外景　超市　日

迟敏与于阿金不期而遇。

迟敏见了于阿金,驻足,嚅动嘴唇,终于什么也没说。

82. 外景　菜市场　日

于阿金见到迟敏,连忙收脚,转身往回走。转身时情不自禁地一笑。

83. 内景　驻军医院医生办公室　夜

于阿金提着网兜进来。

军医(着 87 式军装)看了一眼她,躲避她的目光,将目光移向窗外。

窗外,秋意已浓,树叶凋零,唯有枫叶红似火。

于阿金意识到什么,刹那间脸上落满冷霜。

军医(发颤):首长切片检查结果出来了,是肝癌晚期,恐怕活不过三个月。

"哐当"一声,网兜掉在地上,脸盆里的洗漱用具滑落一地。

军医:于奶奶……

于阿金(抱歉):哦,瞧我太不当心了,把东西撒了。

她俯身拾掇,手微微颤抖,起身时,她一脸坚毅。

军医:于奶奶,可以暂时不告诉首长好吗?

于阿金:怕什么? 我了解他,他不是怕死的人! 伸头一刀,缩头也是一刀,告诉他吧。

军医眼里闪着泪花。

军医:于奶奶,听值夜班护士说,首长昨夜疼得满头大汗,拒绝打止痛针,半夜里他用头撞墙壁,(呜咽)就不要再给他增加精神压力了。

军医用乞求的目光望着于阿金。

于阿金（妥协）：我看着办吧。对了，今晚我陪床，我是老医务了，有经验。

于阿金提着网兜出门，军医提一不锈钢保温盒追了出来。

军医：于奶奶，这是一个老奶奶拿来的，给首长喝的，说是火腿炖甲鱼汤。她转悠好一会，不肯进去探视，让我转交。

于阿金接过保温盒，用目光问：是谁？

军医：我听我们科室认识她的詹军医叫她迟阿姨。

84. 内景　驻军医院高干病房　夜

"啪"日光灯眨了一下眼睛，把白炽的光泻满了病房。白色的床，白色的床头柜，白色的被单……

灯光下现出王坤，他戴着将校呢军帽，露出的发际苍白，身穿蓝白条相间的病号服。他眼窝塌陷，眼袋下垂，拿着一支皱巴巴的烟卷在鼻下嗅着。见于阿金，欠了欠身算是招呼了。

王坤：有火吗？

于阿金的脸白了白，嚅动着嘴唇，摇摇头。

王坤：烟不让抽，酒不让喝，憋死人了，比关我禁闭还难受。

于阿金将保温盒放在床头柜上，放下网兜，取出匙子，打开保温盒盖子，热气冉冉升起，时隐时现于阿金强作欢颜的脸。

于阿金：你尝尝，迟敏给你捎来的。

王坤抱着保温盒喝了一口：嗯，有味道，好。

于阿金（故作轻松开玩笑）：好，当然好，别人的老婆做的菜比自己老婆做得好。

王坤不理会，咀嚼，咂吧着嘴。

王坤（意犹未尽）：这样吃可惜啰，要是有酒就好了。

于阿金：还喝，你老命不要啦！

王坤（嘟囔）：冷酒伤肺，热酒伤肝，没酒伤心呐！唉，老子今朝有酒今朝醉，明日愁来明日忧。阿金，你就不会给我——

王坤朝她眨巴着眼,可怜巴巴地。

于阿金佯怒一把收了王坤怀中的保温盒。

于阿金:刚吃过晚饭的,尝尝就够了,嚯,还勾出馋痨虫啦……

她一拉线将灯给闭了。她解衣裤,朝另一头钻进被窝。

王坤:你不回家了啦。

于阿金:怎么嫌我?让我多陪陪你……这么多年,你这双老寒腿都是我给你暖着……睡吧。

不知为什么,她的舌头有些跟不上心灵的步伐,语无伦次。

85.内景　驻军医院高干病房　夜

夜阑人静。

黑暗中,于阿金满脸煞白,两行清泪……

黑暗中,被疼痛折磨的王坤咬肌抽搐,额头沁出豆大汗珠……

他们都直躺着不动弹,生怕惊动对方。

终于,王坤熬不住动了一下。

于阿金起身。

于阿金:痛吗?你忍不住就叫出来,会好受点,要不,我给你揉一下。

王坤:老毛病,不用!太晚了,睡吧。

于阿金复躺下。

王坤(含混):有酒就好了,止痛哩,能提气救命,王闽西那会就是酒抢回一口气……

回归空寂。

窗外,月亮从浩渺远天探出头,月光照亮两颗难眠的心。

86.内景　驻军医院走廊/高干病房　日

一对头发发白的老夫妇相互搀着从王坤病房走出,男的是当年王坤喂酒的赵连长,他身穿老式将校呢军服,外罩一件蓝羽绒马甲,搀扶他的是当年与迟敏一起的女文工团团员,一头白发,她一手捂脸,泪水从指缝间淌出。

王坤腰板挺直坐在沙发上,眼睛扫着堆在对面过墙角桌上的酒瓶,酒瓶边堆着补品礼盒、水果篮筐、鲜花……他蹑手蹑脚地将酒瓶拎进卫生间。

老首长、老首长……一阵大呼大喊,原 180 团李飞团长来了,他进门,还是那副德性,将捆扎的两瓶红酒朝前一提,算是代替敬礼。

李飞:老首长,我给你送战斗力来了。他把酒往茶几上一放,不请自坐在沙发上。他掏出烟盒,弹出一支丢给王坤,兀自叼上一支烟,点燃火给王坤和自己点上。

王坤偷觑门口一眼,视线就没离开那茶几上的红酒。

王坤有了烟的滋润,马上眼珠活了。

王坤:唉,禁烟又禁酒,小李子啊,现在咱们的命会这么金贵吗?

李飞(感慨):老首长,战争年代,活今天还不知明天,哪有现在这么多讲究,这个不能吃,那个不能喝。

王坤:可不,过去打仗想吃没得吃,现在有吃了,又不好吃了……不让吸烟喝酒,破坏我的生态平衡,不是要我玩蛋么。

李飞:老首长,吸烟喝酒是不太好,是个毛病。

王坤:毛病? 没毛病的人才不可相交。

正说着,查房的军医进来了,军医抽着鼻子,迅捷打开窗门,扭身夺过王坤的烟,丢进痰盂。

军医(责备):王司令员,你不要命啦!

他又转向李飞敬礼。

军医:首长,医院规定病房内不许吸烟,请您到走廊上去吸。

李飞不悦地白了军医一眼,将烟丢入痰盂,起身与王坤告辞。

王坤送走李飞急忙回病房。晚矣,军医正从卫生间出来,将搜出的酒交给一侧的护士,又从床与床头柜间抄出一瓶酒,顺手拿起茶几上的红酒……

王坤(无奈):唉唉……烈性酒不好喝……红、红酒还是可以喝的嘛。

军医和护士扬长而去。

门外军医（画外音）：我真弄不明白，他这些老战友、老部下来看他，好送不送都送酒，不是送他命么?！于奶奶，你可管牢他，真的滴酒都不能让他沾。

于阿金（画外音）：好，好，我说道道道他！

于阿金进来了。

87. 内景　驻军医院高干病房　日

于阿金（高声）：老王，你的病绝对不准吸烟喝酒知道吗?！你不要老命啦！

她探头朝外张望一下，返身关上门，落了锁。

王坤（愠色）：老命要，烟酒也要，没烟酒生活就没趣。他们当医生的，叫别人不喝酒不抽烟，自己喝酒抽烟，喊，自己去照照镜子，满牙齿的烟垢，黄焦焦黑乎乎，哼！

于阿金嘴角掠过一丝狡黠的笑，从怀里掏出偷掖的扁平不锈钢酒壶和一小塑料袋花生米。

王坤：知我者阿金也。

于阿金用食指竖在唇口"嘘"，做压声动作。

两人轮流传递酒壶，小抿一口，手抓花生米往口里丢，咀嚼。

夫妻对酌豪饮，往事历历……豪情壮志，热泪盈眶。

88.（闪回）　芦苇荡　日

悬挂膏药旗的日军汽艇遭遇土炮轰击，侧歪在芦苇荡边。

王坤挥着驳壳枪，身后跟着一群上刺刀的新四军战士冲锋……

89.（闪回）　祝捷大会　日

台上，新四军首长：辛化河伏击战，王坤第八连活捉一个日本鬼子，旅首长奖大红旗一面。

年轻的王坤接过红旗挥舞。

台下，女兵队列中于阿金使劲鼓掌，眼内透着爱慕的光……

90.（闪回） 内景 漏风的小屋 夜

简陋小屋内,墙上挂着"双喜",两条长凳支着木板床,床上军被叠得方方正正,于阿金着军装,头戴红花,羞赧地等待着新郎。

门"当啷"推开,烛光忽闪一下,王闽西扶着醉醺醺的王坤进来,手里提着背包往床上一扔,走了。

烛光摇曳,方桌上那坛红纸黑字"女儿红"酒坛虚化成于阿金红彤彤的脸。

91.（闪回） 外景 战场上 日

敌方军官端着卡宾枪督战,大盖帽上的军徽清晰可见……

王坤帽檐往下一压,夺过一把歪把子机枪扫射。

王坤（大喊）:都上刺刀! 共产党员跟我上!

92.内景 高干病房 日

王坤脸上寿斑颤动,目光凛冽。他把将校呢帽檐往上一拉。

王坤:阿金,你还记得吧,1946年冬天,打宿北战役,敌情发生了变化,按叶司令命令,一旅、二旅拂晓都撤回了,我们接到撤退命令天都亮了,敌人见我们孤军深入,全力反扑,人家一个整编师相当于一个军,我们差点儿被"包饺子"……

于阿金（神色凝重）:是啊,在前方打仗,许多看似必败的仗,硬是打胜了,靠什么? 靠信念! 靠一股子精气神儿!

王坤:是啊,枪一响,老子就下定决心,死在战场上了。

于阿金忽然长叹了一口气。

于阿金:老王哪,有个事我得告诉你。我怕你有精神负担,所以……

王坤:阿金,你别说了。

于阿金:你知道了?

王坤(坦然):你们怎么瞒得过我,我是侦察兵出身,病历我早偷看到了,肝癌。

于阿金惊愕。

王坤:我已够本了,来,为我们夫妻一场,干了。

王坤举酒壶,一仰脖,一小口酒落肚。

于阿金接过酒壶。

于阿金:干!

93. 内景　驻军医院高干病房　春末　日

于阿金与王坤小酌的身影。

[周多多旁白:王伯伯生病期间,我妈妈用她的方式表达了她的心意,也趁于妈妈不在场探视过王伯伯几次。其实,她和我于妈妈的隔阂早已消弭,彼此心知肚明,可争强好胜,谁也不肯服软。军医判定我王伯伯只能活三个月,他竟奇迹般多活了三个月。

94. 内景　驻军医院　日

医院一阵忙乱。

王坤脸上戴着氧气罩,在氧气瓶、呼吸机、心脏起搏器和医护人员的簇拥之下昏沉沉地躺在重症监护室的病床上,床头一侧一瓶液体在规律地滴着,床头另一侧的心脏监视器屏幕上,一条绿线不规则地扭动着,发出声声呆板的警报声。

于阿金在王援朝的搀扶下,隔玻璃注视,她脸上的老人斑微颤。

95. 内景　干休所迟敏家　日

迟敏眼里噙着泪水,手哆哆嗦嗦地急促拨电话按键,拨错好几次。

迟敏:正在抢救。对,你赶快,这次怕是挺不过……

96. 内景　干休所于阿金家　凌晨　雨天

肃穆的灵堂。

堂中悬挂的遗像,王坤一身授衔时穿的礼服,一双炯炯有神的眼睛,微笑着注视被花圈挤得有些逼仄的灵堂。

遗像边挂着一副对联,赫然触目:上联"风风雨雨坎坎坷坷为国为民普通兵",下联"清清白白坦坦荡荡无私无愧老实人",横批"红军本色"。

供桌上放着党旗覆盖的骨灰盒、供品等物,一对粗蜡烛忽闪,上头凝结着叠加的烛泪,香炉上的香火烟雾冉冉。

卧室里于阿金和衣倚在床头迷糊。

灵堂里传来一阵窸窸窣窣的声音,开始她不在意,微启了一下眼皮,还以为是下雨声,不在意。很快就觉得不对劲,她听到了压抑的呜咽声,一声高似一声,就像困兽发出的哀号。她出来一看,只见一个苍白的脑袋伏在王坤遗像的案桌前。

他穿着蓑衣,雨水顺着蓑衣淌下,在地上汪出一摊水,左手侧放着土陶罐。看着来人空荡荡的右袖筒,什么都明白了。

她默不作声,无力地靠在门框上。

王闽西:王坤啊王坤,这是我亲手酿制的酒,整整放了四十年啦!你说四十年不见,今天就到了呀,你就不能再多等一天……尝尝我为你酿的酒……

王闽西一只手拎起土陶罐,冲着王坤遗像,声泪俱下。

王闽西(凄婉):王坤你喝,你喝一口,你醒醒……我好后悔……

他期待王坤一声喘息,期望王坤像那一次用酒唤回自己一样,死而复生奇迹再现。

那土陶罐的酒洒在地上。

他的眼中出现幻觉,照片中的王坤眼睛翕动……定睛,复归现实。

[镜头从于阿金佩戴的黑纱上移。

她滚下串串泪珠,她终于控制不住呜咽。

王闽西听到响动,抬起了头,湿漉漉的白发下,那皱纹密布的脸,像是含着两颗小核桃鼓着两个肉球的腮帮哆嗦着……

于阿金:闽西哇。

她一声凄厉的呼唤。

王闽西:嫂子,我来……来迟了。

他泣不成声。

他们都没注意到在门口掩面泣泪的迟敏。

于阿金抹去泪。

于阿金:咱们当兵的人,流血不流泪,咱们不哭、不哭。

王闽西:嫂子,我憋了四十年了呀! 我能不哭吗?

于阿金(命令口吻):不哭! 来,给老王上炷香吧。

她操起三支香,拿火柴的手抖得厉害,几次划不着火柴。

伸过一只温暖的手替她点燃了香。是迟敏。

香点燃插上。

于阿金与迟敏目光相撞,双方几乎同时伸出手,相抱相拥对方而泣,她们都感受到有什么东西接通了。

忽然,迟敏身子摇晃,身子一软。于阿金一把拉扶住她。

于阿金(关切):怎么,病了,不舒服?

她伸出手摸了摸迟敏的额头。不料,这一摸,换来的是迟敏的号啕大哭。

迟敏:于大姐,我对不起你呀! 这些年我真糊涂,老和你较劲、闹别扭,我好后悔呀……

说着,她一头扑到于阿金的怀里,于阿金先是一愣,随即从口袋里摸出手绢替迟敏揩泪。

于阿金:我的姑奶奶,你这是说的啥哩,你咋像个傻妞了? 那些鸡毛蒜皮的小事我早忘记了,还值得你这般哭天抹泪的? 嗨! 要是我们家老王和周政委在天堂里看见了,保不定得笑话咱们哩!

不知为什么,于阿金说着说着自己的眼圈也红了,盈满了泪水……

97. 内景　干休所于阿金家　凌晨　雨天

三人用锡箔纸叠的"银元宝"在一个旧锅里焚烧,锡箔的余烬飘扬,落下,复又升空。空气有些浑浊,烧纸的火焰增加了温度。于阿金的脸上淌着汗。

  于阿金(喃喃自语):老王,记着,这是烧给伢子、妮子的……

  她望一眼王闽西。

  于阿金:王坤一直惦记着故乡,惦念着你们这些当年他带出来当红军的小伙伴——

98.(闪回) 内景 干休所王坤卧室 夜

深更半夜。

  睡床里侧的王坤突然从床上坐起,整个身子向前倾。黑暗中发出王坤的声音。

  王坤(画外音):前进,战胜敌人……

  于阿金连忙打开台灯。

  于阿金:老王。

  王坤(倏然戚色):阿金,我死了,你把我弄回老家去,葬在我父母坟边。我十三岁参加红军,连累他们当了"共匪"家属,吃了不少苦头,自古忠孝不能两全,让我死后在他们身边尽孝吧。

  王坤说这话时一脸悲怆。

99.(闪回) 内景 驻军医院高干病房 日

军医查房。

  王坤在床上睡觉,鼾声如雷。

  于阿金(轻声):刚才护士给他打了针,刚睡,老头子疼得整夜整夜睡不着,不肯打针,总算听我一回了。

  于阿金满脸倦容,头发蓬乱。

  军医:于奶奶,你也要当心身体。

  军医的脚步声消失,复归寂静。

  于阿金在沙发上打盹,头似鸡啄米,似睡非睡。

传来王坤（断续梦呓）：建立十万红军……我们是共产儿童团……伢子、妮子、闽西……闽西,你老跟着我干啥,叫你下去当排长为什么不去,不听话……

100. 内景　干休所于阿金家　凌晨　雨天

于阿金望着王闽西,她眼里的疑惑像是要溢出来。

于阿金：闽西,你是怎么知道老王走了？讣告还没发出,连援朝才知道。

王闽西瞄了一眼迟敏,迟敏使眼色制止。

王闽西：是迟敏告诉我的。

于阿金（诧异）：你们一直有联系？迟敏,你怎么不告诉我们,我们找闽西找得好苦哇！

迟敏：闽西,你别说了。

王闽西：不,我得告诉王坤和嫂子。

雨幕像一张网,网住一切。疯长的杂草浸漫了整个大院的空隙地,原先整齐划一的冬青树,因无人修剪,长得足有一人高,早先操练的单杠、双杠锈蚀斑驳……一派失落的孤寂。

王闽西（画外音）：周政委受处分冤枉呐,那些东西给了老苏区,又没塞自己腰包,他是替王司令、我,替伢子、妮子那些再也不能回故乡的儿童团员们了却心愿呀！这些年,是他们夫妻俩按月寄钱资助我这个残废人呐……

雨大了,像雨中车前的窗玻璃,一切都模糊不清。

101. 内景　干休所迟敏家　日

[字幕：一年后。
于阿金手里拎着水淋淋的腌菜进门,人还没进门,声音已入。

于阿金：迟敏,你尝尝。

两人进了厨房,迟敏撕下一块腌菜往口里送。

于阿金佯装要去夺,迟敏避让。

于阿金:你这洋包子不斯文啦？怎么和我们土包子一样不讲卫生,不文明。

咯咯,两个老太太孩子似的打闹。

兀地,迟敏敛了笑。

迟敏:听闽西说,他要陪你去长汀王家巷,送王司令回家。

于阿金:是啊,该魂归故里了,闽西也决定回家乡,他说要叶落归根。

迟敏:我跟你们去。

于阿金:好啊。咱们租个面包车去,从井冈山、赣南到闽西,一路仔细看看,来个红色旅游。

迟敏:我要在王家巷落户去。

于阿金感到蹊跷,用眼睛问:为什么?

迟敏:于大姐,这件事我想了好一阵了。我听说老区缺老师,孩子上学不容易,孩子们要跑十几里山路去上学。我不能眼看孩子们受苦受累。我干不了其他事,我去教教小学的语文算术还是够格的。

于阿金(若有所悟):到底是有墨水的人。

迟敏:大姐,待在这,每当我看着一个个活生生熟悉的老面孔离去,就十天半月缓不过气来,我受不了这氛围的煎熬。到那去找点事做,踏实些,至少不会像现在心里空落落的。

于阿金沉吟了好一会。

于阿金(毅然):好,我和你一起去落户,我没墨水儿,给你搭把手,煮饭烧菜当老妈子总可以吧。再说我是王家巷的媳妇,更该回去,祭奠老王也方便些。

迟敏:大姐,我不忍心让你跟我去受苦受累,你是战斗英雄,对革命有贡献,可以心安理得地安享晚年……

于阿金:我们革命,在前方拼命流血牺牲,憋屈当家属,为什么?我们苦海慈航就是为了后代,为了好人社会!

迟敏:好,我把全部积蓄都带上。

于阿金:我也带上,把老王的抚恤金带去!

102. 外景　干休所大院　日

朝阳喷薄而出。

一辆红色面包车启动。

王闽西坐在副驾驶座上。迟敏和于阿金挨着身子坐在后排,她们面露微笑,向车窗外送别的人挥手致意。

送行人群中一张张熟悉的面孔:殷山红、张婶、蓝岚……干休所所长、政委……白发苍苍的离休老军人。

面包车徐徐驶出干休所大院,似一团火……

周多多和王援朝庄严举手敬礼。

[周多多旁白:我的妈妈迟敏和于阿金妈妈,一位知识分子出身的革命者和一位农民出身的革命者,经历了近半个世纪的风风雨雨,恩恩怨怨,终于互相契合,心有灵犀了。如今,她们一位年逾花甲,一位年近古稀,却老骥伏枥,志在千里,一起踏上了新的征程,迎接生命的第二个春天。你瞧,她们充满憧憬,充满激情,充满自信,她们笑了,笑得犹如两朵傲霜的老菊,迎着阳光灿然怒放。

2010 年 12 月 10 日

小

品

戏　情

荆　芳　孙　强

人物：

花旦——　一代名伶

两个穿衣人——符号性人物

检场人

时间： 二十世纪六十年代的某一天

地点： 某剧场

[昏暗的灯光下，检场人在默默地清理着舞台……朦胧中传
来女声婉转的戏曲唱腔，唱腔划破舞台黑暗，灯光渐亮。

[一束光影中，花旦妆容明艳，一丝不苟地演练着越剧《盘夫
索夫》中严兰珍这一角色。

花旦：(白)我本真心托明月，

谁知明月照沟渠。

[两个穿衣人高举戏服上。

[灯光下，大红戏服高贵华丽。

[花旦痴迷地望着戏服，款款地穿上戏服，沉醉在角色之中……

花旦：(唱)啊，官人——

官人好比天上月，

为妻可比月边星。
月若亮来心也明，
月若暗来心也昏。
官人若有千斤担，
为妻分挑五百斤。

⋯⋯⋯⋯⋯⋯

[忽然响起门窗被砸的声音，彩鞋、靴子被不断地扔向了舞台，赫然从空中挂下一只破鞋。花旦耻辱地扯下破鞋。

[穿衣人上前欲扒花旦的戏衣，花旦挣扎，花旦应声倒地⋯⋯

[光渐暗，检场人上，捡起满场的彩鞋下。

[⋯⋯若干年后，还是那个舞台。

[灯渐亮，花旦提着大水桶和拖把上，花旦拖着地，趴在地上仔细清洗。

[忽闻耳边有滴水声，又如鼓点。花旦似乎在寻找着什么⋯⋯

花旦：（试探着发声）我，我本⋯⋯

[声音显得干涩，她润了润嗓，继续念着

（白）我本真心托明月，
　　　谁知明月照沟渠。

[花旦看了看四周，轻轻地试唱着。

花旦：（唱）啊，官人——

官人好比天上月，
为妻可比月边星。
月若亮来心也明，
月若暗来心也昏。

[花旦似乎又回到了过去，浑身焕发出艺术的光彩。

官人若有千斤担，
为妻分挑五百斤。

⋯⋯⋯⋯⋯⋯

[一阵电话铃响，吓得花旦手忙脚乱，打翻水桶。由远而近

地飘来了《年轻的朋友来相会》的歌声……

　　〔穿衣人上。

　　〔穿衣人忽然展开了手中的大红戏服。

　　〔花旦震惊了,定格……

　　〔花旦抚摸着戏服,慢慢地穿上……花旦忽然抛开水袖忘情地舞着,却体力不支倒地……

　　〔忽闻调弦声起,花旦若有所思……

　花旦:(轻声地念着)官人好比天上月。

　　〔远处似乎有童声在模仿。

　　官人好比天上月!

　花旦:(教)为妻可比月边星。

　童声:(学)为妻可比月边星。

　花旦:(教)月若亮来心也明。

　童声:(学)月若亮来心也明。

　　〔花旦脸上的神情渐渐明亮了起来,继续……

　花旦:(教)月若暗来心也昏。

　童声:(学)月若暗来心也昏。

　花旦:(教)月若亮来心也明。

　童声:(学)月若亮来心也明。

　花旦:(教)月若亮来心也明——!

　　〔合唱声越来越响……

　花旦:(唱)官人啊——

　花旦:(唱)官人好比天上月,

　　　　　为妻可比月边星。

　　　　　月若亮来心也明,

　　　　　月若暗来心也昏。

　　　　……………

　　〔花旦在学生的练唱中,慢慢走向前台。

　　　　　　　　　　　　　　　　　　　　完

　　　　　　　　　　　　　　　2007 年 4 月修改于宁波

自然节拍

荆　芳

時間：当下

地点：地球上的某一个地方

人物：

3朵白色美丽的铃兰花

8名符号人物

4名废铜烂铁打击乐手

　　［在美丽的大自然中生活着万物，阳光照耀在大地上，清晨，3朵白色美丽的铃兰花还美美地睡着，小鸟动听的鸣叫声唤醒了其中一朵小花，她慢慢地苏醒了……

铃兰花（轻声）：我是铃兰花，但我更喜欢别人叫我香水花，你闻到了么，山林里四处弥漫着我和小伙伴们的香气，这里有清新的空气、茂密的树林，生活在这迷人的大自然中我们快乐极了。嘘！我的小伙伴们醒了……

　　［另外两朵铃兰花惬意地舒展着肢体，3朵白色美丽的铃兰花一起快乐地唱着童谣，做着游戏。

3朵白色美丽小花：你拍一我拍一，天空穿上蓝色衣。

　　　　　　　　　你拍二我拍二，鸟儿欢声把歌唱。

　　　　　　　　　你拍三我拍三，蝴蝶翩翩把舞跳。

你拍四我拍四,泉水叮咚朝我笑。

你拍五我拍五,世间万物真美妙。

[忽然一声剧烈的爆响,铃兰花们很害怕,各种嘈杂的声音越来越响。

[8 名符号人物分别穿插到舞台上丢、扔塑料垃圾,顿时各种塑料垃圾飞舞在整个舞台上。

[一朵小花奋力挣扎着想逃离塑料垃圾,却无法挣脱,被飞舞的塑料垃圾紧紧地包裹着、缠绕着,最后奄奄一息大叫一声。

小白花:妈妈……

[慢慢倒地。

幻化的铃兰花(画外音):你拍一我拍一,我们的天空穿灰衣。

你拍二我拍二,可怜的鸟儿无处飞。

你拍三我拍三,垃圾堆成一座座山。

你拍四我拍四,四面八方找不到绿。

你拍五我拍五,五湖四海没有了水。

五湖四海没有了水……

[一切好像都被静止了……慢慢地,8 名符号人物好像有所觉醒……其中 1 名符号人物慢慢地捡起了地下的塑料垃圾,8 名符号人物的行为相互感染着……

[4 名打击乐手来到场上,拿起鼓棒将地上的废锅废铁慢慢地开始敲打形成一种变废为宝的发起者,但刚开始节奏混乱,毫无章法,情绪随着音效递进,打击乐手慢慢开始起了铿锵有力的节奏,8 名符号人物的行动由原来的走变成跑,积极地清理环境,美化环境,并享受起清新的空气,自由舒畅地呼吸着。

8 名符号人物:你拍一我拍一,多用空调伤身体。

你拍二我拍二,节水节电节煤气。

你拍三我拍三,环保布袋随身带。

你拍四我拍四,废旧电池不乱丢。

你拍五我拍五,少开汽车多走路。

你拍六我拍六,控制照明省电力。

你拍七我拍七,垃圾分类要清晰。

你拍八我拍八,白色污染危害大。

你拍九我拍九,植树造林需长久。

你拍十我拍十,低碳达人进行时。

　　[场上所有的演员兴奋地拿着竹编的篮子与低碳小卡片分发给现场的观众朋友们,大荧幕投影美丽的大自然。

　　画外音响起:青山清我目,流水静我耳。各位现场的观众朋友们,当你们拿到低碳生活五十条,你会发现那只是我们生活当中的一种习惯。自然不可改良,但生活可以选择,让我们选择绿色生活,保护环境从我做起,每天少使用一只塑料袋,因为我们只有一个地球!地球上生活着人类,还有动物、植物,我们就像一根连在一起的大链条,这根链条互相依存,生生不息,不断循环,有着密不可分的关系。从今天起,让我们共同成为真正的低碳达人,用行动来保护我们共同的家园——地球。

2011 年 6 月 21 日第四稿于幸福人家

家有贝贝①

那　刚

人物：

张大爷：61 岁，退休工人

大军：31 岁，张大爷的儿子

小露：24 岁，大军的女朋友

　　　　[大军上

大　军：爸。

　　　　[汪

大　军：爸。

　　　　[汪

大　军：爸，爸。

　　　　[汪，汪

大　军：爸，爸，爸。

---

　　① 该小品于 2010 年 12 月荣获浙江省第二十一届（新农村建设题材）戏剧小品邀请赛创作一等奖，颁奖单位为浙江省文化厅；在"第十届华东六省一市戏剧小品大赛"中荣获银奖，颁奖单位为江苏省文化厅与华东六省一市戏剧小品大赛组委会；该作品曾两次赴京录制 CCTV-3 的《周末喜相逢》《我爱满堂彩》栏目。

　　　　　〔汪,汪,汪

大　军:小样儿,还占我便宜啊!

　　　　　〔抓狗,大军出来,张大爷上,遇见,愣

大　军:爸……

张大爷:什么情况?

大　军:狗笼我买了,航空箱,美国进口的,两百多呢。

张大爷:把你关里面你难受不? 你怎么那么狠心呢? 贝贝啊……

　　　　　〔汪,汪

大　军:爸,这不都说好了今天把它带走嘛?

张大爷:啊……这说好了……就不能再商量商量了?

大　军:还有什么好商量的? 我这不都跟你说过了吗? 小露她
　　　　怕狗! 要是她来咱们家,咱们家就不能有狗,咱们家要
　　　　是有狗,她就不能来,有她没狗有狗没她,您自己说到底
　　　　哪个重要?

张大爷:狗重要……

大　军:啥?

张大爷:儿媳妇更重要!

大　军:唉,那就送走吧……

张大爷:贝贝它不咬人。

大　军:我知道,赶紧送走吧!

张大爷:我去给贝贝再洗个澡。

大　军:爸,早上刚洗过,赶紧送走吧!

张大爷:对,贝贝的钙片吃完了,我再去给它买一瓶。

大　军:爸,我替您买好了!

张大爷:你想得真周到! 对了,咱们家贝贝没办证,万一到了别
　　　　人家,一不留神跑了,让人家给抓了怎么办啊?

大　军:爸,我这不把办证的钱都给你了吗? 怎么还不办呢?

张大爷:这办证要好几千呢,有这钱我干点什么不好? 再说了,
　　　　这养狗要办证,那养猫怎么就不用办证啊? 养鱼、养鸟
　　　　怎么也不用办证啊? 还有那些养小秘、包二奶的怎么也
　　　　没见他们办证啊?

大　军：人家那是……咳！爸，现在先别说这个了，一会人家就
　　　　要到了！赶紧送走吧！

张大爷：咱家狗不咬人……

大　军：儿媳妇。

张大爷：噢。

　　　　[小露上，门铃响

张大爷：嘿嘿，来人了……

大　军：谁啊?!

小　露：我！大军快开门啊！

大　军：来了，啊？来了!!

张大爷：怎么办啊？这……

大　军：赶紧藏好。

　　　　[匆忙藏狗

大　军：爸，您坐好！千万别提狗，来了——来啦！

小　露：干吗呢？这么慢，我都热死了。讨厌。这是给你爸的……

大　军：来，进来，这是我爸。

小露（恭恭敬敬地）：张大爷，您好！

张大爷：你好，小狗！

大　军：爸，小露！

张大爷：哦，对，小露，呵呵，你好你好，欢迎欢迎啊！咱们家
　　　　没狗！

小　露：啊？

大　军：我爸的意思是说这个我们知道你怕狗，所以我们家坚决
　　　　不养狗！

张大爷：是，绝不养狗！

小　露：哦，我知道你们家没狗。

张大爷：对。

大　军：对。

小　露：怎么有狗味儿啊？

张大爷：我——属狗！哈哈，来来来，坐！

小　露：……

大　军：爸,你也来坐。

小　露：呵呵,张大爷其实我早应该来看您了,可是大军一直都不让我来,他特讨厌。

张大爷：没事儿! 你们有你们的事儿,这个,小露,听说你怕狗啊?

小　露：是啊! 我这人跟狗没缘分,从小吃狗肉塞牙缝,跟狗玩被狗咬,所以我特别怕狗,也特别讨厌狗!

张大爷：哦,你怎么会怕狗呢? 那是因为你不了解狗,这狗啊,它通人性。

大　军：爸,说人。

张大爷：啊,对,这人哪通人性啊! 不对,这人那有时候还真赶不上一条狗,你说现在这社会上有多少不孝子女是光顾自己不顾老人,是说养这样子女还不如当初养条狗呢。

大　军：爸,你说的什么啊!

张大爷：我就这意思,当然咱们家大军是个孝顺孩子,那肯定比狗强。

小　露：哈哈哈哈,他哪能跟狗比啊。

大　军：是是是。

　　　　　[狗叫

小　露：啊,有狗。

大　军：不怕,不怕,没狗。

小　露：我听见狗叫了,在里屋。

大　军：爸,里屋是什么。

张大爷：是……电子狗。

大　军：哦,对,闹钟,我给我爸买的,仿真型的。

张大爷：啊,对,我记性不好。是用来提醒我该……

大　军：补钙。

张大爷：啊,对补钙。

大　军：补啊……喝水啊。

小　露：这狗叫跟真的似的,吓死我了。

大　军：不怕不怕,也吓死我了……

小　露：张大爷，您喜欢吃钙片啊？您吃的这钙片是什么牌的啊？

大　军（抢过瓶子）：没牌！

小　露：给我看看呀，在哪儿买的啊？

张大爷：宠物医院。

小　露：啊？

大　军：崇……文医院

小　露：崇文医院？在哪儿啊？我怎么不知道啊？

大　军：啊，新开的，你不知道。

小　露：哦，不过也对，老年人是应该常补钙，对身体好。

张大爷：是，补钙好，不掉毛。

小　露：啊？

大　军：不掉毛……发。

小　露：哦。

　　　　〔汪汪汪，小露惊慌。

大　军：不怕不怕，爸！！补啊——喝水啊……不怕不怕。

小　露：大军啊，这叫声太像真的了，你能不能帮你爸换个闹钟啊？

大　军：哎，下回一定换，不怕啊！

小　露：对了，张大爷，要提醒您啊，这钙片可不能这么吃啊！

张大爷：没事儿，我常吃，身体好，大军啊，你要不出去遛遛小露？

大　军：啊？

张大爷：哦，你带小露出去遛遛？

小　露：啊？

张大爷：哦，我这不担心屋里太热嘛！

大　军：爸，人家刚来……

张大爷：我这不怕耽误她事儿嘛！

小　露：没事儿，张大爷，我今天是专门过来看您的！

　　　　〔汪汪汪！小露、大军惊慌，张大爷补钙，狗声不断，张大爷一直吃。

大　军：爸！

张大爷:哎哟宝贝呀,别叫啦,爷爷实在吃不下去啦!

小　露:宝贝?

　　　〔大军上前拦,来不及了。

小　露:啊——!! 大军!!!

　　　〔跳上身。

张大爷:被她知道了。

大　军:我知道……

张大爷:我看出来了。

小　露:大军! 你不是说你没养狗么?

大　军:我没养。

小　露:那这狗是谁的?

大　军:我爸的。

小　露:你不知道我怕狗啊?

大　军:这不把它关在笼子里了吗?

张大爷:是啊,关在笼子里了。

　　　〔小露下意识地打张大爷。

大　军:爸,您没事吧?

张大爷:没事儿,我补钙了。

　　　〔小露哭,父子找声源。

大　军:哎哟小露,你怎么走啦? 你听我解释!

小　露:有什么好解释的?

大　军:关键是这不关我的事啊,这我,这狗,这爸!!

张大爷:对,这狗它是我养的,跟他没关系! 我这就把它
　　　带走——

　　　〔爷爷带狗出屋子,大军带小露躲。

张大爷:我这就带它走,你别怕! 啊,别哭了——这狗它不咬人。

大　军:别怕了啊! 爸——!

张大爷:我走(狗:呜呜呜)——贝贝啊,爷爷怕是照顾不了你,这
　　　以后到了别人家可千万别乱叫,别招人家讨厌,人家可
　　　不像爷爷这么疼你啊。你陪了爷爷这么多年,爷爷没照

顾好你,临了还要把你送出去,爷爷对不住你啊……

大　军:爸,您别这么说,贝贝走了,不是还有我们陪您吗?

张大爷:你们,你们不是忙吗? 你们都大了,都有自己的事,我总不能拖你们的后腿,整天拉着你们在家陪我吧? ……你妈又走得早,我一个人在这屋子里转来转去的,总觉得不像个家啊,自从有了贝贝以后,这日子也不觉得这么难熬了。咱家贝贝可聪明了,它什么都懂。每天我只要一进门,它就像小孩似的高兴得上蹿下跳的,吵着闹着让我抱,要我跟它玩儿。要是我不搭理它,它就会四脚朝天地赖在地上跟我卖乖,一看到它这样,我就什么烦心事都没了。我想找个人说话的时候,贝贝啊,它就瞪着眼睛竖着耳朵听我唠叨,它虽然不会说话,但它会听话啊,这贝贝就是我的伴儿啊。(擦眼泪)算了,贝贝,咱们走吧……(欲走)

大　军:爸,啥也别说了,这狗,咱不走了!

张大爷:啥?

大　军:小露,我知道,我们家有你就不能有贝贝,有贝贝就不能有你,但是我爸离不开贝贝,我更离不开我爸! 你,走吧! 爸——这些年我都没有好好陪过您,明天我就从外边搬回来住,以后我和贝贝都是您的伴儿。

　　　　〔小露哭。

大　军:别哭了,别哭了……有什么大不了的? (突转)其实我心里比你还难受呢……

小　露:呜呜呜,太感人了——

大　军:太感人……

小　露:我原以为狗它就只是个动物,谁知道它跟你爸有这么深的感情啊? 刚才听他一说我都受不了了,这要是硬把他们分开,那不等于是让人家骨肉分离吗? 你爸要是把你给送人了,他得多心疼啊,我还上哪找你去啊!

大　军:那你的意思是?

小　露:把它留下吧!

张大爷:孩子,可你不是怕狗吗?

小　露:我努力——不怕!

大　军:这才是我的好媳妇嘛!

小　露:去! 让我看看它……啊!!!

　　　　〔掐张大爷。

大　军:爸,您没事吧?

张大爷(高兴、激动地):没事,没事儿! 我补钙啦!! 哈哈哈……

　　　　〔音乐起。

剧终

和你在一起①

那 刚

时间:某天下午

地点:家

人物:

老太太,八十岁

媳妇,四十五岁

儿子,五十岁

张姐,五十岁

---

① 该小品是由我院戏剧系教师那刚编剧,那刚、姚春宏联合导演,影视表演专业学生曾海伦、王荷、黄雨生、周丽等表演的原创小品。该作品在浙江省教育厅、文化厅、财政厅、浙江广电集团、团省委举办的"2014年浙江省大学生艺术展演活动"中,分别荣获戏剧类专业组"作品一等奖""优秀创作奖""优秀指导教师奖";2014年在"花样年华"全国第四届大学生短剧小品大赛中获得表演作品一等奖(第一名)、编剧二等奖,学生王荷获得"个人最佳表演奖",那刚、姚春宏获得"导演奖";2015年3月该作品代表浙江省作为唯一戏剧类(专业组)作品,参加"全国第四届大艺展现场展演",获得乙组(专业组)一等奖、优秀创作奖、优秀指导教师奖。

［音效（水声,炒菜声）

［老太太坐在窗边睡着了,手里的烟斗掉落,去捡时,摔倒了,媳妇从厨房出来。

媳妇:哎哟,妈! 你怎么摔倒了啊! 妈! 我跟您说了多少回了!? 您要是有事儿,您就叫我一声,要是有个什么好歹啊,我们这日子可怎么过呀! 哎呀妈! 您怎么又尿了呀? 我跟您说过多少回了,您要是想尿了就叫我一声! 您看看您,这一天都多少条裤子了? 来,我们去厕所,来,慢点啊妈!

［媳妇把妈扶进厕所。儿子刚好回来。

儿子:妈! 我回来了!

媳妇:你妈又尿了! 赶紧去拿条裤子!

儿子:哦!

媳妇:你拿我的干吗呀?!

儿子:我不知道啊!

媳妇:笨死了! 让开!

儿子:妈! 您别着急啊! 那个……小云马上就过来了啊……

媳妇:别在这儿碍手碍脚的! 妈,左腿,右腿……

儿子:妈,您小心点……

媳妇:轮椅!

儿子:哎,哎!

媳妇:妈,您小心点……慢点慢点……

［媳妇进厕所,厕所冲水声。

媳妇:我说你妈也真行啊! 这一天尿八回,我这怎么洗得过来嘛!

儿子:好了,去做饭吧……

［儿子把老人推到窗边。

媳妇:做好啦!

［白他一眼,进厨房。

儿子:(把钱放在桌子上)这是孩子这个月在学校的生活费。

媳妇:哎? 你不还没发工资吗?

儿子:我提前预支的。

媳妇:又预支啊?儿子不是说在学校里打工了吗?

儿子:儿子参加的是大学生志愿者联盟,做的是义工,没有工资的。

媳妇:志愿者?净忙活些没用的。什么也指望不上……过两天张姐的工资还得给……

儿子:会有办法的。

　　〔进厨房,拿小菜。

媳妇:你过来,和你说件事儿……

儿子:什么事儿啊?

媳妇:我昨天去看了一下北安敬老院,那儿环境真不错,有一个特大的花园,一对一专人服务……

儿子:不行!那是没儿没女的人才去的地方。

媳妇:那你倒是想个辙啊!我一天上班 8 小时,来回就 3 小时,下了班我还得屁颠屁颠地去菜市场买菜,回到家里收拾屋子、做饭、洗衣服……你干什么了?帮我一点了吗?

儿子:(打断)小点声!妈这个病去那儿不合适!

媳妇:哦!合着你就逮着我一个人使劲折腾是吧!行!你妈是人,我不是人!我活该被作死!

儿子:我说不行!

媳妇:你看看,你妈都已经不认识你了。

儿子:可我还认识她!(摔筷子,妈吓到,烟斗掉落)哎哟!妈!没事儿没事儿!我和燕儿闹着玩儿呢!没事儿没事儿!乖啊!

　　〔儿子帮老太太捡起掉落的烟斗,老太太看看媳妇,看看儿子,儿子挥挥手,老太太傻笑。

媳妇:(抽泣)你说我容易么我!你回家一句好话都没有,就在那儿给我喊,我一件衣服穿三年,我都没舍得换!昨天我们同事儿子结婚我都没好意思去!我天天跟人家撒谎!我今儿说我妈出事儿了,明儿说我爸出事儿了,下次我都不知道该说谁出事儿了……（擤鼻涕）你说我都四十多岁了！
我买过一个好包没有！（给儿子看）你看看！你看看我脸
上的老年斑！我同事都在背后说我……更年期提前了！
（哭）

　　[敲门声,媳妇忙掩饰,擦干眼泪,开门,张姐哭着进门。

儿子:呦！张姐,怎么了这是?

张姐:（哭）我才刚到家,老师就给我打电话,说我儿子出事
　　　了……

儿子:出什么事儿?

张姐:他在学校踢足球,把腿给踢断了！

儿子:严重么?

张姐:粉碎性骨折！医生让我今天就交住院费,可是我兜里哪有
　　　那么多钱啊? 所以……

　　　[夫妻对视。

媳妇:张姐,你别急啊！我们给你凑凑！（儿子翻媳妇的包,媳妇
　　　有点不愿意,但还是拿出来了）

儿子:来,张姐,钱！

张姐:谢谢,谢谢啊!

儿子:哎,好! 不好意思哦! 张姐,您慢走!

张姐:对了,我收下东西。

二人:收东西?

张姐:接下来的这两个月,我肯定也来不了了,我还要照顾我儿
　　　子呢……你们还是再找找其他人来照顾老太太哦……

儿子:哎哎行! 没事儿! 张姐您慢走啊!

　　　[张姐哭着下,夫妻俩沉默对视,媳妇走进厨房,拿东西喂妈
　　　吃饭。

媳妇:儿子的生活费,我看你怎么办,妈,吃饭……妈,张嘴……
　　　哎呀妈！（一把抢过烟斗放桌上）您别一天到晚玩儿这个
　　　破烟斗！您该吃饭的时候就得吃饭！

儿子：好了！……她这是想我爸呢，我爸活着的时候她总是给我
　　　爸透烟斗，现在啥也不记得了，光记得这个。

媳妇：（把烟斗又放回老太太手里）妈，您张嘴啊！哎呀，妈！您
　　　张嘴！

　　　〔老太太不愿意吃，弄翻。

媳妇：哎呀！你看看你妈，弄得哪儿哪儿都是！今天刚换的
　　　衣服！

儿子：够了！……去把妈的行李收拾一下。

媳妇：什么？

儿子：明天送妈去敬老院……

　　　〔媳妇放下东西，去房间收拾东西，儿子起来把轮椅推开一
　　　点，坐在妈身边。

　　　〔音乐起

儿子：妈，我跟你商量个事儿……妈，咱们明儿啊，换个地方住，
　　　啊？那地方，特别好，小云都去看过，那儿有个大花园。还
　　　有，专门的人给您一对一的照顾，啊……对了，如果您缺什
　　　么，您就让护士给我打电话，我隔天就给您送过去……妈，
　　　不是我一定要送您走，送您去那儿，可是这日子还得往下
　　　过啊，这孩子上学得要钱，我实在没办法……来，吃饭！
　　　啊！来，张嘴，来……妈，妈您倒是吃一口啊……妈，我求
　　　您了……妈我求您了，您就吃一口吧！妈！……妈，您怎
　　　么连饭都不会吃了，妈！

　　　〔儿子低头痛哭，老太太看到儿子哭了，颤抖着双手去接碗，
　　　儿子抬头，老太太拿起勺子。

儿子：小云！小云！妈会自己吃饭了！

媳妇：真的！？（从房间出来）

　　　〔音乐换，存折上。

　　　〔老太太把勺子凑近嘴边吹了吹，送进儿子嘴里，反复三次，
　　　儿子一把握住妈的手，埋头，老太太慢慢抚摸儿子的头，儿
　　　子抬起头看着媳妇。

媳妇:行了,我也没说,一定把妈送敬老院,都这么多年了……

　　(掩饰地擦掉眼泪,拿起碗,给老太太喂饭)

媳妇:让开!……我呀……也就这命!……老太太,张嘴,啊!

　　(笑着喂,老太太笑着吃)

　　[电话响。

媳妇:喂,儿子啊!

孙子(画外音):妈,我跟您说个事儿,我向大学生志愿者联盟提
　　　　　　交了申请,很快就有当地的大学生来家照顾奶奶
　　　　　　了,还有,我业余时间在做家教,以后生活费你们
　　　　　　就别再给我寄了,你们二老也要多注意身体,
　　　　　　再见。

儿子:这才是我儿子!

儿子:什么味儿? 小云,你煤气关了么?

媳妇:关了啊!……哎呀! 妈这是又拉了呀!

　　[音乐起。

儿子:啊?!

媳妇:你赶紧赶紧! 给妈去拿条裤子!

儿子:哎!

媳妇:哎呀妈呀! 我跟您说过多少回了,下次您要是要拉呀,就
　　　跟我说一声,您看看您! 这都第几回了呀! 小心小心! 慢
　　　点慢点!……

儿子:小云,没裤子了……

媳妇:啊? 拿我的!

剧终

2014 年 4 月 25 日于杭州

妈

吴　森

[妈妈是第一次在这儿卖馄饨,为了给儿子做好吃的,特意
把馄饨摊推到儿子公司楼下,妈妈提着一袋子菜上场,在馄
饨摊上收拾菜。

儿子:(跑上来)哎哟,妈! 我不是说了让您别到这来吗? 这离我
　　们公司太近了,我现在也上班了,咱们家不差这点钱,您要
　　不还是回市场口那卖吧! 我今天特意请假,等会儿帮您一
　　起把摊子推回去。

妈妈:我觉得这挺好的,你不知道你现在工作了,妈最担心的就
　　是你的身体,就怕你吃不好,这外面啊到处是地沟油啊苏
　　丹红什么的。你不是最喜欢吃我做的番茄炖牛肉吗? 你
　　看看,我今天特意准备这些东西,你等等就能吃到啦!

儿子:妈——您就别在这摆摊不行吗?

妈妈:为什么呀? 妈这不是想离你近些,好照顾你嘛!

儿子:妈,我知道您关心我,可是……可是您……您不知道我有
　　难处。

妈妈:(关心)怎么了? 是不是妈让你为难让你难堪啦!(思考一
　　下)哦——妈知道了,你是不是怕你同事知道你妈在这卖
　　馄饨——

[儿子欲言又止,不说话。

妈妈:行！那……那要不这样,你同事问起,你就说我是你阿姨。

儿子:哎呀,妈,我不能这么说!

妈妈:那你到底怎么想的,你和妈说。

儿子:(犹犹豫豫)我……我女朋友小梦和我一个公司。

妈妈:在一个公司啊?那敢情好啊!你们下了班了一块儿过来,我正好给你俩做饭,你看看,我在这啊,把钱也给赚了,又把你们的饭也给煮了,这多好……

儿子:(有心事)妈,我……(忸忸怩怩不说话)

妈妈:不是,有什么事你就说。

儿子:我说不出口。

妈妈:(着急)你跟妈有什么说不出口哒,你说,妈听着,(儿子还是忸怩,见儿子有难处)哎呀,妈从小看着你长大,妈就你这么一个儿子,你说什么妈都答应你。

儿子:妈,我不是这个意思。

妈妈:那你是什么意思?

儿子:妈,我!(话到嘴边又咽下)

妈妈:哎哟,你这是要急死你妈呀!

儿子:算了算了!(说完要走)

妈妈:(拉住儿子问个明白)峰峰,你别走,你跟妈讲到底怎么了?

儿子:(小心翼翼)那我说了,您别生气。

妈妈:妈不生气,妈怎么会生你的气呢,你说吧!

儿子:(鼓起勇气又说不出口)哎呀算了,我还是不说了,就这样吧,我先走了。

　　〔妈妈拖住儿子。

妈妈:哎呀,峰峰,你倒是说出来,你这不说妈心里头憋得慌。

儿子:(豁出去,爆发说)我不想让我女朋友知道您是卖馄饨的,不想让女朋友知道我们家穷!

　　〔妈妈愣住,儿子也愣住。

妈妈:(顿一会长叹一口气)这样啊……(尴尬笑)

儿子:(看出妈难受)妈,我知道我不该说这话,但我……(把妈妈拉到板凳坐下,坦白)我就跟您明说了吧,小梦对我特别好,我也很喜欢她,我之前跟她说……说咱们家是开饭店的。等等马上就下班了,她肯定会路过这,一会儿她过来看到了,我怎么说?

妈妈:(叹一口气)哦——妈明白了,峰峰,你……你是嫌妈给你丢人!

儿子:(羞愧)妈……我……我不是这个意思。

妈妈:那是?(顿一会)你说吧,要妈怎么做,妈都答应你。

儿子:(不好意思)那你能不能答应我一件事儿?

妈妈:你说你说。

儿子:一会儿小梦过来以后,她看到我们,(鼓起勇气)您……您就跟您刚说的一样,就说您是我阿姨。(说完就走,留下妈妈一人)

妈妈:(震惊,难过)阿姨!(心酸地笑笑)好!阿姨就阿姨。(说完走回摊子)

　　〔儿子觉得刚和妈讲话过分了,又回头找妈,回来刚想叫妈,看到女朋友,马上又改口叫了女朋友。

儿子:(想带女朋友离开)小梦,下班啦,走吧,咱们吃牛排去。

小梦:咱们今天不吃牛排了,我听同事说市场口那边特别好吃的馄饨今天搬到我们公司楼下了,咱们要不就吃这馄饨吧?

儿子:(着急)哎呀,要不咱们改天再去?(还没说完,小梦已经坐下)

小梦:老板,来两碗馄饨!

妈妈:(听到声音连忙出来招呼,看到儿子愣了一下,又继续招呼)你们要吃什么馄饨?

小梦:阿姨,有什么推荐吗?

妈妈:那里有价目表,你可以看一下。

　　〔小梦起身去看价目表,妈妈和儿子偷偷交流。

小梦:洪峰,你想吃什么馄饨?

　　〔妈妈和儿子在交流,没听到小梦的话。

小梦:洪峰,我问你……(转头看见儿子和妈妈在讲话,洪峰突然反应过来,推开妈妈)

儿子:你点吧。

小梦:那……要不芹菜吧?

妈妈:(紧张,马上接上小梦的话)芹菜不行,他……(发现会露馅,又圆回来)芹菜它没有了。

小梦:那——阿姨您这里卖得最好的是什么?

阿姨:燕皮馄饨。

小梦:那就两碗燕皮吧!

妈妈:哎,好,那你们坐会,马上就来。(慌慌张张跑下去)

小梦:这阿姨感觉怪怪的……

儿子:(紧张)有,有吗?是你想多了!

小梦:你和她认识?

儿子:(说话结结巴巴,声音放大)怎……怎么可能,我……我从来不到这种路边摊上吃东西,你看看……这……这多不卫生,马路边车开来开去的。说了带你去吃牛排的。

小梦:我就随便问问,你那么凶干吗?(委屈的样子)

儿子:(立马讨好)我……我这不是怕你吃了这路边摊闹肚子吗?我心疼你,要不咱们换个地方,别吃这个馄饨了。

小梦:不嘛,点都点了呢,总得尝尝嘛,听说这家很好吃的。

儿子:哎哟喂,姑奶奶,走吧,我带你去吃好吃的(讨好)。对了,我今天发工资了,加上之前攒的一点,刚好够买你的那个包了。

 [妈妈一听一个包那么贵,被吓得烫到了手,儿子与女友都看向妈妈。

儿子:(想看看妈妈怎么样,担心)妈……(立马改口)卖馄饨的,你……你小心点。

妈妈:哎……哎……没事没事。

 [儿子开始心神不宁,担心妈妈的手,又怕被女友发现妈妈的身份,这时妈妈端着馄饨上来,先给了儿子,再给了女友。

小梦：（看了看碗里的馄饨）啊？怎么有葱？（看看男友碗里）你
　　　怎么是雪菜？我不要葱要雪菜。（说着要换）

妈妈：（很紧张）他不能吃葱，会过敏。（说完愣住）

小梦：你们认识？

　　　［妈妈吞吞吐吐反应不过来。

儿子：（愣住后连忙反应）她……她是我阿姨。

妈妈：（反应过来）对对对，我是他阿姨，之前啊在他家饭店工作
　　　过……峰峰啊……那什么，峰峰家的饭店生意现在可好
　　　了，啊……对了，那……我碰到你妈了，你妈说我不是正好
　　　在这摆摊吗，她让我多照顾照顾你，说你最喜欢吃番茄炖
　　　牛肉，你看看（边说边从摊子里拿出饭菜）你妈特意嘱咐我
　　　给你做了呢，你拿去吃啊。（尴尬语无伦次）这……峰峰女
　　　朋友吧，哎哟，真漂亮，哦，我帮你把葱挑出来吧，再给你放
　　　点雪菜。（儿子听了心里不是滋味，小梦疑惑，对他们的关
　　　系产生怀疑）

　　　［妈妈把挑完葱的馄饨放好雪菜给小梦。

妈妈：你们慢慢吃啊！

　　　［妈妈又想想，又把儿子叫过来。

妈妈：峰峰，你过来一下（小梦看过来）哈哈——她妈妈给他带了
　　　点东西，我给他。

　　　［儿子过来。

妈妈：（小声）峰峰，这些钱你拿着，妈知道你不够用。

儿子：（心酸）妈，不用，我有钱。

妈妈：拿着吧，我刚刚听到你要给她买的包要好几千呢，拿着吧！

儿子：妈，真不用。

妈妈：跟妈客气什么，这孩子，拿着吧！

儿子：不用。

　　　［两人在互相推托中，不小心把钱撒了一地，小梦听到男友
　　　与馄饨阿姨的争执，转头刚好看到这一幕，三人都愣住。

小梦：你们？

儿子:(看着满地的零钱,心酸又难受,慢慢抬头,无比愧疚)妈——

小梦:峰峰,你说什么?

儿子:(对着小梦)她是我妈。

妈妈:(连忙解释)这傻孩子,肯定是想妈了,我是你阿姨,不是你妈,你们都吃完了吧,吃完就走吧。(说完去收拾碗筷往摊子里走)

儿子:妈——

﹝碗筷没拿住掉下,不理儿子弯腰捡。

儿子:(大喊)妈——

妈妈:(憋不住了,两眼湿润,回过头)哎!

﹝儿子慢慢走过去帮妈妈擦去汗与泪,回过头看小梦。

儿子:小梦,我爸在我很小的时候就走了,我妈一个人把我拉扯大。我家没有饭店,只有一个破旧的小馄饨摊。(拾起地上的钱)但我妈就是靠着一双手和这个破旧的馄饨摊养活了我,她不容易,可是我虚荣,所以我不敢认她,我不想让你知道我妈是一个卖馄饨的,我怕你知道以后就不会和我在一起了。(顿一会)小梦,我是真的喜欢你,想要和你好好在一起,我现在所有的奋斗与努力都是为了你,我会对你好的……我……

小梦:(打断儿子)洪峰,我决定了。

妈妈:(慌张)你是不是嫌弃我们家了?

小梦:阿姨,洪峰一直都错了,我不是他想的那样,今天,我们不逛街了。

儿子:那我们去哪?

小梦:我们今天就陪你妈在这卖馄饨!

妈妈:(感动)哎——